Alfred Klaus

Mit Gabriele Droste

Sie nannten mich Familienbulle

Meine Jahre als Sonderermittler gegen die RAF

| Hoffmann und Campe |

1. Auflage
Copyright © 2008 by
Hoffmann und Campe Verlag, Hamburg
www.hoca.de
Die Abbildungen stammen
aus dem Privatarchiv des Autors
Satz: atelier eilenberger, Leipzig
Gesetzt aus der Stempel Garamond
Druck und Bindung: GGP Media GmbH, Pößneck
Printed in Germany
ISBN 978-3-455-50076-9

**HOFFMANN
UND CAMPE**

Ein Unternehmen der
GANSKE VERLAGSGRUPPE

Für Achim

Inhalt

Prolog 9

Der Schock 11

Aus dem »Vorbericht« 19

Der Beginn 23

Erkenntnisse 41

Gespräche im Umfeld 51

Die Verhaftung Astrid Prolls – und die erste Tote 69

Der armselige Steig in die Einsamkeit 85

Heilwig und der Prinz von Homburg 95

Ein toter Polizist und ein Appell 107

Tote, Böll, Baader und ein weiterer Schock 119

Die zweite RAF-Schrift und Bombenanschläge 129

Ein Riesenerfolg 141

Der nächste Coup 151

Zellenzirkulare 163

Knastgespräche 177

Hungerstreik und Mord 191

Geiselnahmen 203

Der Prozess in Stammheim und Ulrike Meinhofs Ende 217

Mordpläne 227

Big Money – ein Verrat 237

Die Entführung 247

Stammheim und mein Alternativvorschlag 257

Stammgast in Stammheim 269

Letzte Gespräche 281

Ende des Todesspiels 289

Epilog – Einsichten eines Beteiligten 293

Prolog

»Eigentlich ist es zu spät« – so hatte Andreas Baader unser letztes Gespräch am 17. Oktober 1977 begonnen.

Das Gleiche dachte ich, als Gabriele Droste mir im Frühjahr 2007 vorschlug, mit mir zusammen dieses Buch zu schreiben. Bereits vor zwanzig Jahren hatte mir der *Spiegel*-Redakteur Dr. Gerhard Spörl dieses Angebot gemacht. Wenig später auch Dr. Peter Sandmeyer vom *stern* und Drehbuchautor Friedhelm Werremeier, der Erfinder des *Tatort*-Kommissars Trimmel. Aber immer war ich zu sehr mit anderen Dingen beschäftigt gewesen.

Nun also, nach einem Herzstillstand wieder erwacht und sozusagen in meinem zweiten Leben, habe ich mich mit achtundachtzig Jahren auf das Abenteuer eingelassen. Kein Zweifel – ich bin ein Greis. Wie steht's bei einem solchen mit der Erinnerung, der größten Hure aller Zeiten? Schon Nietzsche hat auf den Erinnerungskonflikt zwischen Gewissen und Stolz hingewiesen, bei dem der Stolz in der Regel obsiegt.

Mein Gedächtnis konnte jedenfalls nicht zur Hure werden, da es im Dauereinsatz war. Generationen von Abiturienten, Studenten, Doktoranden, Journalisten, Autoren und Filmemachern haben in den vergangenen dreißig Jahren immer wieder auf mein Wissen und mein Material zurückgegriffen. Der amerikanische Journalist Gary Daughters nannte meine Wohnung einen Wallfahrtsort.

Stefan Aust (*Der-Baader-Meinhof-Komplex*) schrieb mir in einer Widmung: »Er weiß schon, was ich ihm zu verdanken habe«. Und Butz Peters (*Tödlicher Irrtum. Die Geschichte der RAF*) dankte mir nicht nur für die Unterstützung, sondern bezeichnete mich in seinem Buch auch als »begnadeten Berichteschreiber«.

In der Tat – ob mit oder ohne Gnade –, die zentrale Berichterstattung war mein Job damals. Und das später aus meinem Aufgabenbereich hervorgegangene Referat TE 13 firmierte unter dem Rubrum »Berichte – Analysen – Prognosen«.

Keinesfalls vergessen möchte ich den ehemaligen Präsidenten des Landgerichts Heilbronn, Dr. Kurt Breucker. Er war seinerzeit Berichterstatter des Zweiten Strafsenats am Oberlandesgericht Stuttgart, zuständig für die RAF-Prozesse im Stammheimer Mehrzweckgebäude. Ich glaube, kaum jemand hat meine Berichte und die Aufbereitung des umfangreichen Beweismaterials, das bei Zellendurchsuchungen sichergestellt wurde, so gründlich studiert wie er. Als er mich in einem *Lebenslinien*-Film des Bayerischen Rundfunks als »geistigen Koordinator« bei der Bekämpfung des RAF-Terrorismus bezeichnete, fühlte ich mich durchaus geehrt.

Doch eine Berichterstattung sollte aus diesem Buch nicht werden, auch wenn wir auf die Beschreibung von Fakten natürlich nicht verzichten konnten. Vielmehr ging es uns um eine Innenansicht dieser so bedeutsamen, die Bundesrepublik seinerzeit zutiefst erschütternden Ermittlungssache. Um die Perspektive eines unmittelbar Beteiligten, eines besonders involvierten und engagierten Kriminalbeamten, dessen Privatleben dabei ziemlich auf der Strecke blieb. Und doch spielt auch dieses in der Gestalt meiner großen Liebe eine wichtige Rolle.

Meine Co-Autorin hat in ihrer Erzählweise den Charakter des Buches geprägt und die Gedanken- und Gefühlswelt aus dem »nüchternen Berichteschreiber« herausgelockt. Entstanden ist eine dokumentarische Erzählung, die, mit einigen Rückblicken, meine Jahre als »Familienbulle der RAF« von 1971 bis zum »Deutschen Herbst« 1977 schildert. Die Einsichten und Erkenntnisse eines Beteiligten im Jahre 2007 sind dem Schluss vorbehalten.

Alfred Klaus

Der Schock

Gerd Berzau stand in der Tür. Er war blass. »Sie haben es getan, Fred«, sagte er tonlos. »So, wie du es prophezeit hast.«

Ich wusste, was mein engster Mitarbeiter meinte. Seit der Nachricht von der Erstürmung der »Landshut« in Mogadischu hatte ich damit gerechnet. Wie erleichtert war am Morgen Regierungssprecher Klaus Bölling vor die Mikrofone getreten, um die geglückte Befreiung der Geiseln aus der gekaperten Lufthansamaschine in der Nacht vom 17. auf den 18. Oktober bekannt zu geben. Und ich litt seither unter Magenschmerzen. Wie aber hatten sie in Stammheim so schnell davon erfahren können? Ihre Radios waren doch nach der Entführung Schleyers aus den Zellen entfernt worden.

»Hast du die Meldung im Deutschlandfunk eben nicht gehört?«, fragte Gerd.

»Nein«, sagte ich. »Vielleicht wollte ich es nicht hören. Weil ich es auch so schon wusste, jedenfalls geahnt habe. Es sind Baader, Ensslin und Raspe, oder?«

Gerd nickte. »Baader hat sich erschossen, Raspe auch, der ist in der Klinik gestorben. Die Ensslin hat sich erhängt – so wie letztes Jahr die Meinhof –, und die Möller wollte sich mit Stichen ins Herz töten. Aber die hat überlebt.« Gerd öffnete das Fenster. »Scheiße«, sagte er. »Was wird jetzt aus Schleyer?«

Mich überkam ein tiefes Gefühl von Müdigkeit und Resignation. Ich schwieg.

»Es wird schon spekuliert«, fuhr Gerd fort, »dass sie ermordet wurden.«

»Quatsch«, sagte ich.

Das Telefon läutete. Nicht der Dienstapparat, sondern mein geheimer Anschluss. Die Nummer war eingerichtet worden, als ich im Frühjahr 1971 begonnen hatte, Kontakte zu den Familien der Terroristen aufzunehmen. Sie sollten mich jederzeit erreichen können.

Ich nahm den Hörer ab und meldete mich.

Eine hysterische Frauenstimme kreischte: »Mörder! Ihr Mörder!«

Im Hintergrund hörte ich Straßengeräusche. Der Anruf musste aus einer öffentlichen Zelle kommen.

»Wer ist da? Was wollen Sie?«

»Mörder«, keuchte die Frau noch einmal. Dann legte sie auf.

Ich knallte den Hörer auf die Gabel.

»Wer war's?«, fragte Gerd irritiert.

»Ich weiß es nicht genau«, sagte ich. »Könnte aber die Schwester von Gudrun Ensslin gewesen sein. Auf jeden Fall wurden wir gerade als Mörder beschimpft.«

»Da hast du es! Dafür sollen wir BKA-ler nun auch noch herhalten. Verfluchte Bande. *Die* sind die Mörder!« Gerd lief aufgebracht im Raum auf und ab. »Die Köpfe in Stammheim sind nun allerdings tot. Aber die draußen sind auch ohne ihre Führer schon perfekt genug. Und sie haben Schleyer.«

»Ja, sie haben Schleyer«, sagte ich bitter. »Du kannst dir ja wohl denken, was nun passieren wird. Alles, was ich versucht habe, war für die Katz. Diese Betonköpfe!«

»Ich verstehe auch nicht, warum der Herold derartig stur war. Diese ewige Hinhaltetaktik. Sie hätten deinen Vorschlag ernst nehmen müssen!«

Es wäre eine Möglichkeit gewesen, dachte ich.

»Ich finde, du hättest *doch* direkt mit dem Bundeskanzler über deinen Vorschlag reden sollen. So von Offizier zu Offizier.«

»Ich war kein Offizier, sondern Oberfunkmeister«, sagte ich.

»Und Herold hätte mir so einen Alleingang nie verziehen. Das weißt du doch so gut wie ich.«

»Obwohl du ja Spezialist für Alleingänge bist. Und was den Offizier angeht – so, wie du aussiehst, könnte man dich in jedem Film als einen besetzen. Einen preußischen natürlich.«

»Hör auf, Gerd. Ich wollte, dass wir hier nur mitten in einem Film wären. Aber alles, was geschieht, ist leider Realität. Und eine verdammt hässliche dazu.«

»Eine verdammt hässliche«, wiederholte Gerd bedrückt. »Und das, seit wir es mit *denen* zu tun haben. Aber wem sage ich das. Niemand kennt sie besser als du.«

»Die, die jetzt tot sind«, erinnerte ich ihn, »nicht deren Nachfolger. Und trotzdem – was in den Köpfen der Entführer vorgeht, kann ich mir leider nur zu gut vorstellen.«

Gerd ging stumm zur Tür, öffnete sie, drehte sich dann noch einmal zu mir um. »Vielleicht«, sagte er, »geschieht noch ein Wunder. Sie lassen ihn laufen. Sie geben auf, weil die Flugzeugentführung schiefgegangen ist und ihre Anführer tot sind. Weil sie einsehen, dass es mit der RAF vorbei ist ...« Er zuckte hilflos mit den Schultern und verließ den Raum.

Nein, so wird es nicht sein, dachte ich, nahm meinen Mantel vom Haken, musste Atem holen, hatte plötzlich das Gefühl zu ersticken. Ich war wütend auf Schmidt – und auf Herold und sein wochenlanges nervenzermürbendes Katz-und-Maus-Spiel. Und auch auf mich, weil es mir nicht gelungen war, meinen Vorschlag durchzusetzen. Jetzt war es zu spät, denn Wunder, lieber Gerd, gibt es leider nicht. Der Gedanke daran, dass Hanns Martin Schleyer nach wochenlanger Gefangenschaft sterben würde, war mir unerträglich.

Ich kehrte noch einmal an den Schreibtisch zurück und kreuzte den heutigen Tag auf dem Kalender schwarz an. Die Selbstmorde würden den Anstoß zum erneuten Mord geben, davon war ich überzeugt. Wann würde das sein? Und wie viele sollten noch folgen?

18. Oktober!, schoss es mir durch den Kopf. Heute vor sieben Jahren war Belkacem Krim im Frankfurter Hotel Intercontinental ermordet worden. Der damals im Exil lebende Armeechef der algerischen Befreiungsfront, der sich kurz vor der Machtübernahme in Algier wähnte, wurde mit seinem Gürtel erdrosselt. Ein Fall fürs BKA – und für mich, den Mann für schwierige Fälle, wie es unter Kollegen hieß. Diesen hatte ich nicht zu Ende bringen können. Im Februar 1971 war ich abberufen worden, um beim Aufbau der Sonderkommission Baader/Meinhof, kurz Soko B/M, zu helfen.

Mein Blick schweifte durch den seit Jahren vertrauten Raum im BKA-Hauptgebäude in der Friedrich-Ebert-Straße 1 schräg gegenüber dem Bahnhof. Als ich mich so plötzlich vor die neue Aufgabe gestellt sah, war ich von hier gerade erst in die neue Dependance umgezogen und hatte mich dort häuslich eingerichtet.

War ich danach in all den Jahren hier heimisch geworden? Die Grünpflanzen hatte ich mitgenommen – sie sahen mich an diesem 18. Oktober 1977 so müde an, wie ich mich selbst fühlte. Ich hatte vergessen, sie zu gießen. Pflichtschuldig griff ich zur Kanne und holte das Versäumte nach. Und dachte dabei: Wer verhilft *mir* zu neuen Lebensgeistern?

Ich hatte Lust, mich zu betrinken, aber das tut ein Beamter im Dienst nicht. Schlimm genug, dass der jetzt an die frische Luft wollte. Allerdings – in Anbetracht der unendlich vielen Überstunden konnte er sich das wohl erlauben. Ich versetzte dem Gummibaum einen Stüber, als ich zur Tür hinausging. Er und die Palme waren seit Jahren meine stummen Zeugen, auch nachdem ich hier eingezogen war und mich über Berge von Akten aus zwei großen Kartons hergemacht hatte. Sie kamen von der Abteilung 1 (Staatsschutz) der Kriminalpolizei Berlin und enthielten alle bisherigen Erkenntnisse zum Ermittlungsverfahren gegen den Anwalt und Mitbegründer der RAF Horst Mahler, der wegen Bankraubs in Untersuchungshaft saß, und über viele der anderen Terroristen der ersten Generation.

Bundesinnenminister Hans-Dietrich Genscher hatte von Baader, Meinhof und Co. die Nase voll. Seit Dezember 1970 hatten sie begonnen, sich von Berlin aus über das gesamte Bundesgebiet zu verbreiten. Und dann der doppelte Banküberfall am 15. Januar in Kassel! Es war durchaus eine sinnvolle Konsequenz, die Angelegenheit zentral dem BKA zu überantworten. Und mit Horst Herold, der ein halbes Jahr nach der Gründung der Soko, im September 1971, unser Präsident wurde, wurden denn auch die notwendigen Voraussetzungen geschaffen. Mehr Geld, mehr Personal, Computer … Ich allerdings schrieb meine Berichte immer mit der Hand, und sie wurden anschließend abgetippt. Mein erster in dieser Sache – der später so genannte Vorbericht, immerhin einundsechzig Seiten lang – war am 19. Februar fertig. Wie viele Nächte hatte ich damit verbracht, mich in die Materie einzulesen! Und dabei war mir bewusst geworden, wie ich weiter vorzugehen hatte: Es galt, die Ziele der Täter zu begreifen, um sie bekämpfen zu können. Denn gewöhnliche Kriminelle waren sie nicht gewesen – politischer Fanatismus hatte sie getrieben, der aus den gesellschaftlichen Auseinandersetzungen der sechziger Jahre hervorgegangen war.

Obwohl es nieselte, blieb ich bei meinem spontanen Entschluss und machte einen Spaziergang im Kurpark, auf denselben Wegen, die ich auch einmal mit Heilwig hier im Regen entlanggegangen war. Und wiederum sieben Jahre zuvor hatte ich sie kennen gelernt. Ausgerechnet in einem Sanatorium im Schwarzwald!

Unsere Beziehung war mit Beginn meiner Arbeit in Sachen RAF zum Erliegen gekommen. Ich hatte mir danach lange eingeredet, dass meine Arbeitsüberlastung der Grund dafür sei. Aber das stimmte nicht. Wir waren zwar beide nicht in den Schoß unserer Ehen zurückgekehrt – aber für sie gab es einen anderen. Hatte ich mich auch deshalb so in die Arbeit gestürzt?

Und heute das Gefühl, im Grunde nichts erreicht zu haben? Sieben Jahre Arbeit, um sich am Ende als Versager zu fühlen? So viele Menschen hatten schon sterben müssen – und jetzt würde Hanns Martin Schleyer der Nächste sein.

Der Albtraum holte mich wieder ein. Ich setzte mich auf eine Bank und versuchte – das wie vielte Mal? – mir vorzustellen, wo und in welcher Lage er sich gerade befinden mochte. War er noch am Leben, oder hatten sie ihn bereits hingerichtet? Wie verraten musste er sich vorkommen! Nicht einmal Helmut Kohl, ein guter Freund immerhin, hatte nach seinem flehentlichen Brief etwas unternommen, um sein Leben zu retten! Stattdessen eiserner Konsens bei allen Verantwortlichen: Staatsraison über alles.

Der Regen wurde stärker und vertrieb mich von meiner Bank. Ich steuerte auf das nächste Café zu und bestellte Tee mit Rum. Zur Hölle mit den Dienstvorschriften!

Am Nebentisch saß eine jüngere Frau, der die Tränen über das Gesicht liefen. Sie starrte in ihr Weinglas, rührte es jedoch nicht an. Nach einer Weile hob sie den Kopf, und unsere Blicke begegneten sich. Sie lächelte gequält und murmelte: »Tschuldigung.«

»Warum?«, fragte ich und fügte unwillkürlich hinzu: »Warum sind Sie so traurig?«

»Es ist aus«, sagte sie. »Er hat mich verlassen. Ich will nicht mehr leben.«

»Nein«, sagte ich, stand auf und setzte mich zu ihr. Ich tastete nach dem schmalen Band, den ich stets in meiner Tasche trage. Das Neue Testament. »Denken Sie an das *Hohelied der Liebe* im ersten Korintherbrief, Vers 13. Es endet mit den Zeilen: ›Nun aber bleiben Glaube, Hoffnung, Liebe, diese drei! Aber die Liebe ist die größte unter ihnen.‹«

Für mich hat das Liebesethos des Apostels Paulus seit jeher eine tiefe Bedeutung gehabt. Und mich manches Mal getröstet und hoffen lassen.

Sie sah mich an. »Sind Sie ein Pfarrer? Eigentlich sehen Sie eher aus wie ein, na ja, netter Bulle.«

Ja, was war ich? Ein gläubiger Baptist – und Ersteres hätte ich werden können. Meine Mutter hatte davon geträumt. Aber Letzteres war ich geworden. Und hatte mich gerade als Mörder beschimpfen lassen müssen.

»Vielleicht beides«, sagte ich und legte meine Hand auf ihre. »In jedem Fall nannte man mich den Familienbullen.«

Aus dem »Vorbericht«

19. Februar 1971

I. Vorbemerkung

Mindestens seit Mai 1970 wurden in Berlin (West) und in verschiedenen Orten des Bundesgebietes zahlreiche Straftaten – darunter mehrere Kapitalverbrechen – verübt, zwischen denen nachweislich Zusammenhänge bestehen. Sie sind einer anarchistischen Gruppe um den am 14.5.1970 mit Waffengewalt befreiten Strafgefangenen Andreas Baader, den ehemaligen Rechtsanwalt Horst Mahler und die Journalistin Ulrike Meinhof zur Last zu legen. Die Gruppe – bekannt sind etwa dreißig Personen – ist als Vereinigung i.S. des § 129 StGB anzusehen, deren Zwecke oder deren Tätigkeit darauf gerichtet sind, strafbare Handlungen zu begehen. Ihre Angehörigen streben den radikalen Umsturz der gegenwärtigen Gesellschaftsordnung an, in der sie ein »System der Klassenherrschaft und der Unterdrückung« erblicken. Sie sind davon überzeugt, dass auch die gültige Rechtsordnung – über die sie sich bedenkenlos hinwegsetzen – nur Ausdruck der »volksfeindlichen Gewaltverhältnisse« in der Bundesrepublik Deutschland sei. Zur Durchsetzung ihrer verfassungsfeindlichen Ziele haben sich die Mitglieder der Gruppe in den Untergrund begeben. Ihre illegale Tätigkeit und ihren Lebensunterhalt finanzieren sie aus dem Erlös der von ihnen begangenen Straftaten, insbesondere aus Raubüberfällen auf Geldinstitute. Zu deren Durchführung bedienen sie sich gestohlener oder unterschlagener Kraftfahrzeuge, illegal beschaffter Feuerwaffen sowie falscher oder verfälschter Personalausweise, Reisepässe, Führerscheine, Kfz-Papiere und Kfz-Kennzeichen.

Sie machen rücksichtslos von ihren Schusswaffen Gebrauch, wenn es darum geht, sich der Festnahme zu entziehen oder Gefangene zu befreien ...

II. Vorgeschichte

1. Prozess gegen Andreas Baader u. a. wegen Brandstiftung in einem Kaufhaus am 2. April 1968 in Frankfurt / M.

Am 30. 10. 68 verurteilte das LG [Landgericht] Frankfurt/M.

a) den Journalisten
Andreas Baader,
geb. 6. 5. 43 in München,

b) die Studentin
Gudrun Ensslin,
geb. 15. 8. 40 in Bartholomä,

c) den Gelegenheitsarbeiter
Thorwald Proll,
geb. 22. 7. 41 in Kassel, und

d) den Schauspieler
Horst Söhnlein,
geb. 13. 10. 43 in Sonneberg/Thür.,

wegen versuchter menschengefährdender Brandstiftung zu je drei Jahren Zuchthaus. Baader wurde von dem ehemaligen RA [Rechtsanwalt] Mahler verteidigt.

Nach etwa neun Monaten wurden die Verurteilten vom weiteren Vollzug der Untersuchungshaft verschont. Da sie nach Rechtskraft des Urteils am 10.11.69 der Ladung zum Strafantritt nicht nachkamen, ergingen im März 1970 Vollstreckungshaftbefehle. Söhnlein stellte sich am 23.3.70 in München und Proll am 19.11.70 in Berlin.

Baader wurde am 4.4.70 in Berlin bei der Kontrolle eines für die Fotografin

Astrid Proll,
geb. 29.5.47 in Kassel,
Schwester des Verurteilten zu c),

zugelassenen Kraftfahrzeuges ... festgenommen ...
Im PKW befanden sich Lichtpausen sowie Leinenpapier zur Herstellung von Kfz-Schein- und Führerscheinfälschungen. Als Vorlagen hatten Dokumente des ehemaligen RA

Horst Mahler,
geb. 23.1.36 in Haynau,

seiner Ehefrau ... und der Astrid Proll gedient. Mahler und Frau Meinhof versuchten vergeblich, die Identifizierung Baaders und seine Festnahme zu verhindern.

2. Befreiung des Strafgefangenen Baader am 14.5.70 in Berlin

In der Haftanstalt (Moabit und Tegel) erhielt Baader häufig zahlreiche Besuche von Mahler, dessen damaliger Referendarin ..., Frau Meinhof und einer Frau Dr. Grete Weitemeier, die später als seine Tatgenossin Gudrun Ensslin identifiziert werden konnte.

Ulrike Meinhof bemühte sich ... eine Ausführung Baaders zum Deutschen Zentralinstitut für soziale Fragen ... zu erreichen. Als Vorwand diente die gemeinsame Einsichtnahme in Quellenmaterial für ein von beiden angeblich geplantes Buch über die »Organisation randständiger Jugendlicher«. Nach Intervention des ehemaligen RA Mahler wurde die Ausführung schließlich für den 14. 5. 70 genehmigt.

An diesem Tage, gegen 11.00 Uhr, wurde Baader im Lesesaal des Instituts von zwei Frauen und einem maskierten Mann unter Anwendung von Waffengewalt befreit. Die Frauen trugen Perücken, der Mann hatte sich eine Wollmütze mit Sehschlitzen übergezogen ...

Den beiden Frauen waren Plätze in der Diele des Instituts angewiesen worden, wo sie – wie am Vortage – Bücher einsahen. Nachdem sie den Mann in das Haus gelassen hatten, stürzten die Täter gemeinsam in den Lesesaal. Dabei schoss der männliche Täter aus der Pistole Beretta im Vorraum auf den Zeugen Linke und verletzte ihn lebensgefährlich ...

Baader, Ulrike Meinhof und die eingedrungenen Personen flüchteten durch ein Fenster in den Garten und wurden von einem in der Parallelstraße wartenden PKW Alfa Romeo aufgenommen. Das ... gestohlene ... Fluchtfahrzeug wurde unweit des Tatortes verlassen aufgefunden.

Der Beginn

Ich dachte an Belkacem Krim und daran, dass ich den Abschlussbericht über diesen Fall so schnell wie möglich fertigstellen sollte, während ich mich in meinem neuen Dienstzimmer unserer
Dependance am Bad Godesberger Kurpark einrichtete. Also
packte ich die Akte Krim zuoberst auf den Schreibtisch und
warf dann einen Blick aus dem Fenster. Was für ein schöner
Blick auf den Park, in dem ich so gern spazieren ging. Endlich
mal ein Arbeitsplatz, an dem man sich rundum wohl fühlen
konnte!

Das Telefon schrillte. »Fred«, meldete sich Karl Schütz, mein
Abteilungsleiter, »lass alles stehen und liegen und komm zurück
ins Hauptgebäude. Wir müssen eine Sonderkommission aufbauen.«

»Sonderkommission?«, fragte ich. »Für was denn?«

»Die Baader-Meinhof-Gruppe«, erwiderte er ungeduldig.

Die Soko B/M in Bonn-Bad Godesberg sollte künftig als Teil
der dort ansässigen Abteilung Sicherungsgruppe (SG) des Bun-
deskriminalamts in Wiesbaden, zuständig für die Aufklärung von
Staatsschutzdelikten und den Schutz von Verfassungsorganen,
die Ermittlungen in Sachen RAF übernehmen, erfuhr ich anschließend von ihm. Und Kriminaloberkommissar Alfred Klaus
war als dem ältesten und erfahrensten Beamten die Aufgabe zu-
gefallen, zusammen mit seinen Kollegen die Soko aufzubauen.

»Nicht wahr, Fred?«, sagte Karl und klopfte mir auf die Schul-
ter. »Das ist doch was für dich. Unseren Mann für vertrackte
Fälle.« Er zwinkerte mir zu und rieb sich die Hände. Die Auf-

gabe schien ganz nach seinem Geschmack zu sein. Er war ein Energiebündel und wurde deshalb – und aufgrund seiner untersetzten Figur – im Kollegenkreis scherzhaft anerkennend »Kugelblitz« genannt. »Belkacem Krim musst du jetzt allerdings abgeben«, fuhr er fort, »Aber die Sache ist ja ohnehin praktisch erledigt.«

»Ich werde es Hermann Pollmann überlassen«, schlug ich vor. »Aus meinem Zwischenbericht muss er nur noch die Aussagen von Abadou in Beirut eingeben. Dann ist der Bericht abgeschlossen.«

Ich machte mich auf den Rückweg zur Dependance und in mein eben noch neues (und nun schon wieder ehemaliges) Dienstzimmer. Ob ich je wieder hierher zurückkehren würde? Noch war mir nicht klar, dass meine Arbeit in der Soko B/M den Höhepunkt und auch den Abschluss meiner kriminalistischen Laufbahn bedeuten würde. Ich konnte nicht ahnen, welchen Verlauf die ganze Geschichte nehmen und dass sie erst knapp zwanzig Jahre nach meinem Ausscheiden aus dem aktiven Dienst ihr Ende finden sollte.

Ich besprach den Abschlussbericht zu Belkacem Krim mit Pollmann, und er nickte. »Kein Problem, Fred. Es ist ja mal wieder alles perfekt vorbereitet.« Dann fragte er mich nach Mahfoud Abadou.

Der ebenfalls nach Frankfurt angereiste designierte Wirtschaftsminister des Ermordeten hatte ein sicheres Gespür für Gefahr bewiesen: Er hatte Verdacht geschöpft, dass etwas im Argen lag, und sich umgehend aus dem Staub gemacht. Belkacem Krim, seines Sieges und der Machtübernahme in Algier gewiss, hatte bereits eine Regierungserklärung auf Band gesprochen. Zu dumm, dass sein Sekretär und engster Vertrauter Ait Mesbah Hauptmann des algerischen militärischen Abwehrdienstes war. Das von ihm organisierte Treffen Krims mit vermeintlichen Verbündeten in Frankfurt war eine Falle. Statt der Getreuen, von denen einer vorgeblich auch noch seine Ehefrau aus Algier mitgebracht hatte, waren seine Mörder erschienen. Krim hatte einen Rosenstrauß für die Dame gekauft und war bei dem Versuch, ihr die Blumen aufs Zimmer zu bringen, betäubt und erdrosselt worden. Die Koffer der Täter fanden wir später in einem Gepäckschließfach am Hauptbahnhof, in ihnen die dem Opfer abgenommenen Papiere, darunter eine Liste mit den Namen der nach der Machtübernahme zu liquidierenden politischen Gegner.

Abadou hatte mir bei unserem Gespräch in Beirut ausführlich den Sachverhalt und die Hintergründe geschildert, über welche übrigens die französische Regierung weitgehend informiert gewesen war.

»Der reinste Frust!«, schimpfte Hermann Pollmann. »Mordfälle, bei denen man die Täter kennt und sie trotzdem nicht fassen kann, weil sie längst wieder in ihrem Land untergetaucht sind. Die sollen sich doch in ihrer Heimat gegenseitig umbringen und nicht in Deutschland.«

»Dafür habe ich es jetzt zumindest für eine Weile mit deutschen Tätern zu tun«, warf ich ein.

»Das sind Bankräuber, na ja«, meinte er. »Und Brandstifter auch. Aber Mörder?«

Noch spät am Abend saß ich am Schreibtisch und sortierte die aus Berlin eingetroffenen Akten, bis mir die Augen brannten. Ich stand auf und sah aus dem Fenster. Kein Kurpark mehr – nur der Bahnhof. Wie eh und je. Es hatte begonnen, leicht zu schneien, und die Lichter verschwammen. Ich musste an die Landung in Beirut im Dezember vergangenen Jahres denken. Der Anflug auf das »Paris des Nahen Ostens« hatte mich tief beeindruckt und mich an das *Hohelied Salomos* denken lassen: »Komm mit mir, meine Braut vom Libanon … steig herab von der Höhe des Amana, von der Höhe des Senir und Hermon … Du hast mir das Herz genommen …«

Du auch, Heilwig!, dachte ich. Die Ärztin und der Kommissar, hatte ich oft scherzhaft gesagt. Aber stimmte das noch? Ich musste sie anrufen und ihr sagen, was in Zukunft meine Aufgabe sein würde. Sie kannte Ulrike Meinhof von früher. Wer in Hamburgs linker Szene kannte sie nicht? Jedenfalls aus der Zeit, bevor sie nach Berlin gezogen und dort in den Untergrund abgetaucht war.

Mitte Juni letzten Jahres sprachen wir über den gerade erschienenen Artikel im *Spiegel*. Die links engagierte französische Journalistin Michèle Ray hatte dem Magazin ein von Ulrike Meinhof besprochenes Tonband zugeleitet, dessen Inhalt in vier Spalten unredigiert abgedruckt worden war. Darin rechtfertigte die ehemalige *konkret*-Kolumnistin die Befreiung von Andreas Baader und sprach vom Aufbau einer Roten Armee. Besonders erschreckt hatte mich seinerzeit der Aufruf zur Gewalt gegen Polizeibeamte:

»… wir sagen natürlich, die Bullen sind Schweine, wir sagen, der Typ in der Uniform ist ein Schwein, das ist kein Mensch, und so haben wir uns mit ihm auseinanderzusetzen … es ist falsch, überhaupt mit diesen Leuten zu reden, und natürlich kann geschossen werden.«

Obwohl Heilwig, wie viele Linksintellektuelle, durchaus mit Ulrike Meinhof sympathisierte, war auch sie damals entsetzt über diese radikalen Äußerungen. Es sei Aufforderung zum Mord, sagte sie.

Ja, das war es. Und es passte nicht zu Ulrike Meinhof. Sie hatte sich in einem ihrer früheren Artikel eindeutig gegen Schießereien geäußert: in ihrem 1968 im Novemberheft der *konkret* erschienenen Bericht über den Prozess gegen die Brandstifter Andreas Baader, Gudrun Ensslin, Thorwald Proll und Horst Söhnlein. Anfang April hatten die vier in Frankfurt die Kaufhäuser Schneider und Kaufhof angezündet und waren nach der Urteilsverkündung vorläufig auf freien Fuß gesetzt worden. Baader und Ensslin waren abgetaucht und der »Ladung zum Strafantritt« im November 1969 nicht nachgekommen. Irgendwann danach war Ulrike Meinhof ihnen dann persönlich begegnet und hatte ihnen ihre Berliner Wohnung als Versteck zur Verfügung gestellt.

Ich fragte mich an diesem späten Abend, warum gerade sie, eine so scharfsinnige und analytisch denkende Journalistin, nun gemeinsam mit den beiden den Weg in die Illegalität eingeschlagen hatte.

Die Akten enthielten ein Schriftstück, das wenige Tage zuvor, am 27. Januar, bei einer Durchsuchung in der Wohnung des Psychologie-Professors Peter Brückner in Hannover gefunden worden war. Es trug den Titel »Den bewaffneten Widerstand organisieren, die Klassenkämpfe entfalten, die Rote Armee aufbauen!« und stammte, wie ich später herausfand, von Ulrike Meinhof.

Gegen den Professor lief bereits ein Ermittlungsverfahren, was ihn in der Folge seinen Lehrstuhl kosten sollte. Die Mitglieder der Baader-Mahler-Meinhof-Gruppe schienen Sympathisanten in der gesamten Republik zu haben. Seit sie ihr Aktionsfeld von Berlin ins Bundesgebiet verlagert hatten, wurde ihnen offensichtlich auch dort überall bereitwillig Unterschlupf gewährt. Wenn wir sie fassen wollten, so wurde mir an diesem Abend klar, musste ich mich mit ihren revolutionären Zielen beschäftigen, sie als intelligente, zu allem entschlossene Kämpfer für eine in ihren Augen gerechte Sache betrachten, nicht einfach nur als gewöhnliche Kriminelle. Sie überfielen Banken nicht, um sich persönlich zu bereichern. Nein – sie brauchten das Geld, um ihren Kampf gegen das System zu finanzieren. Der Ursprung dieses neuen Radikalismus lag ohne Zweifel in der Studentenrevolte. Nur ging es denen hier nicht mehr darum, gegen »den Muff von hundert Jahren unter den Talaren« anzukämpfen und Demonstrationen und Straßenschlachten anzuzetteln. Ulrike Meinhof, Gudrun Ensslin, Andreas Baader und Horst Mahler – sie alle hatten ihre bürgerliche Existenz anscheinend hinter sich gelassen. Sie betrachteten sich als Revolutionäre und gewiss nicht als Kriminelle. Im Gegenteil – der *Staat* war in ihren Augen kriminell. Und die »Bullen« als dessen Schutzorgan waren die Handlanger, auf die man schießen konnte wie auf Jahrmarktstrophäen.

Schon in dieser ersten Nacht begriff ich das Wesentliche. Nun musste ich nicht nur die Akten durcharbeiten, sondern mich auch dringlich mit den Denkkategorien der selbst ernannten Revolutionäre beschäftigen. Wo noch hatten sie sich bislang geäußert?

Am 19. Februar beendete ich meinen einundsechzig Seiten langen sogenannten Vorbericht, in dem ich meine bis dahin gewonnenen wesentlichen Erkenntnisse zusammenfasste:

»Die Beweggründe für das strafbare Tun der Täter und die von ihnen verfolgten revolutionären Ziele haben ihren Ursprung in den gesellschaftlichen Auseinandersetzungen der letzten Jahre, die durch die antiautoritäre Studentenbewegung – repräsentiert durch den SDS [Sozialistischen Deutschen Studentenbund] – und andere Kräfte der außerparlamentarischen Opposition ausgelöst wurden. Das an den Universitäten kursierende *Mini-Handbuch des Stadtguerilla* von Carlos Marighella diente ihnen als Anleitung zum Handeln …

Der Entschluss, in den Untergrund zu gehen und den ›Kampf gegen das System‹ mit den Mitteln kriminellen Unrechts und bewaffneter Gewalt aufzunehmen, dürfte Anfang 1970 gefasst worden sein, wie die bei der Festnahme Baaders am 4.4.70 in dem PKW der Astrid Proll gefundenen Fälschungsmaterialien beweisen. Die sich an die Befreiung Baaders am 14.5.70 anschließenden Gewaltverbrechen förderten zwangsläufig den organisatorischen Zusammenhalt der Gruppe …

Die Beschuldigten hielten sich zunächst überwiegend in Berlin in kommuneähnlichen Gemeinschaften verborgen. Die von ihnen verübten Straftaten wurden gemeinsam geplant und – je nach Angriffsobjekt – in kleineren oder größeren Gruppen gemeinschaftlich ausgeführt ... Sie verfolgen damit das Nahziel, die staatliche Ordnung zu stören und eine revolutionäre Solidarisierung der ›proletarischen Linken‹ herbeizuführen. Dadurch soll nach ihrer Vorstellung der Boden vorbereitet werden für das angestrebte Endziel, nämlich die gewaltsame Beseitigung der auf dem Grundgesetz beruhenden freiheitlich-demokratischen Grundordnung der Bundesrepublik Deutschland ...

Die Baader-Mahler-Meinhof-Gruppe ist mithin eine kriminelle Vereinigung im Sinne des § 129 StGB. Dem widerspricht nicht, dass eine straffe Organisationsform ... allem Anschein nach nicht besteht. Ihr illegaler und geheimbündlerischer Charakter bedingt, dass ihre Angehörigen sich nach den Regeln der Konspiration verhalten. Sie benutzen Decknamen, Kennworte, Deckadressen, verschlüsselte Telefonnummern und dergleichen. Sie sind gezwungen, sich ständig neue Schlupfwinkel zu suchen, und halten Verbindung über Kontaktadressen und Anlaufstellen, wobei sie auf die Hilfe von Freunden und Gesinnungsgenossen angewiesen sind ... Ihren Zulauf hat die Gruppe vor allem aus den revolutionären ›Roten Zellen‹ der Berliner Studentenschaft erhalten.«

In jener Zeit herrschte Unsicherheit darüber, wie man diese »kriminelle Vereinigung« nennen sollte. Während ich noch von einer »Gruppe« und von anarchistischen Gewalttätern sprach, war es im allgemeinen Polizeijargon bereits zur Gewohnheit geworden – und wurde sogar per Weisung gefordert –, die Bezeichnung »Bande« zu verwenden. Später benutzte auch ich sie gelegentlich. Die Zielrichtung war klar: Damit sollte diese Vereinigung kriminalisiert und ihr politisch-moralischer Anspruch negiert werden.

Karl Schütz, mein Abteilungsleiter, sagte damals: »Don Alfredo« – so nannte er mich manchmal –, »warum schreibst du überhaupt so viel über diese Banditen? Das sind doch einfach nur Kriminelle, sie stehlen Autos, überfallen Banken und schießen auf Polizisten.« Dieser, wie ich fand, allzu simplen Sicht stellte ich in teilweise heftigen Diskussionen mit ihm und anderen Kollegen meine Überzeugung entgegen: Politisch motivierte Gewalttaten hätten eine grundsätzlich andere Qualität als herkömmliche kriminelle Delikte, und es handle sich um einen grundsätzlich anderen Tätertypus, dem es nicht um eigene Bereicherung gehe. Das Ziel der Gruppe, die Herbeiführung eines Umsturzes, begründe schließlich die Zuständigkeit der Staatsschutzorgane, und um sie effektiv bekämpfen zu können, sei es notwendig, ihre persönlichen Hintergründe, ihre Organisationsstrukturen und ihr strategisches Konzept aufzudecken. Ohne eine solche Aufklärung, argumentierte ich, würden wir den Beschuldigten nicht gerecht, und auch die Gerichte könnten bei der Beurteilung ihrer Taten auf diese Fakten nicht verzichten. Nur selten flackerte Verständnis auf, wenn ich mich in diesem Sinne äußerte, aber ich blieb meiner Linie treu.

Am 15. Februar, vier Tage bevor mein erster Bericht auf dem Tisch lag, hatte ich eine Sonderausgabe des »Bundeskriminalblatts« fertiggestellt, das an alle Polizeidienststellen der Länder ging. En détail waren darin die bisherigen Straftaten und die Arbeitsweise der Gruppe aufgeführt. Dies war die erste große Fahndungsmaßnahme, und ich dachte darüber nach, für die Schutzpolizeibeamten ein bebildertes Faltblatt zu entwerfen, in welchem ich die Kollegen in eingängigen Passagen über Verhaltensweisen und zu erwartende Aktionen der Terroristen aufklären konnte. Als Schlagzeilen überlegte ich mir:

»DIE BAADER-MEINHOF-BANDE
WER SIND IHRE MITGLIEDER?
WAS HABEN SIE BISHER GETAN?
WIE WIRD ES WEITERGEHEN?
WORAUF IST ZU ACHTEN?«

Sie würden weitermachen, das war mir klar. Sie würden ständig ihr Aussehen verändern und in wechselnden Verkleidungen auftreten. Selbst Polizeiuniformen waren in den wenigen bislang entdeckten Schlupfwinkeln gefunden worden.

»Die Aufmerksamkeit muss sich verstärkt auf die noch gesuchten Mitglieder der Baader-Meinhof-Bande richten ... Jeder Polizeibeamte muss darauf gefasst sein, dass – auch bei Routinekontrollen – von Bandenmitgliedern geschossen wird.«

So formulierte ich die ersten Sätze für das vierseitige Faltblatt, welches ich zusammen mit unserem Grafiker entwickelte. Als es schließlich Monate später verteilt wurde, hatte der Gang der Ereignisse meine Befürchtungen bereits eingeholt: Ein Polizeibeamter, Norbert Schmid, war inzwischen ermordet worden, und mindestens acht Mordversuche an Polizisten hatten stattgefunden. Dazu kamen sechs Raubüberfälle auf Banken und Geldtransporte, vierzig Autodiebstähle und betrügerische Anmietungen, wenigstens drei Einbrüche in Verwaltungsgebäude, bei denen Blanko-Ausweise, Kfz-Scheine, Dienstsiegel und TÜV-Plaketten in großen Mengen erbeutet worden waren.

Was, zum Teufel, ging in diesen Leuten vor? Blödsinnige Frage! Das war mir doch schon klar geworden. Vielleicht scheute ich mich noch vor der endgültigen Erkenntnis, dass sie in ihrem Kampf gegen den verhassten, ihrer Meinung nach faschistoiden Polizeistaat vor nichts mehr zurückschrecken würden. Aber wie musste man sich bei einer derartigen Kriegsführung fühlen? Sie waren doch längst Gehetzte und Gejagte, im Untergrund ständig auf der Flucht von einem Unterschlupf zum nächsten. Ihnen musste doch dämmern, dass es nicht mehr lange gutgehen konnte. Jetzt – mit einer geballten Polizeimacht auf ihren Fersen.

Einige Monate zuvor, im Oktober 1970, waren Horst Mahler, Brigitte Asdonk, Ingrid Schubert, Monika Berberich und Irene Goergens in einer Berliner Wohnung verhaftet worden. Mahler war der Chef der Gruppe gewesen. Aber hatte er nicht in Andreas Baader längst einen Nachfolger gefunden? Er und die beiden Frauen, Ulrike Meinhof und Gudrun Ensslin, die Pfarrerstochter, waren nun das meistgesuchte Trio in der Bundesrepublik. Baader, der Rädelsführer mit großer krimineller Energie (wie ich später schrieb), Ulrike die Stimme der »Rote Armee Fraktion« (RAF), wie die Gruppe sich bald darauf nannte, Gudrun deren Motor.

Warum machten überhaupt so viele Frauen mit? Gewaltbereitschaft passte – zumindest in meinen Augen – eigentlich nicht zum weiblichen Geschlecht. Jedenfalls nicht in der Form. Aber da hatte ich wohl etwas nicht begriffen. In allen Epochen der Menschheitsgeschichte hatte es Amazonen und Partisaninnen gegeben – im letzten Krieg jene russischen Frauen, die die deutschen Soldaten Flintenweiber nannten. Die RAF-Mädchen gehörten zu dieser Sorte. Ich hätte viel darum gegeben, mich mit einer von ihnen endlich persönlich unterhalten zu können. So blieben zunächst doch alle meine Überlegungen zu den Terroristen reine Theorie.

»Das sind doch einfach nur Kriminelle«, hatte Karl Schütz gesagt.

Waren sie aber eben nicht »einfach nur«!

Immerhin bekam ich nun Gelegenheit, mit einigen festgenommenen Mitgliedern der Bande zu sprechen. Ulrike Meinhofs Fahrer und Gehilfe, der Handwerksmeister Karl-Heinz Ruhland, war Ende des vergangenen Jahres, am 20. Dezember, bei einer Polizeikontrolle in Oberhausen festgenommen worden, ebenso kurz darauf, in der Nacht vom 21. auf den 22., Ulrich Scholze und Heinrich Jansen (Deckname »Ali«) nach einer Schießerei in Nürnberg, wo man sie bei einem Autodiebstahl überrascht hatte. In dem bereitgestellten Fluchtauto fand man Hinweise auf ein weiteres Mitglied der Baader-Meinhof-Gruppe, die Physikstudentin Beate Sturm. Während Jansen, der geschossen hatte, in Untersuchungshaft genommen und Scholze schon am nächsten

Tag vorläufig wieder auf freien Fuß gesetzt wurde, war Ruhland zu unserer BKA-Sicherungsgruppe in Bad Godesberg überstellt worden, und nach anfänglichem Zögern erklärte er sich bereit, mit mir zu sprechen.

Er gestand freimütig, dass ihm die politisch-ideologischen Probleme der Gruppe weitgehend gleichgültig gewesen seien. Ihn habe der materielle Vorteil gelockt und das Interesse der ihm geistig überlegenen Köpfe der Gruppe an seiner Person geschmeichelt.

Ausführlich berichtete er darüber, wie an einem der Zufluchtsorte – einem ausgedienten Sanatorium in Bad Kissingen – über die Möglichkeit der Entführung bekannter Persönlichkeiten diskutiert worden sei. Axel Springer war in Betracht gezogen worden, allerdings schien er der Gruppe nicht geeignet, um mit ihm als Geisel die Gefangenen in Berlin freipressen zu können. Auch Franz Josef Strauß sei als Entführungsopfer nicht tauglich erschienen. Aber Willy Brandt! Der ging, das wusste man schließlich, morgens immer nur mit *einem* Bewacher spazieren.

Der Bundeskanzler als Geisel! An der Idee hatten sie sich berauscht. Und der Ort, wo man ihn zu verstecken gedachte, stand auch schon fest: eine zur Jagdhütte umgebaute Scheune in der Eifel, die Ruhland zusammen mit Ulrike Meinhof entdeckt hatte.

»Tja«, sagte Ruhland. »Dieser Plan wurde ernsthaft diskutiert. Aber plötzlich wollte Baader nicht mehr. Die RAF sollte erst mal die materiellen und logistischen Voraussetzungen schaffen. Und außerdem – Baader war inzwischen der Boss. Ich glaube, dass er gar kein so großes Interesse daran hatte, Mahler zu befreien und ihn wieder als Chef vor der Nase zu haben.«

Zum ersten Mal erfuhr ich auf diese Weise von einer geplanten Entführung, auch wenn sie – gottlob! – nicht ausgeführt worden war. Aber wann würde das für die Gruppe wieder zum Thema werden? Dieser Gedanke beunruhigte mich fortan sehr und, wie sich herausstellen sollte, zu Recht.

In den Wochen nach dem Fiasko in Nürnberg entschlossen sich sowohl Beate Sturm, deren Spur die Polizei aufgenommen hatte, als auch der freigelassene Ulrich Scholze, sich von der Gruppe loszusagen. Im Februar hatte ich auch Gelegenheit, mit diesen beiden »Abtrünnigen« zu sprechen.

Beate Sturm, ein hübsches und sensibles Mädchen aus gutem Haus, glaubte im Gegensatz zu Ruhland, dass die Entführungspläne nichts als Spinnerei gewesen waren. Ein verrückter Einfall. Sie persönlich, so gestand sie, war aus Abenteuerlust zur Gruppe gestoßen. Natürlich mit politischen Motivationen – aber das Verhalten von Andreas Baader hatte sie abgestoßen. Sie beschrieb mir, was sie dann ein Jahr später auch im *Spiegel* schilderte: »Baader machte Krimi und zog dabei unsere halb politischen Ansätze auf sein Niveau herunter. Der hat uns wirklich auf einen Trip geschickt. Es war seine große Idee, dass eine kriminelle Tat an sich schon eine politische Tat ist. Und wenn Ulrike Fehler der Einzelnen diskutieren wollte, dann hat er natürlich Schiss gehabt und seine altbewährte Mache aufgenommen: Er hat geschrien!«

Das bestätigte auch der Physikstudent Ulrich Scholze. Er beschrieb Baader jedoch als einen intelligenten Mann, der Situationen schnell realistisch einschätzen konnte und über hohe psychische Reserven verfügte. Er selbst, sagte Scholze, sei beeindruckt vom politisch-moralischen Anspruch Horst Mahlers und Ulrike Meinhofs gewesen, aber auf Polizisten zu schießen – dazu fühle er sich außerstande und sei inzwischen zu dem Schluss gekommen, dass bewaffnete Gewalt sinnlos sei.

Wenn doch nur andere Mitglieder zu ähnlichen Einsichten kämen! Wie konnte Ulrike Meinhof den anmaßenden Bandenchef ertragen?

Hierüber spekulierte auch Beate Sturm und erzählte mir von dem vergangenen gemeinsam verbrachten Weihnachtsabend in einem Haus in Stuttgart, dessen Eigentümer, ein ehemaliger Verlobter eines Mädchens aus der Gruppe, verreist gewesen war. Sie hatte noch einen Schlüssel zu der Mietwohnung. Ulrike, erzählte Beate Sturm, sei erschöpft gewesen von den Fehlschlägen, der ewigen Herumreiserei und davon, dass sie gleich drei Male nur knapp einer Festnahme entkommen war. Und dann die Festnahmen von Ruhland und Jansen. Sie wollte die Fehler diskutieren, über eine bessere Planung und mehr Sicherheit reden. Und auch darüber, womöglich aufzuhören.

»Baader hat ihr natürlich vehement widersprochen. Aufhören – bestimmt nicht! Zum Schluss hat er wieder getobt: ›Ihr Fotzen, eure Emanzipation besteht darin, dass ihr eure Männer anschreit.‹«

Er würde nur auf Gudrun Ensslin hören, meinte Beate Sturm noch. Aber die zwei seien ja auch schließlich ein Liebespaar.

Ließ die Ensslin es sich deshalb gefallen, in derart unflätiger Manier beschimpft zu werden? Es fiel mir schwer, das nachzuvollziehen. Aber bei Ulrike Meinhof wunderte es mich immer mehr. Ich fühlte mich bestärkt in meiner Hoffnung, sie aus der Gruppe herauslösen zu können, sie zur Aufgabe zu bewegen. Offensichtlich war der Boden dafür bereitet. Ich entschloss mich, die Anregung meines Referatsleiters Georg Pohl in die Tat umzusetzen und die Familienangehörigen der Hauptbeschuldigten zu besuchen.

Nachdem ich den Kontakt aufgenommen hatte, plante ich für den kommenden Monat eine einwöchige Rundreise. Gerd Berzau glaubte nicht recht daran, dass die Unternehmung etwas bringen könnte, aber ich blieb stur.

»Es besteht Hoffnung, dass die Angehörigen auf die Täter einwirken könnten, mit dem Unfug aufzuhören. Außerdem kann ich mir auf diese Weise eine Vorstellung von den persönlichen Hintergründen der Täter machen.«

Das seien Fanatiker, brummte Gerd, die wohl kaum noch auf Mutti, Vati, Großmama oder Exmänner hören würden. Er sah auf die Uhr. »Es ist spät. Lass uns noch ein Bier trinken gehen«, schlug er vor.

»Eigentlich wollte ich noch …«

»Ach was«, unterbrach er mich. »Demnächst übernachtest du noch hier in deiner Zelle, Pardon, deinem Dienstzimmer.«

Ja, darauf läuft es langsam hinaus, dachte ich, während wir uns auf den Weg zur Eckkneipe machten. Zu Hause hielt ich mich so wenig wie möglich auf – meine Ehe bestand ohnehin schon seit langem nur noch auf dem Papier. Ich hätte Ruth nach dem Krieg nicht geheiratet, wenn sie nicht schwanger gewesen wäre. Einen unehelichen Sohn hatte ich bereits 1942 als Marinesoldat gezeugt – das konnte man ja nicht beliebig wiederholen. Meinen Traum, ein Maschinenbaustudium anzufangen, hatte ich vergessen müssen und war in dem Bewusstsein, dass ich eine Familie zu ernähren hatte, zur Polizei des Landes Schleswig-Holstein gegangen. Den Entschluss, damals eher aus der Not denn aus Neigung geboren, habe ich allerdings niemals bereut.

Gerd und ich ließen uns am Tresen nieder, und er zündete sich die unvermeidliche Zigarette an.

»Hör mal, mein Freund«, sagte er nach dem ersten Bier. »Du wirkst so niedergedrückt. Die Baader-Meinhofs bekommen dir nicht gut. Oder gibt's sonst noch Ärger?«

Gerd wusste über meine unglückliche Ehe Bescheid.

»Du solltest dich von deiner Frau trennen«, sagte er nach dem zweiten Bier emphatisch, »und dich mit deiner Ärztin zusammentun.«

Ich hatte ihm Heilwig einmal vorgestellt – seitdem schwärmte er von ihr.

»Sie würde niemals nach Bad Godesberg ziehen«, murmelte ich dumpf, »und außerdem habe ich das Gefühl, dass sie im Begriff ist, sich von mir zurückzuziehen.«

Gerd genehmigte sich die fünfte Zigarette und blickte der aufsteigenden Rauchfahne so versonnen nach, als wäre sie ein Zeichen des großen Manitu.

»Wenn die Soko nicht gerade ins Leben gerufen worden wäre,

hättest du dich vielleicht nach Hamburg versetzen lassen können«, spekulierte er.

»In eine neu zu gründende BKA-Außenstelle am Hafen?« Ich musste unwillkürlich lachen.

»Zur Not könntest du den Mann für Sicherheitsfragen beim *Spiegel* abgeben«, begann er zu witzeln und bestellte ein drittes Bier. »Bei deinen guten Beziehungen zu dem Blatt!«

»Ich bin zwar ein treuer *Spiegel*-Leser«, sagte ich, »aber Rudolf Augstein und ich treffen uns nicht zum Kaffeeplausch. Übrigens solltest du weniger trinken und rauchen.«

»Polizist!«, sagte er und grinste. »Du wirst sehen, dass ich mit dem Laster uralt werde.« (Womit er recht behalten sollte.)

»Wo wir aber gerade von Hamburg sprechen«, fuhr ich fort, »ich habe überlegt, zunächst dorthin zu fahren. Es geht mir nicht aus dem Kopf, dass Ulrike Meinhof 1962 am Gehirn operiert wurde. Vielleicht ist das der Grund, warum sie so abgedriftet ist. Ich halte sie im Grunde für eine sensible, intelligente Frau, die in die Irre gelaufen ist und dabei sogar in Kauf genommen hat, den Kontakt zu ihren Zwillingen zu verlieren. Das muss eine Mutter doch irgendwann zur Umkehr bewegen.«

»Pah! Die Ensslin hat ihren Jungen auch in den Wind geschossen. Den Weibern scheinen ihre Kinder gleichgültig zu sein. Dafür können sie sich jetzt Andreas Baader teilen. Hoffentlich pflanzt sich diese Kanaille nicht auch noch fort.«

»Gerd!«, sagte ich und bat um die Rechnung. »Ihn halte ich zwar wirklich für den am ehesten als einen ›normalen Kriminellen‹ zu bezeichnenden Typ. Nach den bisherigen Erkenntnissen. Aber bei den Frauen habe ich mehr Hoffnung.«

»Der ewige Gutmensch«, knurrte Gerd. »Was aber willst du nun eigentlich genau in Hamburg?«

»Mit Ulrike Meinhofs Operateur sprechen. Ihn befragen, ob der Blutschwamm in ihrem Kopf die Ursache für die Persönlichkeitsveränderung sein könnte. Und einen mir gut bekannten Strafverteidiger zu Rate ziehen. Ihn bitten, ihre Verteidigung zu übernehmen für den Fall, dass sie sich stellen würde. Du weißt, wie Beate Sturm ihre Verfassung beschrieben hat.«

Gerd schüttelte den Kopf. »Das war Weihnachten. Und hat sie's bisher getan? Nein.«

»Man sollte die Hoffnung nie aufgeben«, sagte ich sibyllinisch. Ich hoffte schließlich auch noch auf etwas anderes in Hamburg – doch das hatte nichts mit der Dienstreise zu tun. Ich wollte mit Heilwig sprechen. Darüber, wie unsere Zukunft aussehen könnte. Ob sie ihr überhaupt noch eine Chance gab.

Nachdem ich mich von Gerd verabschiedet hatte, machte ich mich auf den Weg ins ungeliebte Zuhause. Es hatte aufgehört zu schneien, und der Himmel war sternenklar. Wieder fiel mir der Anflug auf die Libanonberge ein. Doch diesmal schob sich vor die Erinnerung an das *Hohelied Salomos* der Gedanke an die Baader-Meinhof-Gruppe. Ihre Mitglieder waren im Juni letzten Jahres genau dorthin geflogen, um sich anschließend mit Hilfe der Palästinenser nach Jordanien abzusetzen. Dass sie sich dort von der El Fatah zu Kämpfern hatten ausbilden lassen, erfuhren wir später. Aber es passte zu den im *Spiegel* abgedruckten Worten Ulrike Meinhofs:

»Was wir machen und gleichzeitig zeigen wollen, das ist: dass bewaffnete Auseinandersetzungen durchführbar sind, dass es möglich ist, Aktionen zu machen, wo wir siegen, und nicht, wo die andere Seite siegt. Und natürlich wichtig ist, dass sie uns nicht kriegen, das gehört sozusagen zum Erfolg der Geschichte.«

Ja, zum Erfolg *eurer* Geschichte!, dachte ich plötzlich wütend und hatte in dem Augenblick das Gefühl, dass Gerd mich zu Recht als Gutmenschen verspottet hatte. Hirnoperation hin oder her – die Frau war eine Fanatikerin und ganz offensichtlich bereit zu töten. Was bildete ich mir eigentlich ein, sie von diesem Weg abbringen zu wollen? Sie und die anderen. Nichts als der unbändige Wunsch, größeres Unheil zu verhindern. Und ich würde es versuchen. Auf meine Art. Mir ging es um den Erfolg *unserer* Geschichte, vor allem aber darum, Menschenleben zu retten. Denn dass es irgendwann Opfer geben würde, hatte ich in den letzten Wochen mehr und mehr zu fürchten begonnen. Ich hatte nur noch keine Ahnung, wie viele es im Laufe der Jahre werden sollten.

Erkenntnisse

März und April 1971

In Hamburg suchte ich Ulrike Meinhofs Operateur Professor Kautsky auf, der meinen Verdacht, dass die Geschwulst zu einer psychischen Veränderung habe führen können, bestätigte. Zumal er, wie er sagte, den Tumor mit Rücksicht auf das umliegende Gefäßsystem nicht habe entfernen, sondern nur in seinem Wachstum hindern können.

Es sollte doch gelingen, überlegte ich auf dem Weg zum renommierten Strafverteidiger Hajo Wandschneider, die Erkrankung als strafmildernd geltend zu machen. Für den Fall, dass Ulrike Meinhof sich überhaupt aus der Gruppe würde lösen wollen. Der Anwalt teilte meine Meinung und erklärte sich bereit, die Verteidigung zu übernehmen.

Ich hätte mir die Mühe sparen können. Ulrike – wie ich sie insgeheim für mich manchmal nannte – hatte alle Brücken zu ihrer bürgerlichen Existenz abgebrochen, und das schon ein Jahr zuvor.

Die bewaffnete Befreiung Andreas Baaders im Mai 1970 hatte ihr einen Steckbrief – insgesamt waren es zwanzigtausend Exemplare – an allen Litfaßsäulen in Berlin und Westdeutschland beschert. Es wurde wegen Mordversuchs nach ihr gefahndet. Eine Belohnung von zehntausend Mark war auf ihre Ergreifung ausgesetzt, dennoch sollte es danach noch zwei Jahre dauern, bis sie gefasst wurde.

Ich wusste nicht, warum ich mir immer wieder gerade über sie Gedanken machte. War es vielleicht deshalb, weil Heilwig auf gewisse Weise mit ihr sympathisierte? Es würde möglicherweise zu Konflikten zwischen uns führen, wenn ich von jetzt an alles daranzusetzen hatte, Ulrike Meinhof hinter Schloss und Riegel zu bringen.

Angesichts des Treffens mit Heilwig war mir unbehaglich zumute. Wir hatten uns seit vielen Wochen nicht mehr gesehen und nur wenige Male miteinander telefoniert. Sie wollte nach Göttingen gehen, hatte sie mir vor kurzem mitgeteilt. Dort bot sich ihr die Möglichkeit, eine psychoanalytische Ausbildung zu machen.

Ich war davon überzeugt, dass sie eine gute Therapeutin werden würde, und wusste schließlich, dass sie schon lange nicht mehr damit zufrieden war, als Allgemeinmedizinerin zu arbeiten. Ich hatte mich gefragt, ob dieser Schritt auch das endgültige Aus für ihre Ehe bedeutete. Immerhin war ihre jüngste Tochter doch erst vierzehn Jahre alt. Würde sie das Mädchen einfach allein bei ihrem Vater lassen? Ich kannte schließlich mein eigenes schlechtes Gewissen in Bezug auf *meinen* Jüngsten. Dabei lebte ich noch zu Hause – wenn auch innerlich meist abwesend und auch äußerlich selten präsent.

Heilwig und ich trafen uns im Alsterpavillon, nur ein paar Meter von der Boutique entfernt, in der Gudrun Ensslin ein gutes Jahr später verhaftet werden sollte, und führten ein freundliches Gespräch – freundlich, aber auch nicht mehr. Meinen Fragen nach ihrem Privatleben wich sie aus, sprach nur von Göttingen und ihrem bevorstehenden Umzug dorthin. Ich wagte es nicht, weiter zu bohren, obwohl ich sehr misstrauisch war. Ich würde herausbekommen, ob es einen anderen gab. Sie erkundigte sich interessiert nach meiner Arbeit, und ich hatte schließlich genug zu erzählen. Mein Vorhaben, die Familien der gesuchten RAF-Mitglieder zu besuchen, gefiel ihr.

Ich erklärte, dass ich vorhatte, den Exehemann von Ulrike Meinhof und Vater ihrer beiden Töchter aufzusuchen. Noch wusste ich nicht, ob der Herausgeber der Zeitschrift *konkret* überhaupt noch Kontakt zu seiner geschiedenen Frau hatte. Die Zwillinge jedenfalls lebten inzwischen bei ihm, was für die Mädchen sicher das Beste war. Ferner wollte ich Ulrike Meinhofs Ziehmutter Renate Riemeck besuchen, die Mütter von Andreas Baader und Manfred Grashof, die Familie von Gudrun Ensslin, den Vater von Astrid und Thorwald Proll wie auch den von Holger Meins.

Ebenso wie Gerd bezweifelte Heilwig, dass die Angehörigen in der Lage seien, Einfluss auf ihre Kinder zu nehmen. Die würden sich wohl kaum mit ihnen in Verbindung setzen. Aber immerhin gewänne ich doch einen Eindruck von den Persönlichkeiten der Gesuchten, ihrem Werdegang ... wenn auch aus der Sicht von Eltern, die sich vermutlich kaum erklären könnten, warum ihre Söhne und Töchter zu Kriminellen geworden waren, allerdings beseelt von politischen Absichten, dem Wunsch, Zustände in unserem Staat zu ändern. Das betonte sie besonders. Auch ihr, sagte sie, missfalle so manches in diesem Land. Und dann sprach sie noch einmal über das grundsätzliche Verständnis, das sie für die Ideen der Gesuchten hegte.

Ich fühlte mich irgendwie verraten und war mir plötzlich sicher, dass ein anderer Mann in ihr Leben getreten war. Bestimmt so ein linker Vogel, dachte ich. War sie nicht gerade im Begriff, sich auf ihre Weise aus einer großbürgerlichen Existenz zu verabschieden? Die Gattin des renommierten Anwalts wollte Haus und Hof, ihren Mann und ihr jüngstes Kind verlassen, um in Göttingen zu studieren, und ich passte wohl nicht mehr in ihre Pläne.

Ich sähe nicht gut aus, sagte sie plötzlich sehr weich und strich mir über die Wange.

Dieses Lächeln ... es war noch nicht alles verloren. Ich sah Gespenster, war zu pessimistisch. Sieben Jahre der Liebe, Kartons voller Briefe, die das bezeugten! Das alles konnte doch nicht einfach so enden. Hier, bei einer Tasse Kaffee mit Blick auf die Alster.

Wir würden jetzt verschiedene Wege gehen, sagte sie, und meine aufkeimende Hoffnung fiel in sich zusammen wie das berühmte Kartenhaus. Ich sei vermutlich demnächst mit meiner Soko B/M so beschäftigt wie noch nie zuvor, fuhr sie fort. Und sie müsse sich um ihre Ausbildung kümmern. Man würde telefonieren. Meine Geheimnummer habe sie ja …

Und wann bekäme ich ihre?

Sie müsse gehen, sagte sie nach einem hastigen Blick auf die Uhr, und nein, ich solle sie nicht begleiten.

Ich sah ihr nach und kämpfte mit den Tränen. Wann hatte ich das letzte Mal geweint? Als meine Mutter gestorben war. Begraben unter den Trümmern des zerbombten Hauses in Königsberg. Es war lange her.

Was hatte ich falsch gemacht? War ihre Sympathie für die Baaders und Meinhofs dieser Welt so groß, dass sie mit mir als »bösem Bullen« nichts mehr zu tun haben wollte? Nein, das konnte es nicht sein. Diese Theorie sollte mir jetzt wohl nur als Trostpflaster dienen. Außerdem war ich alles andere als ein böser Bulle. Ich bemühte mich schließlich darum, in die Gedankenwelt der Täter vorzudringen, sie zu verstehen und ihr Tun nachzuvollziehen. Allerdings aus dem Motiv heraus, sie in besserer Kenntnis ihrer Absichten und Planungen gezielter fassen zu können.

Wir würden sie alle kriegen! Darauf hatte ich mich jetzt voll und ganz zu konzentrieren. Selbstmitleid konnte ich mir jetzt nicht leisten. Und mir blieb auch keine Zeit, meiner großen Liebe nachzuweinen. Verdammt!

Unsichtbare Fäden zogen mich zum Rathausplatz. Von hier aus fuhr der Bus in Richtung Blankenese, in *ihre* Richtung, die Elbchaussee entlang …

Der Bus fuhr an mir vorbei. Ich wusste nicht, ob sie darin saß, aber unwillkürlich hob ich meine Hand wie zu einem letzten Gruß.

Vielleicht, sagte ich mir, als ich mich zu Fuß auf den Weg zum

Hauptbahnhof machte, liegt jetzt eine Zeit der Prüfungen vor mir. So, wie sie einem von Gott auferlegt wird. Ich musste Erfolge erzielen im Kampf gegen die Baader-Meinhof-Gruppe. Wären die Köpfe erst einmal in Gewahrsam, würde der Rest von ihnen führungslos sein und aufgeben. Wenn ich – in wiederum sieben Jahren – meinen aktiven Dienst beendete, müsste der Terror Geschichte sein. Und ich hatte die Chance erhalten, maßgeblich auf dieses Ziel hinzuarbeiten. Konnte ich es erreichen?

Mir fiel der Satz ein: »Denen, die Gott lieben, müssen alle Dinge zum Besten dienen.« Damit tröstete ich mich und wollte fest daran glauben.

Kurz bevor ich zu meiner Familienbesuchstour aufbrach, fand ich eine unzustellbare Postsendung auf meinem Schreibtisch vor, die am 15. April in Siegburg unter der falschen Absenderangabe »Werbezentrale, 53 Bonn, Am Markt 39« aufgegeben worden war. Es handelte sich um ein vierzehn Seiten umfassendes Traktat, das, wie ich später erfuhr, an diverse Zeitungen verschickt worden war, aber auch in »Sozialistischen Zentren« auslag und in linken Buchhandlungen zum Verkauf angeboten wurde. Das Dokument war illegal hergestellt und verbreitet worden. Der unvollständige Copyrightvermerk – »Niemec Verlag Amsterdam« – erwies sich als fingiert.

Die »Stimme der RAF« hatte sich mit ihrer ersten großen gedruckten Kampfschrift zu Wort gemeldet. Sie trug den Titel »Rote Armee Fraktion: Das Konzept Stadtguerilla« und begann mit einem Mao-Zitat aus dem Jahr 1939: »Zwischen uns und dem Feind einen klaren Trennungsstrich ziehen«.

Das Logo auf dem Deckblatt war noch nicht vollständig. Es fehlte der fünfzackige Stern, der in späteren Verlautbarungen der Gruppe, aber auch auf der letzten Seite dieses Manifestes das RAF-Symbol, die Maschinenpistole, umrahmte. Auf Ermittlungen, die Aufschluss über die Herkunft hätten geben können (Papier, Schrift, Umschläge etc.), musste ich aus zeitlichen Gründen verzichten. Andere Aufgaben standen im Vordergrund.

Allerdings hatte ich, nachdem ich den Inhalt und die Diktion der Schrift analysiert hatte, keinen Zweifel daran, dass der Text überwiegend von Ulrike Meinhof stammte. Mein darüber angefertigter Bericht, den ich am 27. Mai abschloss, wurde an alle Dienststellen weitergeleitet. Somit waren die Sicherheitsbehörden über die Motive und politisch-ideologischen Hintergründe des bewaffneten Kampfes der »Rote Armee Fraktion« wie auch über ihre Strategien und das taktische Konzept informiert.

Im ersten der insgesamt sechs Abschnitte grenzten sich die Verfasser von den linken »Schwätzern« ab, »für die sich der antiimperialistische Kampf beim Kaffee-Kränzchen abspielt«, und beriefen sich dabei erneut auf Mao, der den bewaffneten Kampf als »die höchste Form des Marxismus-Leninismus« bezeichnet habe. »Wir behaupten«, schrieben sie weiter, »dass die Organisierung von bewaffneten Widerstandsgruppen zu diesem Zeitpunkt in der Bundesrepublik und Westberlin richtig ist, möglich ist, gerechtfertigt ist. Dass es richtig, möglich und gerechtfertigt ist, hier und jetzt Stadtguerilla zu machen.«

Im zweiten Abschnitt wurden die sozial-liberale Koalition und der bundesdeutsche Imperialismus angeprangert. Die Bundesrepublik beteilige sich »durch Entwicklungs- und Militärhilfe an den Aggressionskriegen der USA« und profitiere damit von der Ausbeutung der Dritten Welt.

Im dritten ging es um die Studentenrevolte, die zur Vorgeschichte der »Rote Armee Fraktion« erklärt wurde. Die Forderungen der Bewegung wie »Enteignet Springer!, Zerschlagt die Nato!, Kampf dem Konsumterror!, Kampf dem Erziehungsterror!, Kampf dem Mietterror! waren richtige politische Parolen«. Sie sei zerfallen, weil sie es versäumt habe, »eine ihren Zielen angemessene Praxis zu entwickeln«, und ihr »Funke« nicht zum »Steppenbrand entfalteter Klassenkämpfe« geworden sei.

Der vierte Abschnitt befasste sich mit dem Primat der revolutionären Praxis, womit die Verfasser bewaffneten Widerstand »als Antwort auf die Notstandsgesetze, die Bundeswehr, den Bundesgrenzschutz, die Polizei, die Springerpresse« meinten, und im fünften erklärten sie, es sei an der Zeit, das von dem brasilianischen Guerillaführer Carlos Marighella in seinem *Mini-Handbuch des Stadtguerilla* entwickelte Konzept »Die revolutionäre Interventionsmethode von insgesamt schwachen revolutionären Kräften«, eine Anleitung für den bewaffneten Kampf gegen lateinamerikanische Militärdiktaturen, in der Bundesrepublik umzusetzen. Dort hieß es: »Stadtguerilla zielt darauf ab, den staatlichen Herrschaftsapparat an einzelnen Punkten zu destruieren, stellenweise außer Kraft zu setzen, den Mythos von der Allgegenwart des Systems und seiner Unverletzbarkeit zu zerstören. Stadtguerilla setzt die Organisierung eines illegalen Apparates voraus, das sind Wohnungen, Waffen, Munition, Autos, Papiere.«

Der sechste Abschnitt schließlich wendete sich unter der Anarchistenparole »Macht kaputt, was euch kaputt macht« gegen die »reformistische Linie« im politischen Kampf, die als opportunistisch, unsolidarisch und dumm bezeichnet wurde, und schwang sich zu einem Plädoyer für den Weg in die Illegalität auf, dessen Moral ein Zitat des Anarchisten Louis-Auguste Blanqui aus dem 19. Jahrhundert liefern sollte: »Die Pflicht des Revolutionärs ist, immer zu kämpfen, trotzdem zu kämpfen, bis zum Tod zu kämpfen.«

Die Schlusszeile des Traktats lautete: »Sieg im Volkskrieg!«

Einige Zeitungen hatten die Kampfschrift veröffentlicht, und ich fragte mich, auf welche Weise nun Politiker, linke Intellektuelle, Psychologen, Soziologen oder Juristen darauf reagieren würden. Es müsste doch eine öffentliche Diskussion beginnen, dachte ich, die Frage des bewaffneten Kampfes erörtert und dabei ad absurdum geführt werden. Aber es geschah nichts. Entweder wollte man die RAF bewusst negieren, oder aber die Gruppe hatte einen noch größeren Sympathisantenkreis, als wir bislang vermutet hatten.

Gerd brachte es auf den Punkt, als wir am Abend vor meiner erneuten Abreise nach Hamburg – ich war mit Ulrike Meinhofs Exehemann verabredet – zusammensaßen.

»Ich habe im Bus ein Gespräch mitbekommen«, erzählte er. »Zwei Frauen unterhielten sich. Die eine sagte: Sollte Ulrike Meinhof bei ihr anklopfen, würde sie der mutigen Person jederzeit Unterschlupf gewähren. Die andere stimmte ihr zu und erklärte, sie würde sogar ihre Ausweispapiere hergeben. Es waren Damen, Fred, aus der sogenannten besseren Gesellschaft. Sie waren gut gekleidet und die eine – sie sprach anschließend von Patienten – offenbar Ärztin. Wie können solche Damen so blöd sein?«

»Denk an den Professor in Hannover«, erinnerte ich ihn.

»Ja, aber sie sind bereit, Kriminelle zu schützen!«, empörte er sich. »Die Typen, die uns Bullen schon vor einem Jahr zum Abschuss freigegeben haben.«

»Es sind keine gewöhnlichen Kriminellen«, wandte ich ein. »Genau damit beschäftige ich mich ja seit geraumer Zeit so intensiv. Und dass unsere Zunft sich nicht eben großer Beliebtheit bei der Bevölkerung erfreut – das ist ja nichts Neues.«

»Die Leute würden anders reden, wenn ihr Auto gestohlen wird oder sie in einem Kaufhaus stehen, in dem gerade Feuer gelegt wurde«, erwiderte Gerd wütend. »Wir sollen den Bürger beschützen, aber er fällt uns in den Rücken.«

»Damit müssen wir wohl in Zukunft rechnen«, sagte ich, »und es wird uns die Arbeit erschweren.«

»Was ist mit deiner Ärztin?«, fragte er plötzlich. »Sie ist doch auch, äh, so ein wenig linksintellektuell.«

»Die würde niemandem von denen Unterschlupf gewähren«, erklärte ich und wollte es nur zu gern glauben.

»Natürlich«, lenkte er rasch ein. »Das wäre ja auch für dich ein Schlag ins Gesicht.«

Den habe ich schon bekommen, dachte ich. Wenn auch auf andere Weise.

»Werdet ihr euch in Hamburg sehen?«, fragte er.

»Nein. Diesmal nicht.«

Es sollte Jahre dauern, bis wir einander wieder begegneten.

Gespräche im Umfeld

Zu Besuch bei Ulrike Meinhofs Exmann
Klaus Rainer Röhl in Hamburg

Klaus Rainer Röhl empfing mich in seiner eleganten Villa in Hamburg-Blankenese. Gewandet in Sportskluft, zu der er Reiterstiefel trug, bat er mich ins Wohnzimmer und ließ Tee servieren. Der Herausgeber der Zeitschrift *konkret*, der sein erfolgreiches Blatt einst als eines »für Querköpfe von Querköpfen« bezeichnet hatte, verhielt sich freundlich und entgegenkommend und erklärte vorab, dass sich Ulrike Meinhof bislang um keinerlei Kontakt der Kinder wegen bemüht habe. Knapp drei Jahre zuvor war die Ehe geschieden worden. Dabei hatte die Mutter das Sorgerecht erhalten und war mit den Zwillingen nach Berlin gezogen. Die Situation hatte sich nun geändert. Das Amtsgericht Hamburg-Blankenese hatte ihm das alleinige Sorgerecht zugesprochen.

»Seit Ulrike im letzten Jahr untergetaucht ist, habe ich mich darum bemüht«, sagte er. »Ich habe meine Töchter durch Interpol suchen lassen – ohne Erfolg. Wenn mir nicht ein befreundeter Journalist geholfen hätte … meine Kinder sollten, wie ich hörte, in ein palästinensisches Waisenlager gebracht werden.«

Der Journalist war, wie ich später erfuhr, Stefan Aust gewesen. Er hatte von 1967 bis 1969 als Redakteur bei *konkret* gearbeitet und kannte die Familie gut. Nachdem er von Ulrike Meinhofs ebenfalls abgetauchtem Freund Peter Homann erfahren hatte, dass die Zwillinge auf Sizilien versteckt waren, hatte er schnell gehandelt. Es war ihm gelungen, die Mädchen nach Rom zu bringen, wo der glückliche Vater sie wenige Stunden später abgeholt hatte.

»Ich habe nach wie vor Angst, dass meine Töchter entführt werden«, sagte Röhl. »Es gab da eine anonyme Warnung im Herbst vergangenen Jahres.«

Eine nachvollziehbare Angst. Ich hoffte, dass Ulrike Meinhof dies nicht zulassen würde. Wozu sollte solch eine Aktion denn auch gut sein? Wollte sie ihren Kindern etwa weitere Odysseen zumuten? Wie Beate Sturm mir erzählt hatte, verhielt sie sich Andreas Baader und Gudrun Ensslin gegenüber schwach. Doch welches Interesse sollten ausgerechnet *die* beiden haben, sich Kinder aufzuhalsen? Ohne Zweifel waren die Mädchen am besten bei ihrem Vater aufgehoben. So sollte es bleiben. Schlimm genug für sie, eine steckbrieflich gesuchte, untergetauchte Mutter zu haben.

»Können Sie mir sagen, ob die Meldung der *Frankfurter Rundschau* vor ein paar Tagen richtig ist?«, unterbrach Röhl meine Gedanken. »Demnach soll sich Ulrike in Paris aufhalten.«

Ich hielt das für unwahrscheinlich, und schon bald darauf entpuppte sich die Nachricht als ein Gerücht aus Journalistenkreisen.

Dass seine Exfrau sich bei ihm melden würde, bezweifelte Röhl. Er wolle einen Ostergruß der Mädchen an einen Rechtsanwalt in Bremen schicken, der mit ihr in Verbindung stehe.

Er bemühte sich also nach wie vor darum, einen Kontakt zwischen der Mutter und ihren Kindern herzustellen. Dies erschien mir hochherzig angesichts dessen, was zwei Jahre zuvor geschehen war: Eine Hundertschaft aufgebrachter Berliner Genossen seiner Exfrau hatten nach deren endgültiger Kündigung als *konkret*-Mitarbeiterin zunächst die Redaktionsräume stürmen wollen, angesichts des Polizeiaufgebots jedoch darauf verzichtet und nur Flugblätter verteilt. Ich erinnerte mich vage an die Zeilen: »Überm Schreibtisch Che Guevara, unterm Schreibtisch

McNamara, ihr fahrt mit der Straßenbahn, der Chef reist mit 'nem Porsche an ...« Ein Teil der Aktivisten hatte sich dann nach Blankenese aufgemacht und Röhls Villa verwüstet. Ulrike Meinhof selbst war nicht dabei gewesen.

Ob sie, die ehemalige Vorzeigelinke der Hamburger Gesellschaft, diesen Exzess zugelassen hätte? Eine geplante Protestkundgebung in Redaktionsräumen war auf diese Weise aus dem Ruder gelaufen. Das passte zu der Situation, in der sich Ulrike Meinhof inzwischen befand. Auch da schienen ihr die Dinge über den Kopf zu wachsen und gaben Baader und Ensslin die Gangart vor.

Wenn Klaus Rainer Röhl eine Wut gegen seine Exfrau hegte, ließ er es sich jedenfalls nicht anmerken. Im Gegenteil – er gab zu, dass er sich selbst für das Scheitern der Ehe verantwortlich mache.

»Die Liebe und Zuwendung, die sie gebraucht hätte, habe ich ihr wohl nicht geben können. Hinzu kamen meine Seitensprünge. Das hat sie nicht verkraftet.« Außerdem, fügte das ehemalige Mitglied der verbotenen KPD hinzu, seien ihre Ansichten im Lauf der Jahre weit auseinandergedriftet. Er sei eben zu Kompromissen gezwungen gewesen, um das Überleben der Zeitschrift zu sichern, während sie die radikale Linie vertreten habe. Überhaupt seien sie seit jeher sehr gegensätzliche Charaktere gewesen. Keine Liebe auf den ersten Blick, sondern irgendwann später und dann am Ende eben doch das Aus.

Wo und bei wem, wollte ich von ihm wissen, würde sich seine Exfrau (wenn überhaupt) wohl melden? Wer könnte Einfluss auf sie nehmen und sie eventuell dazu bringen, sich freiwillig zu stellen?

Er zögerte und nannte mir ein paar Namen von Bekannten, doch ich hatte den Eindruck, dass er diese Angaben selbst nicht ganz ernst meinte. Von Ulrike Meinhofs Ziehmutter, der Frau Professor Renate Riemeck, würde ich sicher mehr erfahren können, sagte er. Sie hatte sich des früh verwaisten Kindes angenommen – ab 1948 als Vormund der damals vierzehnjährigen Ulrike und ihrer älteren Schwester Wienke – und kannte sie vermutlich von allen am besten. Und es gab noch eine Nenntante – einst engste Freundin ihrer Mutter – in Berlin, die Ärztin Johanna Meyer, mit der ich für den kommenden Tag verabredet war.

Bevor ich das Haus verließ, erschienen die Zwillinge in Begleitung der Mutter des Liedermachers Wolf Biermann, einer außerordentlich sympathischen älteren Dame, die sich, wie ich erfuhr, um die Kinder kümmerte. Zwei fröhliche, unbeschwert wirkende achtjährige Mädchen, deren letzte Jahre so ganz und gar anders verlaufen waren als die ihrer jetzigen Schulkameraden. Aber vielleicht hatten sie das Geschehen einfach als Abenteuer erlebt? Auf jeden Fall mussten sie ihre Mutter vermissen. Aber ihr Kummer war ihnen nicht anzumerken. So wenig wie dem Vater. Was immer tatsächlich in den Köpfen der Restfamilie Röhl vorging – sie kam mir entspannt und heiter vor. Als wäre die einstige Ehefrau und Mutter ein Relikt aus ferner Vergangenheit, das nicht mehr dazugehörte. Und das tat sie ja auch nicht mehr. Selbst wenn sie sich stellen würde oder wir sie bald verhaften könnten – ihre Kinder bekäme sie nicht zurück. War der Kampf gegen das imperialistische Gesellschaftssystem das alles wert?

Die Kinder winkten mir nach, als ich mich in den Dienstwagen setzte. Ich winkte zurück.

»Nette Familie«, sagte mein Fahrer.

Ja, nette Familie.

In Berlin bei Frau Dr. Johanna Meyer

Johanna Meyer in Berlin war verzweifelt bei dem Gedanken an ihre Nichte, hatte aber ebenfalls wenig Hoffnung, dass sie sich bei ihr melden würde. Sie erklärte, sie sei ihr zuletzt vor über einem Jahr begegnet. Da habe sie den Eindruck gehabt, dass Ulrike stark unter dem Einfluss von Andreas Baader und Gudrun Ensslin stehe und sich überdies in einem körperlich elenden Zustand befunden habe. Sie hoffte inständig, dass sich die Nichte stellen würde, bevor weiteres Unheil geschähe, und versicherte mir, dass sie alles versuchen würde, sie dazu zu bewegen. Wenn ... Ja, wenn.

Das Hämangiom, erfuhr ich von ihr, habe Ulrike schwer zu schaffen gemacht. Sie habe unter Kopfschmerzen und Sehstörungen gelitten, und es sei auch nicht auszuschließen, dass es inzwischen weiter gewachsen sei. Schließlich sei es vor zehn Jahren bei ihr diagnostiziert worden, und wer wisse denn schon, ob sie sich ärztlich behandeln lasse.

Dann begann sie von dem Mädchen Ulrike zu erzählen, die ganz unter dem positiven Einfluss ihrer Ziehmutter gestanden habe. Ulrike sei selbstbewusst und mutig gewesen. »Da gab es eine Geschichte in der Schule. Sie war schon in der Oberstufe des Gymnasiums, und die Klasse litt entsetzlich unter einem cholerischen Lehrer, dem niemand zu widersprechen wagte. Aber sie stand eines Tages auf und verbat sich seine Brüllerei. Einmal, zweimal. Und dann hat sie seelenruhig den Unterricht verlassen. Ich glaube, das war ein Schlüsselerlebnis, das sie geprägt hat. Man könne sich wehren, hat sie mir erzählt. Müsse sich einfach nur vor nichts und niemand fürchten und seine Meinung offen und entschlossen vertreten. Und das hat sie stets getan. War engagiert, auch schon früh politisch, und stets auf der Seite der Schwachen. Nun scheint sie selbst schwach zu sein. Beeinflusst von den falschen Leuten. Ach, mein Gott ... Aber vielleicht ist es die Fehlbildung in ihrem Gehirn? Das könnte doch zu mildernden Umständen führen?«

Vielleicht, sagte ich. Nur müsse sie sich eben stellen, bevor noch mehr geschehe.

Sie sei nur irregeleitet, beteuerte Johanna Meyer. Dieser Baader, der sei ihr ganz und gar nicht geheuer. Wenn man den endlich hätte! Den und seine Freundin Gudrun Ensslin. Überhaupt begreife sie nicht, warum immer von der Baader-Meinhof-

Bande gesprochen werde. Es müsse doch Baader-Ensslin-Bande heißen.

Das dachte ich mir im Stillen auch.

»Und wenn Ulrike nun plötzlich bei mir auftaucht?«, fragte Frau Meyer unvermittelt. »Ich kann sie doch nicht einfach an die Polizei verraten.«

»Bewegen Sie Ihre Nichte dazu, sich zu stellen«, beschwor ich sie und klärte die besorgte Frau, soweit möglich, über die Rechtslage im Hinblick auf eine mögliche Begünstigung auf.

Es war mir nicht gelungen, Renate Riemeck zu erreichen. Erst gegen Ende des Jahres sollte es zu einem Treffen mit ihr kommen – wenige Monate bevor Ulrike Meinhof verhaftet wurde.

Familie Baader in Bayern

Mein Weg führte mich nun von Berlin an den Chiemsee, wo Andreas Baaders Mutter Anneliese und Großmutter Hermine Kroecher mich in ihrem Häuschen empfingen.

»Mei, der Andi«, sagte seine hochbetagte Großmutter und rang die Hände. »Eigentlich ist er so ein lieber Bub. Der Vater hat ihm halt gefehlt.«

Anneliese Baader seufzte nur und fragte mich, ob ich ein Glas Wein mit ihnen trinken würde.

Ich war überrascht, nahm das Angebot aber dankend an. Natürlich war ich dienstlich hier, aber alles, was zur Entspannung der Atmosphäre beitragen könnte, kam mir gelegen.

Mutter Baader verschwand im Keller und kehrte mit einer Flasche guten Rotweines zurück. Mir schoss eine Bemerkung von Beate Sturm durch den Kopf. Andreas Baader habe stets das Beste bevorzugt, wozu zum Ärger der Gruppe auch gehört hatte, dass er und Gudrun Ensslin bei der Verteilung der Plätze in den konspirativen Wohnungen stets das beste Zimmer oder, wenn mehrere Absteigen zur Auswahl standen, die

komfortabelste beansprucht hätten. Allüren eines Gangster-
bosses.

Hörte ich dann allerdings Mutter und Großmutter zu, so war
»der Andi« ganz und gar nicht böse. O nein. Nie gewesen. Ein
wenig schwierig, ja, das schon.

Andreas Baaders Vater, ein Historiker, war auf dem Rück-
transport aus russischer Kriegsgefangenschaft gestorben. Seine
Mutter hatte viele Jahre lang um eine Witwenpension kämpfen
müssen und schließlich als Schriftführerin beim Sozialgericht
Arbeit gefunden. Um den 1943 geborenen Sohn hatte sich in
seinen ersten Lebensjahren die in Thüringen lebende Großmutter gekümmert. Später hatten dann alle zusammen in München gewohnt. Von Schulbeginn an war es zu Problemen mit
»dem Andi« gekommen – er hatte sich nicht unterordnen
mögen.

»Ich wollte unbedingt, dass er das Abitur schafft«, erklärte
Anneliese Baader und zählte diverse öffentliche und private
Schulen in München sowie ein Internat auf. Eine wahre Odys-
see. »Überall ist er rausgeflogen«, erklärte sie betrübt, »schließlich sogar aus einem teuren Aufbauinternat. Er hat die Lehrer
zum Wahnsinn getrieben, und nach drei Monaten haben sie ihn
vor die Tür gesetzt. Danach habe ich es aufgegeben. Aus der
Traum vom Abitur.«

»Zu Hause war er nicht so«, ergänzte die Großmutter. »Nur
seinen Willen – den hat er immer und überall durchsetzen wollen. Zu Konzessionen war er nie bereit. Und leider ist er auch
ein Autonarr. Hat nie den Führerschein gemacht und ist trotzdem gefahren. Da ist er schon früher mit dem Gesetz in Konflikt gekommen.«

Er sei nach Berlin gegangen, habe Artikel geschrieben und sei
Vater geworden, erklärte Anneliese Baader. Das Kind ziehe allerdings der geschiedene Mann der Mutter, einer Berliner Malerin,
auf. Sie hätten zur Enkeltochter Suse keinen Kontakt. Zu Andreas auch nicht. Der sei durch Gudrun Ensslin so richtig poli-

tisch geworden. »Allerdings – als er mit neunzehn Jahren die Schwabinger Krawalle erlebt hat, wo sich die Obrigkeit über Straßenmusikanten aufregte, sagte er anschließend zu mir: ›Weißt du, Mutter, in einem Staat, wo die Polizei mit Gummiknüppeln gegen singende junge Leute vorgeht, da ist etwas nicht in Ordnung.‹«

Mutter und Großmutter wechselten einen verständnisinnigen Blick.

»Zuletzt«, sagte Anneliese Baader, »habe ich ihn gesprochen, als er in Berlin im Gefängnis saß. Vor einem Jahr. Nach seiner Befreiung hat er sich nicht mehr gemeldet. Eine Grete hat kurz darauf bei meinem Bruder angerufen und gesagt, dass es dem Andi gut gehe, und wir sollten nicht alles glauben, was in der Zeitung steht. Und ein Rechtsanwalt Mahler war kurz vor der Befreiung am Telefon und hat gesagt, er bekommt den Andi auf gesetzlichem Wege frei. Darauf habe ich gehofft und keine Ahnung davon gehabt, dass man ihn mit Gewalt da rausholen wollte und dabei ein Mensch schwer verletzt wurde.«

Ihr stiegen die Tränen in die Augen. »Er wird sich niemals stellen. Als er nach dem Kaufhausbrand in Frankfurt in Haft war, sagte er anschließend, dass er niemals wieder in ein Gefängnis gehen würde. Niemals!«

Sie griff nach einem Taschentuch. »Ich erinnere mich daran, dass er als Zwölfjähriger einen vereiterten Zahn hatte und sich weigerte, zum Arzt zu gehen. Er wollte wissen, wie lange er die Schmerzen würde aushalten können. Deshalb glaube ich nicht, Herr Kommissar, dass er aufgeben wird. So, wie ich ihn kenne, wird er den eingeschlagenen Weg bis zum bitteren Ende gehen.«

»Dabei ist er doch im Grunde so gutmütig«, mischte sich nun die Großmutter wieder ein. »Er muss doch einsehen, dass er sich ins Unglück reitet.«

»Gutmütig … ja«, stimmte die Mutter zu. »Und Geld bedeutet ihm nichts. Wozu diese Banküberfälle? Süchtig war er auch nie. Höchstens nach Gerechtigkeit. Da ist er Fanatiker. Und wenn er politisch von etwas überzeugt ist, dann wird ihn niemand beirren können. Selbst ich als Mutter hätte nicht den geringsten Einfluss.«

»Früher war er doch nie so politisch«, beharrte die Großmutter. »Wieso denn jetzt?«

»Weil er mit Leuten zusammengekommen ist, die ihn dazu gebracht haben, Mama.«

»Ach Gott«, sagte Hermine Kroecher. »Das ist wie beim Adolf seinerzeit. Immer die Politik – und nichts als Unglück hat es gebracht. Auch dem Andi. Dem hat der Krieg den Vater genommen. Wenn ...«

»Mama, lass. Wir können nur hoffen, dass nicht alles noch schlimmer wird.«

»Ja, gnädige Frau«, sagte ich. »Das wollen wir.«

Nach einem zweistündigen Gespräch verabschiedete ich mich von den liebenswerten Damen und dachte darüber nach, welche Bedeutung die Nazi-Vergangenheit der Elterngeneration wohl für die Terroristen spielen mochte. Sie machten uns – auch ich, Jahrgang 1919, gehörte schließlich dazu – für das, was geschehen war, verantwortlich. Sahen in unserem jetzigen Staat die alten Recken wieder wichtige Positionen bekleiden, ob sie nun Nazis gewesen waren oder nicht. Und auf etliche von ihnen traf das ja tatsächlich zu. Dem Zugriff der SS hatte ich mich, nach einer handgreiflichen Auseinandersetzung mit einem HJ-Führer, durch die rechtzeitige Anmeldung zur Marine entzogen. Aber wen interessierte das? Wir alle wurden über einen Kamm geschoren. Die Revolutionäre wähnten sich im gerechten Kampf gegen einen neuen faschistischen Staat. Und einen solchen zu bekämpfen rechtfertigte jedes Mittel.

Formaljuristisch betrachtet war auch das Attentat auf Hitler eine kriminelle Tat gewesen. Nur eine, deren Gelingen man von Herzen begrüßt hätte.

Eines war sicher – wir alle hatten unseren Kindern gegenüber zu wenig von dieser unheilvollen Zeit gesprochen. Wir waren ihnen Erklärungen, Antworten auf Fragen schuldig geblieben. So ein Vakuum wird schnell von Phantasien gefüllt.

Heilwig war mit der Vergangenheit offenbar anders umgegangen. Sie hatte ihren Kindern viel über die NS-Zeit erzählt, darüber, wie sie und ihre Familie Hitler und dessen Regime gehasst und auf ihre Weise Widerstand geleistet hatten, wo es nur ging. Sie hatten Glück gehabt, dass sie dabei nie ertappt worden waren. Natürlich ließ sich aus solcher Haltung heraus später leichter über diese Zeit berichten. Was aber sollten die Mitläufer sagen? Erst recht jene, die aus Überzeugung Nazis gewesen waren? Für sie hatte sich das Schweigen als die probatere Lösung erwiesen.

Es wäre, resümierte ich, dringend an der Zeit, diese düstere Epoche der deutschen Geschichte gründlich aufzuarbeiten. So hatten wir nur versucht, einen demokratischen Staat aufzubauen, der von vielen jungen Menschen aber nicht als solcher empfunden wurde. Terror – gleich von welcher Seite – durfte sich nicht wiederholen. Es sollte keine weitere düstere Periode die Geschichte Deutschlands im 20. Jahrhundert belasten. Wenn es uns gelänge, die Entwicklung jetzt in den Griff zu bekommen, wären es ein paar Seiten im Geschichtsbuch – nicht ein langes Kapitel.

Wie sollte ich mich doch täuschen! Aber an diesem Abend, den mir zudem der Genuss von Anneliese Baaders Rotwein versüßte, war ich noch optimistisch. Für den morgigen Tag stand die Familie von Gudrun Ensslin auf meinem Reiseplan.

Zu Besuch bei Ilse Ensslin in Stuttgart

Frau Ensslin war eine üppige, imposante Erscheinung, äußerlich ganz das Gegenteil ihrer Tochter Gudrun. Die Dominanz hingegen, welche die Mutter ausstrahlte, mochte sich wohl auf die

Tochter übertragen haben. Sie bot mir Kaffee an und entschuldigte ihren abwesenden Mann. Der Pfarrer sei in dringenden Angelegenheiten unterwegs.

Ihre Gudrun sei stets ein liebes, harmoniebedürftiges Kind gewesen, erzählte sie dann. Ein in jeder Beziehung braves Mädchen, das wohlbehütet aufgewachsen sei und nur die besten Schulnoten nach Hause gebracht habe.

»Wir haben unsere Kinder – Gudrun ist das vierte von sieben – liebevoll und ohne großen Druck erzogen«, betonte Frau Ensslin. »Und ihnen vermittelt, dass zu einem guten Christen auch politisches und soziales Handeln gehört. Gudrun hat das stets ernst genommen, aber die Dinge wohl irgendwann falsch beurteilt.« Sie zog die Stirn in Falten. »Seit sie mit dem Baader zusammen ist, hat sie sich so verändert.«

Seinem Einfluss also schob sie die Radikalisierung zu, so, wie es umgekehrt Mutter Baader tat. Ich vermutete dagegen, dass sie sich gegenseitig in ihrer radikalen Haltung bestärkten – zwei Menschen, die sich gesucht und gefunden hatten.

»Gudrun hat mit zwanzig Jahren ihr Studium in Tübingen begonnen«, fuhr Ilse Ensslin fort. »Sie war sehr hübsch, hatte eine Menge Verehrer, aber mit Männern hat sie sich überhaupt nicht eingelassen. Bis dann Bernward Vesper kam, der Sohn von dem NS-Dichter. Ein feiner junger Mann. Sie sind beide nach Berlin gegangen, um dort weiter zu studieren. Aber die Beziehung fing an zu kriseln. Bernward redete immer von großen Projekten, brachte jedoch nichts auf die Beine. Irgendwann hat er angefangen, Drogen zu nehmen. Sie hätten sich trennen sollen – aber dann erwartete Gudrun plötzlich ein Kind. Den Felix. Sie sagte damals, es sei ein Wunschkind gewesen, aber ich hatte da Zweifel. Der Junge hat sie doch nur bei ihren Aktivitäten gestört – obwohl sie ihn im Kinderwagen zu Protestmärschen mitgenommen hat. Unverantwortlich! In Berlin ist sie in die linke Studentenszene geraten, war unglaublich engagiert. Mit ihrer Doktorarbeit jedenfalls kam sie nicht weiter. Felix war kaum auf der Welt, da wurde der Student Benno Ohnesorg von einem Polizisten erschossen. Sie ist vollkommen ausgerastet, sprach plötzlich nur noch von den Schweinen, die Auschwitz gemacht hätten. Es seien dieselben. Die hätten Waffen und würden schießen. Habe man ja gesehen. Es sei an der Zeit, sich auch zu bewaffnen. Mir haben diese Reden Angst eingejagt. Aber nie hätte ich gedacht, dass ...«

Sie unterbrach sich und rang um Fassung.

»Sie war total verändert«, fuhr sie schließlich fort, »radikal geworden. Ich dachte, das läge vielleicht auch an der gescheiterten Beziehung mit Bernward. Sie hat sich mal so ausgedrückt, dass sie allen Dreck durchleben müsse. Sie wollte nicht mehr das brave Mädchen sein. Der Kaufhausbrand ... ihre Inhaftierung danach ... also sie hat sich zusammen mit dem Baader nach der Haftentlassung um Fürsorgezöglinge gekümmert. Das war ja löblich. Aber mein Mann und ich haben ihr Vorwürfe gemacht, weil sie sich um ihr eigenes Kind nicht schert – der Felix lebt, seit sein Vater in der Nervenklinik ist, bei einer befreundeten Arztfamilie in Reutlingen. Die haben Kinder«, fügte sie entschuldigend hinzu, als hätte sie geahnt, dass ich ihr die Frage stellen wollte, warum sie als Großmutter nicht für den Jungen sorge.

»Wissen Sie, was Gudrun damals sagte? Sie schaffe dem Kind ein besseres Mutterbild, wenn sie die übernommene revolutionäre Aufgabe weiter verfolge. Und dazu gehöre auch, dass sie die Strafe wegen der Kaufhausbrandstiftung nicht verbüßen würde. Im Übrigen sei die Gesellschaft daran schuld, dass sie ihr Kind habe abgeben müssen. Seither ist sie untergetaucht, und ich habe sie das letzte Mal vor einem Jahr gesehen. Von meiner Tochter Christel weiß ich nur, dass Gudrun vor ungefähr zwei Monaten zusammen mit ein paar anderen bei ihr in Köln aufgetaucht ist. Aber Christel hat sie hinausgeworfen. Noch einmal geht sie dort bestimmt nicht hin. Und ich bezweifle, dass sie sich bei mir melden wird.«

Sie stand auf, ging zum Fenster und schwieg eine Weile. »Wissen Sie, Herr Klaus«, sagte sie dann, »ich würde alles dafür tun, dass mein Kind sich stellt. Mein Mann ebenfalls. Aber sie wird es nicht tun. Wir haben keinen Einfluss mehr auf sie, seit Jahren schon nicht mehr. Sie wird jetzt im August einunddreißig. Sie hat sich entschlossen, diesen Weg zu gehen. Und da ist eben auch noch dieser Baader. Ich glaube, dem ist sie gänzlich verfallen. Gudruns Unglück im Leben sind die Männer, denke ich manchmal. Erst der schwache Vesper und dann der Revoluzzer Baader. Wär sie doch nur nie nach Berlin gegangen …«

Einen Moment lang wirkte sie verzweifelt und ratlos, so als stelle sie sich die Frage, was sie falsch gemacht haben könnte in der Erziehung. Doch dann ging ein Ruck durch ihren Körper, und sie beendete das Gespräch mit den Worten: »Gudrun muss selbst entscheiden, ob sie sich stellt. Und wer weiß, ob sich ihr Handeln nicht irgendwann als gerechtfertigt erweisen wird. Im Falle eines dritten Weltkrieges zum Beispiel!«

Ich hatte zwiespältige Gefühle, als ich das Pfarrhaus verließ, und beschloss, Kontakt mit der in Köln lebenden Schwester Christel Ensslin aufzunehmen. Wenn es stimmte, was ihre Mutter sagte, hatte sie Gudrun vor zwei Monaten gesehen. Ich hoffte, dass sie bereit sein würde, mir über dieses Treffen zu berichten. Bislang jedenfalls konnte ich froh sein, dass sich die Angehörigen, trotz des Hinweises auf ihr Recht, Aussagen zu verweigern, so freimütig geäußert hatten.

Gespräch mit Christel Ensslin in einem Gasthaus in Köln

Gudruns Schwester hatte sich zu einem Treffen bereit erklärt, allerdings nur unter der Bedingung, in Begleitung eines Freundes erscheinen zu dürfen. Christel, ein Jahr älter als Gudrun, sah ihrer Schwester ähnlich. Anders als die Mutter begegnete sie mir zunächst mit unverhohlener Abneigung und erklärte unverblümt, dass sie nicht die Absicht habe, mit irgendjemandem die Angelegenheiten der Baader-Meinhof-Gruppe zu diskutieren.

Warum war sie dann erschienen?

»Und am allerwenigsten mit einem Angehörigen des Bundeskriminalamtes!« Sie funkelte mich feindselig an.

»Sie brauchen ja nichts auszusagen«, sagte ich und lächelte leutselig. »Ich habe Sie auf Ihr Zeugnisverweigerungsrecht hingewiesen. Aber nun sitzen wir schon einmal hier ...«

»Das Thema hängt mir zum Hals heraus!«, sagte sie inbrünstig und rührte so heftig in ihrem Kaffee, dass er überschwappte. »Im Übrigen muss sich jeder auf seine eigene Weise verwirklichen«, fügte sie trotzig hinzu.

Ihr Begleiter räusperte sich und legte ihr die Hand auf den Arm. War es diese Geste oder meine Bemerkung, dass ich sie verstehen könne – sie schien sich zu besinnen und ließ sich schließlich doch auf ein Gespräch ein.

Ja, die Schwester habe sie besucht. Ende Januar und in Begleitung mehrerer Leute. »Ich habe sie zunächst überhaupt nicht erkannt, weil sie eine Perücke trug. Sie kam mit diesen Typen herein, und ich bot ihnen Kaffee an. Einer der Männer – das war wohl Baader – fläzte sich auf mein Sofa und tat so, als wäre er bei mir zu Hause. Ich fragte mich, was wohl der Zweck ihres Besuches sei, ob sie bei mir unterkriechen wollten. Aber Gudrun sagte nichts in der Hinsicht. Es fielen nur wieder Worte in Bezug auf mich wie ›scheißliberal und lohnabhängig‹. Wollte sie mich etwa bekehren? Nach dem Kaffee habe ich die Gruppe hinauskomplimentiert. Ich war froh, dass mein Freund, mit dem ich zusammenlebe, nichts von dem Besuch mitbekommen hat. Ich kann Ihnen nur versichern, dass ich es ablehne, meinen Lebensunterhalt durch Banküberfälle zu finanzieren. Ich bin mit meiner Tätigkeit als Redakteurin für Kundenzeitschriften zwar nicht gerade zufrieden – aber ich muss von etwas leben. Und

Gewalt finde ich in jedem Fall ein ungeeignetes Mittel, um unsere Gesellschaft zu verändern. Daraus habe ich nie einen Hehl gemacht und verstehe deshalb auch nicht, warum Gudrun überhaupt bei mir aufgetaucht ist.«

Ich erkundigte mich nun, ob sie eine Vorstellung habe, was zum Bruch in der persönlichen Entwicklung der Schwester geführt haben könnte.

Sie rührte erneut in dem inzwischen kalten Kaffee.

»Ihr Verlobter, der Bernward Vesper, hat sicherlich dazu beigetragen. Eine Niete. Und meine Eltern waren noch stolz, dass sie sich mit dem Sohn eines Dichters verlobt hatte, der angeblich ein großes Vermögen erben würde.«

Sie stieß ein gequältes Lachen aus. »Kein Vermögen, dafür Drogen. Geschwängert hat er sie – mehrmals. Sie hat zwei Abtreibungen hinter sich. Und betrogen hat er sie auch laufend. Und dann kommt dieser Sexy-Baader und nimmt sie mit auf den Revolutionstrip. Aber wie sollte sie auch Glück mit Kerlen haben? Unsere Mutter hat ihr doch stets eine heile Männerwelt vorgetäuscht!«

Sie bestellte einen neuen Kaffee und fuhr voller Bitterkeit fort: »Falls Mutter erzählt hat, dass wir Kinder frei erzogen und in unserer Persönlichkeitsentfaltung nicht behindert wurden, so ist das einfach gelogen. Mein älterer Bruder zum Beispiel hat sich regelrecht an Mutters Nabelschnur aufgehängt. Er musste gegen seinen Willen Medizin studieren und hat sich nach Gudruns Verhaftung erhängt. Und wenn mein Vater Fernsehinterviews gab, dann hat er nur an sich selbst, aber bestimmt nie an seine Kinder gedacht.«

Das Bild der heilen Pfarrersfamilie löste sich auf. Die Gründe für die Wandlung des »braven Mädchens Gudrun« zur gewaltbereiten Täterin waren womöglich schon in der Kindheit und Jugend zu suchen. Aber ich war kein Psychologe und konnte dies nicht mit Sicherheit beurteilen.

Abschließend bat ich Christel Ensslin, ebenso wie die anderen

Angehörigen, ihre Schwester zur Aufgabe zu überreden, sollte sich diese noch einmal bei ihr melden.

Die Jalousie fiel. Sie schob die Tasse von sich und erklärte entschieden: »Ich erkenne die Gefahr, der meine Schwester bei einer Beteiligung an der kriminellen Tätigkeit der Baader-Meinhof-Gruppe ausgesetzt ist. Aber es ist für mich unzumutbar, zu ihrer Festnahme beizutragen.«

Das habe niemand von ihr verlangt, betonte ich.

»Eine solche Erwägung«, fuhr sie unbeeindruckt fort, »kommt für mich in dem Augenblick in Betracht, wo mir bewiesen wird, dass Gudrun eine nicht mehr zu verantwortende Gefahr für den Bestand der Bundesrepublik ist. Aber davon kann wohl bisher keine Rede sein.«

Noch nicht, dachte ich, aber sie ist auf dem besten Wege. Christel Ensslin erschien mir in Bezug auf ihre Schwester zwiegespalten. Sie billigte deren Verhalten nicht – lieferte aber Gründe für selbiges. Der Zorn auf die Eltern war deutlich geworden. Sie müsste Verständnis für Gudrun haben, dachte ich. Ihr müsste daran liegen, sie vor weiterem Unheil zu bewahren. Aber wie mochte das Verhältnis zwischen den Schwestern wirklich sein? Christel wollte eines jedenfalls nicht – in die Sache hineingezogen werden. Und mir schien es auch unwahrscheinlich, dass Gudrun sich nach dem letzten, monatelang zurückliegenden Besuch noch einmal bei ihr melden würde.

Auf dem Heimweg nach Bad Godesberg dachte ich darüber nach, was meine Besuchstour mir gebracht hatte. Vor allem Hintergrundwissen über die Täter. Vorkriegs- und Kriegskinder. Vater- und Mutterlose oder, wie im Fall Gudrun Ensslin, Familiengeschädigte. Das musste es auch sein, was sie in der Gruppe suchten: eine Ersatzfamilie. Eine, die vereint gegen den Feind Staat kämpft. Vater Staat! Ich, ebenfalls vaterlos aufgewachsen, nachdem meine Eltern sich hatten scheiden lassen, hatte einst für einen perversen Vater Staat in den Krieg ziehen müssen und überdies von klein auf Verantwortung für Mutter und Schwester übernommen. Mein Weg war ein gänzlich anderer gewesen als der, den diese jungen Leute nun einschlugen. Wir mussten sie stoppen! Sie zerstörten ihr Leben und womöglich bald auch das Leben anderer. Aber wir mussten auch Verständnis für sie aufbringen.

Die Verhaftung Astrid Prolls –
und die erste Tote

Im Februar waren sie uns in Frankfurt noch entkommen – Astrid Proll und Manfred Grashof, den wir inzwischen zum harten Kern der Gruppe zählten. Nachdem wir einen Hinweis vom Berliner Verfassungsschutz bekommen hatten, waren sie beobachtet und gestellt worden, hatten sich jedoch den Fluchtweg freigeschossen. (Erst Jahre später tauchte ein Aktenvermerk auf, dem zufolge Astrid Proll die Waffe nicht gezogen hatte. Sie war vor allem wegen dieses Tatverdachts 1973 angeklagt worden.)

Sie waren entwischt – aber man wusste, in welcher Wohnung sie sich aufgehalten hatten, und die erwies sich als wahre Fundgrube: Handfeuerwaffen, Ausweisformulare, erbeutet bei Einbrüchen in Einwohnermeldeämter, sowie Materialien zur Herstellung falscher Papiere wurden sichergestellt, außerdem Polizistenjacken und »Krähenfüße« (Metallgegenstände mit spitzen Zacken) zum Abschütteln von Verfolgern.

Angesichts der Gegenstände hatte ich zu Gerd Berzau gesagt: »Getreu den Anweisungen aus Marighellas *Mini-Handbuch* ist alles da, was der Stadtguerilla braucht. Wir müssen das dokumentieren, um der Bundesanwaltschaft die Brisanz des Fundes zu verdeutlichen.«

Ich ließ die entdeckte Ausrüstung fotografieren, klebte die Aufnahmen auf weißes Papier und dieses auf Pappe und befestigte die Seiten mit Klebeband aneinander. Obwohl die Bildbände ziemlich primitiv aussahen, war ich doch stolz auf das Werk. Bundesermittlungsrichter Wolfgang Buddenberg jedenfalls gefiel es. Allerdings wollte er unserer Entdeckung nicht so viel Bedeutung beimessen, wie ich es mir erhofft hatte.

»Ach, Herr Klaus«, sagte er lächelnd, »nehmen Sie die B/M-Leute nicht so ernst. Wer mit zwanzig kein Kommunist ist, hat kein Herz, und wer mit dreißig noch einer ist, keinen Verstand.«

Das war's ja! Die Köpfe, auf die wir es abgesehen hatten, waren über dreißig. Aber ich sagte nichts, und ihm wird ein Jahr später, nach dem Bombenanschlag auf sein Auto, bei dem seine Frau schwer verletzt werden sollte, dieser Spruch wohl nicht mehr über die Lippen gekommen sein.

Nun also war Astrid Proll von einem aufmerksamen Tankwart in Hamburg erkannt und am 6. Mai verhaftet worden. Der erste Erfolg, seit es die Soko gab.

In ihrer Handtasche wurde ein Schlüsselbund gefunden. In der Hoffnung auf ein weiteres »Pharaonengrab« – wie unser späterer Präsident Horst Herold solche Fundgruben zu nennen pflegte – und etwaige versteckte RAF-Mitglieder waren Beamte im Umkreis von fünfhundert Metern rund um den Verhaftungsort ausgeschwärmt, um nach der Wohnung zu suchen, zu der die Schlüssel passten. Drei Tage lief die Aktion – die Festnahme war deshalb geheim gehalten worden –, dann erwies sich Schlüsselloch Nummer 2168 als das richtige. Es gehörte zu einer Wohnung in der Lübecker Straße 139. Die Beamten konnten mit Recht stolz sein, denn in keinem der Häuser hatten Bewohner etwas von ihren Aktivitäten bemerkt.

Das Ergebnis war jedoch enttäuschend. Kein neues Pharaonengrab. Es fanden sich nur Fingerabdrücke von Gudrun Ensslin und Andreas Baader sowie Papiere, aus denen hervorging, dass Überfälle auf Geldtransporte der Hamburger Sparkasse und des Armoured Car Service geplant waren.

Astrid Proll war ins Gefängnis Köln-Ossendorf gebracht worden und verweigerte beharrlich jegliche Aussage.

Nun denn – im Rahmen meiner Familienbesuchstour hatte ich

ohnehin ein Treffen mit ihrem Vater Konrad Proll, einem bekannten Architekten, verabredet, das in wenigen Tagen in Kassel stattfinden sollte. Auf dem Weg dorthin versuchte ich mir vorzustellen, wie er sich wohl als Vater zweier Terroristen fühlen mochte, und seine Gemütslage entsprach ungefähr meinen Erwartungen: Er war bitter enttäuscht von seinen Kindern. Und wütend.

»Nach dem Kaufhausbrand in Frankfurt 1968 hat Astrid noch zu mir gesagt: ›Vati, die haben Thorwald dazu missbraucht.‹ Und dann wird sie selbst Mitglied der Bande! Aber ihr Bruder war eben immer ihr Vorbild. Allerdings hat der sich ja inzwischen distanziert. Sie wird's nun hoffentlich auch tun.«

Dann erzählte er, dass Astrid und der sechs Jahre ältere Thorwald, der sich der Polizei gestellt hatte, aus seiner zweiten Ehe mit einer Lehrerin stammten, die kurz vor Astrids Konfirmation nach Amerika übergesiedelt sei. Eine hässliche Scheidung, fügte er hinzu, und er habe sich nach Kräften bemüht, dem Mädchen die Mutter zu ersetzen. Aber sein Beruf habe ihm dazu wenig Zeit gelassen. Astrid habe Schulschwierigkeiten gehabt und schließlich nach diversen Wechseln mit der Mittleren Reife abgeschlossen. »Sie hat sich immer mehr um die sozialen Probleme ihrer Mitschülerinnen gekümmert als ums Lernen. Und wegen ihres Gerechtigkeitsfanatismus geriet sie ständig in Konflikte mit den Lehrern.«

Astrid sei dann, wie ihr Bruder Thorwald, nach Berlin gegangen, um eine Ausbildung zur Fotografin zu machen. Aber da sie so gut wie nie an den Kursen teilgenommen habe, sei sie schließlich hinausgeworfen worden. »Weder hat *er* an der Uni, noch hat *sie* an der Schule gelernt. Sie waren nur noch in den linken politischen Kreisen engagiert, in die sie hineingeraten sind.«

Konrad Proll machte eine resignierte Handbewegung, als wollte er die Erinnerungen beiseiteschieben. »Nachdem Astrid die Schule hatte verlassen müssen, habe ich meine Unterhaltszahlungen eingestellt. Sie war ja auch volljährig. Die Schulden habe ich allerdings bezahlt, die sie in Berlin hinterlassen hat. Und ihre Arztrechnungen.«

Niemals sei seine Tür für die Kinder verschlossen gewesen, er habe ihnen aber auch unmissverständlich mitgeteilt, dass sie kein Geld mehr von ihm zu erwarten hätten. Gesehen habe er seine Tochter das letzte Mal vor drei Jahren.

»Ich sprach ihnen das Recht ab, die Gesellschaft zu ändern, zumal sie selbst nie gearbeitet und Geld verdient haben«, fügte er bitter hinzu. »Dabei habe ich mich nach allen Kräften bemüht, eine Fehlentwicklung der beiden zu vermeiden ...«

Er hob die Schultern in einer hilflosen Geste. »Und meine dritte Frau ebenfalls. Es hat offenbar alles nichts genützt.«

Die Stimme des Architekten verriet, wie aufgewühlt er war. »Und dann hat die Bande im Januar ausgerechnet Filialen der Sparkasse Kassel überfallen, die mich mit der Gesamtplanung eines großen Umbauprojektes beauftragt hatte. Sie können sich nicht vorstellen, was für beleidigende Anrufe und Schmähbriefe ich anschließend bekam!«

Ich versuchte, ihn zu beruhigen, was mir kaum gelang. Er lehne jeden Kontakt mit Astrid ab, sagte er zutiefst gekränkt. »Diese Kinder haben mein Herzblut vergossen! Ich werde meine Tochter im Gefängnis *nicht* besuchen!«

Der Baptist in mir rührte sich. »Herr Proll«, sagte ich, »es handelt sich doch um unser aller Kinder, für die wir die Mitverantwortung tragen und die wir zum Ausstieg bewegen müssen. Ihre Tochter hat am 29. Mai Geburtstag. Besuchen Sie sie wenigstens an *diesem* Tag und bringen Sie ihr ein kleines Geschenk mit!«

Er starrte mich fassungslos an.

»Ich begleite Sie auch«, fügte ich rasch hinzu. »Und helfe Ihnen, ein Geschenk auszusuchen.«

Unwillkürlich schüttelte er mit dem Kopf. Mein Vorschlag musste ihn gänzlich verwirrt haben. Er war wohl auch nicht das, was man von einem Beamten des Bundeskriminalamtes erwartete.

Ich lächelte ihm aufmunternd zu, und schließlich willigte er nach kurzem Zögern ein.

Zwei Wochen später kam er nach Bad Godesberg, und von dort fuhren wir gemeinsam nach Köln.

»Ich hatte keine Idee für ein Geschenk«, gestand er. »Wie ich ja schon sagte, es ist Jahre her, dass ich meine Tochter zuletzt sah. Was könnte eine junge Frau von nun vierundzwanzig Jahren im Gefängnis wohl erfreuen?«

»Unterwäsche«, sagte ich spontan.

»Unterwäsche? Na, so was. Wenn Sie meinen.«

Kurz darauf betraten wir ein elegantes Wäschegeschäft, doch wären wir dort wohl ohne die liebenswürdige Hilfe der Verkäuferin verzweifelt. Welche Größe sollten wir wählen, welche Farbe? Wir hatten keine Ahnung und bestaunten ratlos das vielfältige Angebot. Die junge Frau riet uns schließlich zu zwei locker fallenden Hemdchen, weit geschnittenen Höschen, die, wie sie sagte, schon irgendwie passen würden. Wenn nicht – wir könnten sie ja immer noch umtauschen.

Auf der Straße erklärte mir Konrad Proll entschieden: »Also, wenn das hier nicht passt, Herr Klaus, dann müssen *Sie* sich ums Tauschen kümmern. Sie haben mich zu dem heutigen Besuch überredet – ich habe bestimmt nicht vor, so bald wieder dorthin zu gehen.«

Ich nickte nur und dachte, dass meine Idee, Dessous zu kaufen, schon eine wenig skurril gewesen war. Im Geiste hörte ich die Kollegen lachen, einig darüber, dass ich nun wohl den Verstand verloren hätte.

Nur wenig später sollte sich herausstellen, dass mein Einfall genau richtig gewesen war. Wie stark auch immer die Enttäuschung des Vaters war, wie entschieden sich auch die Tochter von ihm abgewandt haben mochte, die Begegnung zwischen den beiden – sie umarmten sich, als sie hereingeführt wurde – war anrührend, und obwohl sie sich schon nach fünf Minuten wieder über politische Fragen zu streiten begonnen hatten, verabschiedete ich mich von Konrad Proll in der Überzeugung, dieser Besuch würde nicht der letzte gewesen sein.

Das gab er mir auch zu verstehen, bevor wir uns trennten, und mir war es so vorgekommen, als habe Astrid Proll mir beim Verlassen des Besuchsraums einen dankbaren oder doch zumindest freundlichen Blick zugeworfen.

Zu irgendwelchen Aussagen war sie allerdings auch anschließend nicht zu bewegen. Vermutlich hatten sich die Mitglieder der Gruppe zu absolutem Stillschweigen im Fall einer Verhaftung verpflichtet, und die Mitteilungsbereitschaft von Beate Sturm, Karl-Heinz Ruhland und Ulrich Scholze war eine Ausnahme gewesen, nur dem Umstand zu verdanken, dass sie sich ohnehin innerlich von der Gruppe losgesagt hatten.

Im Juni tauchte in Berlin ein fünfundsechzig Seiten umfassendes Pamphlet auf, das der Rechtsanwalt Horst Mahler in seiner Zelle verfasst hatte, wie aus handschriftlichen Korrekturen hervorging, und kurz darauf vom Berliner Verlag Klaus Wagenbach nachgedruckt wurde. Das Deckblatt trug den Titel »Verkehrsrechts- und Verkehrsaufklärungsheft – Die neue Straßenverkehrsordnung«. Diese Tarnüberschrift zierte ein darunter abgebildetes Gewehr, durchkreuzt von Hammer und Sichel.

In der Schrift verwendete Mahler kein einziges Mal den Begriff RAF – für mich ein deutliches Zeichen, dass er sich von der Gruppe distanzieren wollte. »Die Lücken der revolutionären Theorien schließen – die Rote Armee aufbauen« – mit diesem »echten Titel« kam er der »Konkurrenz« dann aber doch wieder sehr nahe, auch weil er den bewaffneten Kampf als höchste Form des Klassenkampfes bezeichnete, dessen Notwendigkeit er damit zu begründen versuchte, »dass es den besitzenden Klassen gelungen ist, sich den bestimmenden Einfluss auf die staatlichen Machthebel zu sichern und das staatliche Monopol über die letztlich entscheidenden Gewaltinstrumente –

Polizei und Armee – durchzusetzen«. Ferner schrieb er: »Die Entwöhnung vom Gehorsam gegenüber der bürgerlichen Rechtsordnung ist eine wesentliche Voraussetzung für die Revolutionierung der Massen ... Es ist kein Zufall, sondern Ausdruck des Wirkens antagonistischer Widersprüche im kapitalistischen System, wenn heute mehr und mehr junge Menschen bereit und entschlossen sind, ihr persönliches Schicksal konsequent mit dem Schicksal der proletarischen Revolution zu verbinden, [und] auch bereit sind, die persönlichen Risiken des bewaffneten Kampfes auf sich zu nehmen.«

Ja, sie waren bereit. Das sollte sich kurz darauf zeigen.

Die erste Tote

Die Verhaftung von Astrid Proll hatte für großen Optimismus in unseren Reihen gesorgt, und unter dem Decknamen »Hecht« wurde eine Großoffensive zur Ergreifung der übrigen Mitglieder der Gruppe geplant und am Morgen des 15. Juli in Norddeutschland durchgeführt. Dreitausend Polizisten waren im Einsatz und allein in Hamburg fünfzehn Polizeisperren errichtet worden, weil mittlerweile neben der konspirativen Wohnung in der Lübecker Straße noch andere Hinweise die Vermutung nahelegten, dass sich in der Hansestadt ein neues RAF-Zentrum bildete.

In der Stresemannstraße im westlichen Vorort Bahrenfeld wurde ein BMW mit zwei Insassen gestoppt. (Der Auftrag lautete, jeden BMW zu überprüfen, denn uns war inzwischen bekannt, dass diese Marke zu den bevorzugten Autos der Terroristen gehörte. Baader-Meinhof-Wagen würden sie schon genannt, sagte Gerd. Wie blöd die seien, sich immer die gleichen Modelle auszusuchen. Ich hatte dabei an Beate Sturms Worte denken müssen, dass Baader stets etwas Besseres bevorzuge.)

Das blonde Mädchen, das am Steuer saß, ignorierte die Polizeikellen, durchbrach die Sperre und raste davon. Eine wilde Verfolgungsjagd begann, doch schließlich brachte ein quer gestellter Polizeiwagen die Flüchtenden zum Halten. Die beiden sprangen aus dem Auto und versuchten, sich zu verstecken. Aber es war ein Hubschrauber im Einsatz, von dem aus sie entdeckt wurden. Achtzig Polizisten kesselten sie ein. Der junge Mann gab auf und ließ sich, auf die »Scheißbullen« fluchend, festnehmen. Das Mädchen, das sich in einer Toreinfahrt verborgen hatte, wagte sich hervor, wohl in der Hoffnung, sie sei entkommen. Als ein Polizist sie anrief: »Stehen bleiben!«, zog sie die Pistole und schoss. Auch ein zweiter Beamter konnte sie nicht aufhalten. »Mach keinen Quatsch«, soll er gerufen haben, doch sie feuerte weiter. Er schoss zurück und traf sie in den Kopf.

Er habe bitterlich über sein Missgeschick geweint, erfuhr ich kurz darauf. Aber er hatte in Notwehr gehandelt. Ich stellte mir vor, wie sehr es den noch sehr jungen Kollegen belasten musste, eine Frau in seinem Alter getötet zu haben. Noch wussten wir nicht, wer sie war.

Nachmittags meldete die Deutsche Presseagentur, dass Ulrike Meinhof erschossen worden sei, und am frühen Abend erhielt ich unter meiner Geheimnummer einen Anruf von Heilwig aus Göttingen.

»Warum habt ihr Ulrike Meinhof umgebracht!«, sagte sie anklagend.

Inzwischen hatten wir die Tote identifiziert. »Es war nicht die Meinhof«, erwiderte ich. »Es handelt sich um die junge Friseuse Petra Schelm, und ihr Begleiter war ein Hafenarbeiter namens Werner Hoppe.«

Petra Schelm war nur zwanzig Jahre alt geworden. Was hatte Richter Buddenberg gesagt? Wer mit zwanzig kein Kommunist ist, hat kein Herz …

Dieses Mädchen war ohne Zweifel dazu angehalten worden, ohne Rücksicht auf sich und andere zu schießen. Natürlich – man durfte ja Bullen umlegen. Entweder glaubten die Terroristen, dass Polizisten nicht zurückschössen, oder aber sie setzten ihr Leben bewusst aufs Spiel. Im Sinne des Kampfes für die gerechte Sache.

Der Tod von Petra Schelm schlug in der Öffentlichkeit hohe Wellen und weckte in der Bevölkerung Sympathien für die RAF. Das konnten wir der zehn Tage nach der Schießerei veröffentlichten Repräsentativumfrage des Allensbacher Meinungsforschungsinstitutes entnehmen. Unter der Fragestellung »Baader-Meinhof: Verbrecher oder Helden?« hatten achtzehn Prozent der tausend Befragten befunden, dass die Gruppe vorwiegend aus politischen Motiven handle. Jeder Vierte unter dreißig gestand Sympathien für die RAF, und jeder Zwanzigste erklärte, er würde die Gesuchten zumindest für eine Nacht beherbergen.

Die *Frankfurter Allgemeine Zeitung* äußerte sich zutiefst besorgt über die Hilfsbereitschaft der Bürger gegenüber einer kriminellen Gruppe, und auch bei uns in Bad Godesberg war die Stimmung düster. Das Volk schlage sich auf die Seite von Verbrechern, orakelte Gerd, und die Kollegen waren einstimmig seiner Meinung. »Und Don Alfredo«, sagte Karl Schütz, »macht sich immer noch Gedanken über diese Verbrecher. Schreibt seitenlange Berichte.«

Wieder einmal bemühte ich mich darum, allen klarzumachen, dass wir es nicht mit gewöhnlichen Kriminellen zu tun hatten, sondern mit intelligenten jungen Menschen, die sich auf ihre Weise als Widerstandskämpfer gegen einen faschistischen Staat betrachteten. Und es gebe, sagte ich, offensichtlich viele Bürger in diesem Land, die mit der Regierung unzufrieden seien und insgeheim diejenigen bewunderten, die es wagten, sich gegen den Staat aufzulehnen.

»Der Deutsche an sich war noch nie ein Revolutionär«, sagte ich später zu Gerd Berzau. »Und nun wird eben von einer Handvoll Leuten Revolution gespielt. Nur ist das Ganze leider schon längst kein Spiel mehr.«

»Nein«, murmelte Gerd dumpf. »Blutiger Ernst, sollte man sagen. Es wird nicht lange dauern, und wir haben den nächsten Toten, wahrscheinlich einen von unserer Seite. Wir müssen sie einfach kriegen, bevor das so weitergeht. Deine Familienbesuche waren ja gut und schön. Aber außer dass du ein paar Erkenntnisse über die Täter gewonnen hast, bringt uns das doch nicht weiter. Und wenn man die Umfrage betrachtet, so scheint sich ja das halbe Land zur Großfamilie aufzuschwingen, die diesen Idioten Schutz gewährt. Wie sollen wir sie da fassen?«

»Wir kriegen sie alle, Gerd. Solange die Bevölkerung noch sympathisiert, arbeiten wir unter erschwerten Bedingungen. Aber sprich doch nicht vom halben Land! Wir bekommen schließlich ununterbrochen Hinweise von Leuten, die einen der Gesuchten gesehen haben wollen. Aber die erschweren eine Identifizierung natürlich durch ihre ständig wechselnden Verkleidungen.«

»Vielleicht sollten wir auch dazu übergehen«, meinte er ironisch. »Warum schicken wir nicht gezielt Undercover-Leute los?«

Das war an sich keine schlechte Idee.

»Und wohin sollten wir sie schicken? In der Kneipe nebenan treffen sich unsere B/Ms nicht. Außerdem würden solche Agenten erst einmal eine gezielte ideologische Schulung brauchen, um sich nicht gleich als Bullen zu enttarnen.«

»Dafür wärst du doch geeignet, Fred. Kennst dich in deren Ideen inzwischen bestens aus. Die Kollegen prophezeien dir ja schon eine neue Karriere als Chefideologe der RAF.«

»Ihr könnt alle froh sein, wenn wenigstens einer sich damit befasst und kapiert, worum es denen geht«, sagte ich. Mich kränkten diese ständigen Sticheleien. »Erkenne den Feind, damit du ihn bekämpfen kannst ...«

»Ach lass. Ich weiß ja, was du meinst«, unterbrach er mich. »Ich habe übrigens deine Berichte über Grashof und Meins gelesen. Manfred Grashof war ja anscheinend mit Petra Schelm liiert und ist durch sie in diese Kreise geraten.«

»Sie war eine El-Fatah-Anhängerin. Das hat jedenfalls Grashofs Mutter behauptet. Irgendwie muss er nach seiner frühen, unglücklichen Muss-Ehe und der Desertion aus der Bundeswehr aus dem Gleichgewicht geraten sein. Obwohl er doch nach einigen Haftstrafen an der Berliner Kunstakademie aufgenommen worden ist.«

»Und das Kind aus der Muss-Ehe passt zu den anderen verlassenen Kindern. Die Mutter jedenfalls schert sich doch nicht darum.«

»Jedenfalls die Großmutter«, sagte ich. »Sie glaubt übrigens nicht, dass er es sehr lange im Untergrund aushalten wird, rechnet aber keinesfalls damit, dass er sich freiwillig stellen werde. Er hat ihr angeblich gesagt, dass immer noch eine Kugel für ihn selbst bliebe.«

»Das Leben ist denen wohl wirklich scheißegal – ihres und das von anderen.« Gerd schüttelte den Kopf. »Der Vater von Holger Meins übrigens hat keinen blassen Schimmer, was seinen Sohn in die Radikalität getrieben haben könnte«, fuhr er fort. »Ist ja wohl auch aus allen Wolken gefallen, als er hörte, dass sein Sohn zur B/M-Bande gehört. Der arme Mann. Und Witwer ist er auch noch.«

»Ja, der arme Mann. Er ist völlig verzweifelt und kann sich die Wandlung von seinem Holger überhaupt nicht erklären. Der sei immer völlig apolitisch gewesen, sagte er, wenn auch ein Gerechtigkeitsfanatiker – so wie die anderen auch. Aber sonst ein friedfertiger, strebsamer Filmstudent, der nach seinem Abschluss an der Film- und Fernsehakademie in Berlin als Kameramann habe arbeiten wollen. Er hat ihn zuletzt vor Weihnachten gesprochen und ihn eingeladen, zum gemeinsamen Fest mit den zwei anderen Geschwistern zu kommen. Holger ist weder erschienen noch hat er seither angerufen. In Berlin ist er nicht mehr gemeldet. Sein Vater macht sich die größten Sorgen und ruft mich jede Woche an, um mich zu fragen, ob ich irgendetwas gehört habe.«

Gerd schlug wie üblich vor, noch ein Bier trinken zu gehen. Ich hatte nichts dagegen. Der Tod der jungen Petra Schelm machte mir stärker zu schaffen, als ich zugeben wollte.

Ich hatte die Tür gerade hinter mir geschlossen, als ich das Telefon läuten hörte. Ich kehrte um. Meine Geheimnummer. Ich bedeutete Gerd vorauszugehen und nahm ab. Es war Heilwig.

»Ich wollte dir sagen, dass ich jetzt verstehen kann, wie man sich als Gejagte fühlt«, sagte sie ohne weitere Begrüßung und mit unverhohlener Aggressivität.

»Wieso?«

»Weil ich tagelang verfolgt worden bin. Von einem zivilen Polizeiwagen. Das weiß ich deshalb, weil die Typen so blöd waren, die hintere Tür einmal offen zu lassen, so dass ich ihr Waffenarsenal sehen konnte.«

»Warum hast du dich nicht früher gemeldet?«, fragte ich erschrocken. »Und was war denn der Grund für die Verfolgung?«

»Man hat mich für Ulrike Meinhof gehalten«, sagte sie. »Und ich kann dir flüstern, dass ich ungeheure Ängste ausgestanden habe und mehrmals in Panik davongerast bin. Mir ist dabei nichts passiert. Aber heute stand in der Zeitung, dass ein holländisches Ehepaar in einem BMW verfolgt wurde und am Ende der Hetzjagd gegen einen Baum gerast ist. Beide sind tot. Hörst du? Tot! Es waren harmlose Touristen auf dem Weg in die Ferien.«

Einen Moment lang schwieg ich betroffen. »Sicher sind sie in eine Polizeikontrolle geraten«, sagte ich dann. »Sie hätten doch nur anhalten müssen. Dann wäre alles ganz harmlos verlaufen.«

»Harmlos!«, schnappte sie. »Eine Kontrolle mit Maschinenpistolen im Anschlag. Da kann man sehr wohl durchdrehen. Vielleicht solltet ihr eure Fahndung international bekannt geben. Dann wissen Durchreisende wenigstens, dass sie ihr Leben aufs Spiel setzen.«

»Es tut mir leid«, sagte ich. »Aber *du* bist die Psychologin. Es sind junge Beamte im Einsatz, die von der Situation sicher auch häufig überfordert sind. Sie haben Angst. Denn schließlich wissen sie, dass die gesuchten Terroristen jederzeit das Feuer eröffnen könnten. In Hamburg ...«

»Ja, der Polizist schoss in Notwehr, ich weiß. Bei solchen Aktionen müsstet ihr erfahrene Leute einsetzen, nicht solche blutigen Anfänger, die Menschen ins Gesicht schießen und unschuldige Bürger wie mich auf zudem noch auffällige Weise verfolgen und in Todesangst versetzen. Und wäre ich wirklich Ulrike Meinhof gewesen – schon nach der ersten Jagd hätte ich mich doch in Luft aufgelöst.«

»Es passieren Pannen, was erwartest du? Schließlich haben wir es im Augenblick mit einer Situation zu tun, die uns bis dato unbekannt war: Terrorismus ist neu in Deutschland.«

»Von neu kann doch gar keine Rede sein«, erwiderte sie sarkastisch. »Und im Vergleich zu dem, den wir unter den Nazis erleben mussten, passt das Wort Terrorismus wohl auch nicht.«

»Vergleich doch bitte nicht schon wieder ...«

»Eines wollte ich dir noch sagen«, unterbrach sie mich. »Ich habe mit meinem Professor gesprochen. Ein von Haus aus redlicher und konservativer Mann. Ich habe ihm eine Frage gestellt.«

Pause.

»Welche?«

»Ob er Ulrike Meinhof im Falle eines Falles hier im Institut verstecken würde. Was meinst du wohl, was er geantwortet hat?«

Ich sagte nichts.

»Er hat zugestimmt«, schmetterte es triumphierend aus dem Hörer.

Ob sie alle miteinander verrückt geworden seien, hätte ich am liebsten geblafft, fragte jedoch stattdessen ironisch, ob sie dem Sozialistischen Patientenkollektiv, dem SPK in Heidelberg, Konkurrenz machen wollten.

Diese Vereinigung, gegründet von dem Arzt Wolfgang Huber, hatte Heilung durch Politagitation versprochen und sich dem

Motto verschrieben: »Im Sinne der Kranken kann es nur eine zweckmäßige bzw. kausale Bekämpfung ihrer Krankheit geben, nämlich die Abschaffung der krank machenden privatwirtschaftlich-patriarchalischen Gesellschaft.« Nach einem Prozess der zunehmenden Radikalisierung waren vor einem Monat einige Mitglieder des Kollektivs, unter ihnen auch Huber und seine Frau, verhaftet worden. Auf dem letzten Flugblatt der Gruppe, veröffentlicht am 14. Juli, waren die Buchstaben »SPK« durchgestrichen und durch »RAF« ersetzt worden. Aus ihm ging hervor, dass sich etliche der ehemaligen Mitarbeiter und Patienten der »Rote Armee Fraktion« anschließen wollten. Zur RAF wechselten, wie wir später erfuhren, die insbesondere zur zweiten Generation gehörenden ehemaligen Mitglieder des SPK, darunter Siegfried Hausner, Margrit Schiller, Gerhard Müller, Klaus Jünschke, Carmen Roll, Lutz Taufer, Ralf Baptist Friedrich, Sieglinde Hofmann und die Schwestern Hanna und Friederike Krabbe.

»Bei uns gibt kein Arzt die Parole ›Irre ans Gewehr‹ aus«, erwiderte Heilwig spöttisch. »Du wunderst dich, dass ich den Spruch kenne? Ja, er wurde mir zugetragen. Und nein: Heilung durch Klassenkampf findet bei uns nicht statt.«

»Ist ja gut. Ich hoffe nur, dass ihr im von dir erwähnten Fall euren psychologischen Scharfsinn walten lassen würdet, um Ulrike Meinhof davon zu überzeugen, dass es für sie das Beste wäre, sich zu stellen. Sie wird diesen Kampf langfristig nicht durchstehen. Dafür gibt es klare Hinweise. Und es gab jetzt die erste Tote. Du weißt, dass du der Frau, für die du so viele Sympathien hegst, damit den größten Gefallen tätest.«

»Vielleicht«, räumte sie ein. »Aber vor allem dir, oder? Vermutlich wird sie niemals hier auftauchen. Es war nur so eine Idee. Von einer mir bekannten Studentengruppe heißt es jedenfalls, dass jeder Gejagte bei ihnen Unterschlupf fände.«

Bei dir auch, dachte ich.

»Verraten würde ich Ulrike jedoch keinesfalls«, fuhr sie fort. »Selbst wenn du das von mir erwartest.«

»Das habe ich auch von den Angehörigen nicht verlangt, und dich könnte ich höchstens darum bitten. Aber ich habe mir so manches erhofft …«

»Ich möchte nicht über unsere Beziehung sprechen«, erwiderte sie. »Deshalb habe ich nicht angerufen.«

»Ich weiß. Ich wollte, du hättest. Ich hoffe, es geht dir gut – abgesehen von der Verfolgung, die mir sehr leid tut.«

»Ja, es geht mir gut.«

»Ich würde dich gelegentlich gern anrufen«, sagte ich und erwähnte nicht, dass es für mich ein Leichtes wäre, ihre Telefonnummer in Erfahrung zu bringen. Doch was nützte das, wenn Anrufe unerwünscht waren.

»Lass mir im Augenblick bitte meine Ruhe«, wich sie aus. »Es ist besser so. Pass auf dich auf, Fredi. Ich melde mich.«

Fredi! Zum Schluss hatte ihre Stimme wieder ganz weich geklungen. So wie früher. Vielleicht war doch noch nicht alles verloren, redete ich mir ein und machte mich auf den Weg zu Gerd. Warum, überlegte ich, mochte man sie verfolgt haben? Es wäre normal gewesen, sie anzuhalten und zu überprüfen. Dabei hätte man sofort festgestellt, dass sie nicht Ulrike Meinhof war. Es konnte nur so sein, dass sie in Verbindung mit Leuten stand, die verdächtigt wurden. Vielleicht diese Studentengruppe. Oder war sie am Ende mit einem Mann zusammen, der den Gesuchten nahestand? Der wäre das krasse Gegenteil von mir – und auch von ihrem Noch-Ehemann. Brauchte sie das vielleicht, nachdem es in ihrem Leben einen radikalen Bruch gegeben hatte?

Ich bekam Magenkrämpfe bei der Vorstellung, dass sie sich in etwas Illegales hineinziehen lassen könnte. Ihrem Professor hatte sie ja auch schon kriminelle Handlungen nahegelegt. War dem Mann denn nicht klar, was er damit riskieren würde? Aber der Fall Brückner in Hannover zeigte, womit wir rechnen mussten. Klugheit schützt eben vor Torheit nicht.

Eigentlich müsste man Heilwig überwachen lassen, dachte ich beklommen und wusste zugleich, dass ich das niemals anregen würde, obwohl ich auf diesem Weg Gewissheit bekäme, ob es einen Mann an ihrer Seite – und wenn ja, was für einen – gab. Ich schob den Gedanken entschieden beiseite. Derart aufgeschreckt durch die Verfolgung, würde sie in Zukunft sicher auf der Hut sein und etwaige Bewacher bald enttarnen. Nach dem heutigen Gespräch stünde ich dann augenblicklich als Drahtzieher in Verdacht, und damit wäre es ein für alle Mal mit uns vorbei. Nein, das wollte ich nicht riskieren. Niemand durfte von dem Anruf erfahren. Warum nur hatte sie mir das alles überhaupt erzählt? Sie musste doch wissen, dass sie mich damit in einen großen Konflikt brachte. Aber vermutlich hatte sie darüber gar nicht nachgedacht und war einfach nur wütend wegen der Verfolgung gewesen.

»Vergiss es, Fred«, sagte ich laut zu mir selbst, bevor ich die Tür zur Kneipe öffnete, und wusste zugleich, dass mir das nicht gelingen würde.

»Weißt du, an was mich dein Gesicht erinnert?«, fragte Gerd, als ich mich zu ihm setzte.

»Nein.«

»So hast du ausgesehen, als wir dich den Prinz von Homburg getauft haben. Weißt du noch? Der verschwundene Wissenschaftler damals. Dein Alleingang in der Ermittlungssache Ringeltaube.«

»Der armselige Steig in die Einsamkeit ... Gerade komme ich mir so vor, als ginge ich ihn wieder entlang.«

Der armselige Steig in die Einsamkeit

Anfang Oktober rief mich Karl Schütz zu sich und stellte mir Achim von Winterfeld vor. Dieser, ein von allen sehr geschätzter Anwalt, hatte die Regierung in dem Prozess, der zum Verbot der KPD führte, vor dem Bundesverfassungsgericht vertreten. Besorgt berichtete er nun, sein Bruder Eduard, ein hochrangiger Wissenschaftler im Elektronikbereich, sei von einer Bergtour im Karwendelgebirge nicht zurückgekehrt und auch bei der anschließenden Suche nicht gefunden worden. Er habe, und zwar ganz allein, den Abstieg vom Seefelder Joch bis zur Eppzirler Alm hinunter wandern wollen. Auf einem Weg, der den beunruhigenden Namen »Der armselige Steig in die Einsamkeit« trage. Dies gehe aus einem in seinem Logis aufgeschlagen vorgefundenen Bergwanderbuch hervor.

Achim von Winterfeld äußerte die Befürchtung, sein Bruder könnte entführt worden sein. Wegen seiner Kenntnisse geheimer Daten.

»Unser Mann für schwierige Fälle«, sagte Karl Schütz aufmunternd und nickte mir zu, »wird der Sache schon auf den Grund gehen.«

Eigentlich keine Angelegenheit fürs BKA, dachte ich. Aber die Bundesanwaltschaft wollte Achim von Winterfeld eben einen Gefallen tun und hatte ein ARP-Verfahren eingeleitet, um einen eventuellen Straftatbestand zu überprüfen.

Was hatte seinen Bruder nur auf den »armseligen Steig in die Einsamkeit« getrieben? Eduard von Winterfeld lebte in Hamburg und war vermutlich nicht eben erfahren im Wandern. Er habe die Tour eigentlich in Begleitung ihrer Nichte machen wollen, hatte der besorgte Anwalt noch gesagt. Aber die hatte kurzfristig abgesagt.

Ich machte mich in Begleitung von Gerd Berzau auf den Weg. Zunächst nach Hamburg, um Eduard von Winterfelds Ehefrau und seinen Arzt zu treffen. Anschließend besuchte ich seine Mutter und Schwester in Schwaben und zuletzt seinen Bruder in München. Familienbesuche lagen mir eben schon immer, wenn es galt, etwas über jemanden herauszufinden. Denn an eine Entführung mochte ich so recht nicht glauben, sondern hielt einen Unfall für wahrscheinlicher. Allerdings war erfolglos nach dem Wissenschaftler gesucht worden.

Den Aussagen von Familie und Arzt zufolge schien sich Eduard von Winterfeld bester Gesundheit zu erfreuen und wurde zwar von seiner Frau als »Weiberheld«, aber nicht als leichtsinnig beschrieben.

(Ob er mit einer Frau durchgebrannt war? Statt auf Nimmerwiedersehen Zigaretten holen gehen in die Berge verschwinden? Nein, das passte nicht zur übrigen Personenbeschreibung.)

In Mittenwald setzte ich mich mit dem dortigen Chef der Bayerischen Grenzpolizei in Verbindung.

»Wir gehen den Weg einfach einmal ab«, schlug der vor. »Als Privatpersonen.«

Gerd weigerte sich entschieden, uns zu begleiten. Wir beide hätten keine passende Kleidung, meinte er.

Das stimmte. Ich war dennoch entschlossen, mich ohne Bergschuhe und im Anzug auf die, wie es hieß, vierstündige Tour zu begeben.

Mit Sessellift und Kabine ging es hinauf zum Seefelder Joch, von dort aus führte mich der Kollege an den Rand der in die Eppzirler Taltiefe abfallenden Steilhänge.

»Da, sehen Sie das alte Steiglein?« Der bayerische Kollege wies in Richtung eines schmalen Pfades, den ich allein nicht entdeckt hätte. Wir erreichten ihn über einen Grasstreifen und – so kam es mir dann vor – verabschiedeten uns hinter einem Vorsprung von der Zivilisation. Der Steig zog sich durch steiles Gestein, über Felsrippen und Furchen und hörte vor einem schmalen Grat unterhalb gewaltiger Abhänge plötzlich auf. Vor mir türmte sich nur noch Geröll in einer Rinne. »Der armselige Steig in die Einsamkeit« machte seinem Namen alle Ehre.

»Da unten geht's weiter«, sagte der bayerische Kollege, wies auf die jenseitige Böschung und dann auf meine Schuhe. »Die können Sie anschließend wegwerfen.«

»Das hätten Sie mir auch vorher sagen können. Ich bin für diesen Ausflug unmöglich angezogen.«

»Tja«, meinte er, »Ihr Kollege hat ja schon versucht, Ihnen das mitzuteilen. Sie wollten nicht hören. Jeder muss seine Erfahrungen eben selbst machen.«

Reizend! Ich biss die Zähne zusammen und rutschte über Geröll und Steinplatten hinab und durch den Grund der vermurten Rinne. Dann wieder hinauf zur Fortsetzung des Weges.

»Frauen und Kinder werden angeleint«, sagte der Kollege und grinste. »Ab jetzt wird's aber leichter.«

Ich blieb stehen und sah mich um. »Nicht nur Frauen und Kinder können auf diesem Weg verunglücken«, sagte ich betont sachlich. »Auch ausgewachsene Männer.«

»Darum haben die österreichischen Kollegen hier ja auch jeden Winkel abgesucht. Auf diesem Stück des Steigs liegt Ihr Mann nicht.«

Der Rest des Weges war leichter zu bewältigen, und ich fragte mich, wo Eduard von Winterfeld hätte verunglücken können.

Aufgrund meiner Ungeübtheit im Kraxeln und des unpassenden Schuhwerks brauchten wir länger als vier Stunden, und ich konnte die entsprechenden Kommentare der österreichischen Kollegen anschließend gut verstehen. Ein paar Leute aus der Erhebungsabteilung des Landesgendarmeriekommandos Nordtirol waren, wie ich erleichtert feststellte, zur Almwirtschaft gekommen, um uns abzuholen. Ich hatte einen veritablen Muskelkater und konnte kaum ins Auto steigen.

Was ich »Flachlandtiroler« denn habe finden wollen, wo sie doch schon alles abgesucht hätten, erkundigte sich der Chef, Rittmeister Schiemek, hämisch grinsend. Vor allem die gefährlichen Stellen.

»Wissen 'S, Herr Klaus, da wollen 'S an Akt anlegen, wo mir nur an Kalenderzettel drüber schreiben. A Leich finden 'S hier nirgendwo. So was riechen meine Gebirgler drei Meilen gegen den Wind. Abgesehen davon hatten wir Spürhunde und Hubschrauber im Einsatz. Die haben auch nix gerochen oder gesehen.«

Nachdem er noch eine launige Bemerkung über »Preißn, die ruhig abstürzen sollen, solange sie vorher ihre Miete bezahlen« hatte fallen lassen, war ich mir nicht mehr sicher, ob die Suche wirklich gründlich verlaufen war.

Vom »armseligen Steig« konnte man nach Bewältigung der ersten Hälfte nicht abstürzen, sofern man ihn nicht verließ. Hatte der Wissenschaftler das getan? Was war übersehen oder nicht bedacht worden? Instinktiv war ich davon überzeugt, dass der Mann nicht entführt, sondern verunglückt war. Ersteres kam mir jedenfalls immer unwahrscheinlicher vor. Selbst wenn jemand etwas von Winterfelds ungeplanter Solotour erfahren hätte – wie und wohin hätte ein Entführer das Opfer denn schleppen sollen?

Ich sprach darüber später mit Gerd, und er stimmte mir zu. »Lass uns zurückfahren, und dann soll der Chef sich von den Österreichern die Genehmigung für eine neue Suchaktion geben lassen.«

Bevor wir führen, sagte ich, würde ich am nächsten Tag gern noch einmal zum Seefelder Joch hinaufklettern und auf den Gipfel steigen.

Gerd schüttelte den Kopf. »Hast du noch nicht genug? Den Anzug und die Schuhe hast du schon ruiniert.«

»Es soll ein bequemer Weg sein«, erklärte ich ihm. »Einer für uns ›Flachlandtiroler‹. Da kannst sogar du mitkommen.«

Er begleitete mich tatsächlich. Auf dem Gipfel kam er allerdings nicht an. Nach kaum dreihundert Metern rief er jämmerlich: »Fred!« und hielt sich die Augen zu. »Ich gehe keinen Schritt weiter. Mir ist ganz schlecht.«

Mein armer Kollege litt unter Schwindel und hatte mir das verschwiegen!

Zurück könne er gehen, versicherte er mir, und so stieg ich allein zur Seefelder Spitze hinauf. Am Gipfelkreuz war eine schwarze Madonna befestigt worden – als solle sie die Wanderer beschützen oder den Opfern der Berge himmlischen Trost spenden. So ähnlich jedenfalls musste derjenige gedacht haben, der sie dort angebracht hatte. Ich ließ meinen Blick in die Gipfelrunde schweifen, bis er am »armseligen Steig in die Einsamkeit« hängen blieb. Irgendwo da unten lag Eduard von Winterfeld. Nur wo? Vielleicht hatte jemand hier oben gestanden und ihn gesehen. Oder war ihm auf dem Steig begegnet. Ich beschloss, umgehend eine entsprechende Zeitungsannonce in Garmisch aufzugeben, wo mir die örtliche Polizei ein Arbeitszimmer zur Verfügung gestellt hatte. (Der Vermisste war Gast in der Pension »Zufriedenheit« gewesen.)

Zurück in Bad Godesberg, traf ich den Vizepräsidenten Paul Dickopf beim Kollegen Schütz an.

»Ich muss zurück«, erklärte ich ihm. Es sei geboten, eine groß angelegte Suchaktion zu starten.

»Tja«, erwiderte Dickopf. »Schreiben Sie mir einen kurzen Bericht, ich fliege sowieso nach Wien. Ich werde die Sache dort im Innenministerium besprechen und Sie dann über das Ergebnis informieren. Kann ein paar Tage dauern. Aber der Mann ist doch ohnehin schon seit Wochen verschwunden.«

»Eben«, sagte ich und beschloss, in Mittenwald nicht länger als einen Tag auf den Bescheid zu warten.

»Bist du verrückt?«, rief Gerd. »Wozu die eigenmächtige Handlung? Du kannst dir wer weiß was einbrocken. Und was willst du allein denn ausrichten?«

»Ich werde Hofrat Stocker in Innsbruck um Unterstützung bitten. Das klappt bestimmt.«

Ich hatte mich nicht geirrt. Der Hofrat genehmigte eine erneute Suchaktion, und so traf ich wieder mit Rittmeister Schiemek und seinen Kollegen zusammen.

»Der Flachlandtiroler gibt ned auf, was? Jetzt suchen wir aber mal a paar Sachen zusammen, damit 'S nicht mehr in Anzug und Salonschuhen in die Berg gehen.«

Mit geliehenen Wanderstiefeln und in zu weiten Bundhosen gab ich, wie ich fand, immer noch kein überzeugendes Bild ab.

Wo es mich doch so in ihre Berge ziehe, meinte Schiemek, könnte ich mir doch gleich eine passende Ausrüstung zulegen.

Ich hätte es eigentlich mehr mit der See, sagte ich.

»Da passt a besser hin.«

Aber nun war ich hier, und auf die Annonce hatte sich tatsächlich ein Ehepaar aus Braunschweig gemeldet. Sie waren sicher, Winterfeld auf dem Seefelder Joch begegnet zu sein, und hatten auch von einem Soldaten erzählt, der ihm an jenem Tag den Weg gezeigt und die Madonna am Gipfelkreuz befestigt habe.

Der Soldat war rasch gefunden. Er war in der Kaserne in Innsbruck stationiert, in welcher ich auf Hofrat Stockers Einladung hin als Gast logierte. Der junge Mann hatte den Wissenschaftler nicht nur gesehen, sondern auch mit ihm gesprochen. Eduard von Winterfeld hatte ihn nach dem Weg gefragt.

Es könnte doch sein, gab der Soldat hilfsbereit zu bedenken, dass er abseits des Weges etwas habe erkunden wollen. Wo er doch Wissenschaftler sei …

Möglicherweise war die Vermutung nicht falsch. Winterfeld hatte vielleicht im vermeintlich ungefährlichen Bereich eine Abkürzung nehmen wollen und war weit abseits vom Weg irgendwo abgestürzt. Oder aber er hatte die Fortsetzung des »armseligen Steigs« vom schmalen Grat unterhalb des Gipfels aus nicht erkannt. Auch mich hatte ja mein Kollege aus Mittenwald darauf hinweisen müssen.

Rittmeister Schiemek winkte ab und sagte unwirsch: »Wenn er irgendwo da liegen tät, hätten wir ihn längst gefunden.«

Bevor wir am 31. Oktober aufbrachen, sagte einer von Schiemeks Gebirglern beim Frühstück: »Heut finden wir ihn.«

Wollte er mich auf den Arm nehmen? Oder hatten sie die Leiche längst entdeckt und einfach liegen lassen? Nein, das wäre eine zu makabre Variante zum Thema: Sollen die Preißn doch abstürzen ...

Während des Marsches sah ich mich immer wieder sehr aufmerksam um. An welcher Stelle hätte jemand auf die Idee kommen können, eine Abkürzung nehmen zu wollen? Noch bevor wir das scheinbare Ende des »armseligen Steigs« und den Grund der Rinne voller Geröll erreicht hatten, fiel mir linker Hand eine kleine Wiese auf. »Halt«, rief ich und zeigte auf den leicht abfallenden Hang.

Schiemek schüttelte verächtlich den Kopf. »Hier kommt doch jeder von allein wieder hoch, wenn er runterfällt.«

»Das meine ich nicht. Er könnte hier abgebogen sein, weil er glaubte, über die Wiese zu gehen sei eine Abkürzung.«

Schiemek rieb sich die Nase. »Wär ein ziemlich dummer Einfall. Am Ende führt's nur in den Abgrund. Außerdem – hier auf dem Stein ist ein roter Punkt aufgemalt. Als Wegmarkierung – oder Warnung, wenn Sie so wollen. Aber Preißn ... hier haben wir noch nicht gesucht. Weil's wirklich zu blöd wäre, da runter zu gehen. Aber na dann: Männer, hier abwärts.«

Ein Trupp Gebirgler schwärmte aus, wir folgten ihnen langsam.

»Da!«, ertönte nach einer Weile ein Schrei. »Da liegt er.« Und dann lauter: »Wir haben ihn!«

Eduard von Winterfeld war den Abgrund am Ende der Wiese hinuntergestürzt. Er lag direkt über einem Felsvorsprung in einer steil abfallenden, langen Mulde. Er musste so unglücklich gefallen sein, dass er sich nicht hatte retten können. Vielleicht war er bewusstlos geworden? Sicher hatte er sich verletzt und war anschließend nur in der Lage gewesen, in die Kuhle oberhalb des Felsens zu robben. Eine Obduktion würde über die Blessuren Aufschluss geben. (Tatsächlich hatte er sich »nur« das Schlüsselbein und ein paar Rippen gebrochen. Aber das hatte ihn wohl weitgehend bewegungsunfähig gemacht.)

»Vermutlich hat er sich die Seele aus dem Leib gebrüllt – wenn er überhaupt die Kraft dazu hatte –, aber niemand hat ihn gehört. In dieser verlassenen Öde«, sagte ich zu Schiemek.

Er brummte eine unverständliche Antwort. Es war ihm sichtlich peinlich, sich vor dem »Flachlandtiroler« blamiert zu haben.

»Wir trinken später auf den Erfolg«, versuchte ich ihn aufzumuntern. »Zuvor muss ich allerdings per Fernschreiben Bericht erstatten.«

»Und wir müssen die Leiche abtransportieren. Schaut wirklich unappetitlich aus, der Preiß. Da brauch' mer anschließend wirklich einen Slibowitz. Das landesübliche Stärkungsmittel.«

Der Name des Steigs hätte dem armen Eduard von Winterfeld eine Warnung sein sollen, dachte ich auf dem Rückweg. Keiner sollte allein auf einem Pfad wandeln, der armselig genannt wird und in die Einsamkeit führt.

Ich hatte nicht gründlich genug darüber nachgedacht, dass mein ungenehmigter Alleingang unangenehme Folgen haben könnte. Dabei hatte Gerd mich gewarnt.

Es könne für mich, trotz des Erfolges, in der Konsequenz ein Disziplinarverfahren anstehen, donnerte Schütz nach meiner Rückkehr. Warum zum Teufel ich die Order nicht abgewartet hätte?

Der Teufel ritt mich. »Kleists Prinz von Homburg hat auch ohne den Befehl seines Königs in die Schlacht eingegriffen«, entgegnete ich kühn, »und hat sie zu seinen Gunsten entschieden.

Ihm drohte allerdings die Hinrichtung. Da kann ich für ein Disziplinarverfahren ja noch dankbar sein.«

Das wurde jedoch niemals angestrengt. Stattdessen erschienen in der *Frankfurter Allgemeinen Zeitung* und der Wiener *Kronen Zeitung* halbseitige Anzeigen, in denen Achim von Winterfeld Lobeshymnen auf das BKA und die österreichische Gendarmerie Nordtirol veröffentlichte.

Den Namen »Prinz von Homburg« behielt ich im Kollegenkreis für längere Zeit. Das war besser, denn als Stifter von Saufgelagen zu gelten. Der Bundesrechnungshof hatte zunächst mit ungläubigem Erstaunen auf die hohe Rechnung für ungeheure Mengen von Slibowitz an unserem Siegesabend im Gasthof reagiert. Doch wurde meine Erklärung schließlich akzeptiert, dass es sich hierbei um das »landesübliche Stärkungsmittel« handle, das bei Bergeinsätzen ebenso mitgeführt würde wie Speck, Brot und Brieftauben. Die Gebirgler aus dem Nachbarland gehörten eben zu einer anderen Spezies Mensch.

»Haben die wirklich Brieftauben und trinken Schnaps beim Klettern?«, fragten die Kollegen anschließend ungläubig. »Könnte man lebensmüde nennen.«

»Haben sie«, sagte ich, »und sind geklettert wie die Gämse. Aber wer weiß, vielleicht haben sie bei den ersten Suchaktionen zu viel intus gehabt und konnten deshalb die Leiche nicht mehr auf drei Meilen riechen, wie Rittmeister Schiemek so schön sagte. Und die Brieftauben werden bei Bedarf zum Hofrat Stocker nach Innsbruck geschickt. Mit Funk klappt's nicht so recht in der Alpenwelt.«

»Tja«, meinte Gerd Berzau abschließend, »dieser ungewöhnlichen Ermittlungssache sollten wir den Namen ›Ringeltaube‹ verpassen.«

Ob ich nun eine Leidenschaft für die Berge entdeckt hätte, wollte Karl Schütz später wissen. Ich sähe gebräunt und erholt aus.

Das Gegenteil war der Fall. Ich fühlte mich völlig erschöpft von der ungewohnten Anstrengung, und vom Gebirge hatte ich erst einmal genug. Ich war nicht erholt – ich brauchte Erholung. Der Prinz von Homburg beantragte eine Kur. So kam es, dass ich im Januar 1964 einen vierwöchigen Sanatoriumsaufenthalt in Höchenschwand im Hochschwarzwald verbrachte. In abgeschwächter Form hatten mich die Berge also wieder.

Heilwig und der Prinz von Homburg

Ende Januar 1964

Drei Wochen Spaziergänge im Schnee, viel Lektüre und jede Menge Ruhe. Inzwischen hatte ich mich wirklich erholt und begann, unruhig zu werden. Es war Zeit, an den Arbeitsplatz zurückzukehren, obwohl Gerd mir am Telefon versichert hatte, es gebe nichts Besonderes zu tun. Er allerdings beginne, sich ohne mich zu langweilen. Wenn ich wieder da sei, passiere hoffentlich bald etwas Aufregendes.

Ich hätte nichts dagegen, dachte ich. Nur kein Unfall in den Bergen mehr. Allerdings hatte ich die Strapazen rund um den »armseligen Steig« schon verdrängt und überlegte mir, im nächsten Herbst wieder einmal dorthin zu fahren. Schiemek – nach dem Siegesabend hatte er die Schmach, die ihm seine eigene erfolglose Suche bereitete, in genügend landesüblichem Stärkungsmittel ertränkt – war fast zum Busenfreund mutiert und hatte mich eingeladen, unbedingt wiederzukommen.

Ich sah aus dem Fenster. Schneegestöber. Kein Wetter für einen Spaziergang. So schienen jedoch nicht alle zu denken. Eine Frau lief rund um die Wiese, die sich vom Sanatorium bis hin zum Waldrand erstreckte. Sie machte den Rundgang einmal, zweimal, dreimal ... wie einfallslos. Warum ging sie nicht ein Stück in den Wald hinein? Sie musste neu hier sein. Die schmale Silhouette passte zu keiner der mir bekannten Patientinnen im Haus. Sie sah irgendwie sehr verloren aus, fand ich und erkundigte mich bei Schwester Lena.

»Ach, Herr Klaus«, sagte sie, »auf die Dame hatte ich Sie schon ansprechen wollen. Sie ist eine Ärztin aus Hamburg, vorgestern angekommen, und sie sagte mir, dass sie Angst habe, allein in den Wald zu gehen. Sie wissen ja«, Lena senkte die Stimme, »da hat sich schon mal Gesindel herumgetrieben. Zwielichtiges. Können Sie nicht einmal mit ihr spazieren gehen? Sie ist wirklich reizend. Und ich habe ihr auch schon gesagt, dass ich Sie ansprechen werde. Sie sind schließlich ein verheirateter Mann, nicht wahr? Und ein honoriger Beamter. Da muss sie sich ja nicht vor Zudringlichkeiten fürchten.«

»Nein«, erwiderte ich. »Ich werde schon nicht zum Kurschatten.«

Wieso glaubten die Leute immer, dass verheiratete Männer Engel wären? Meine Ehe stand nur noch auf dem Papier. Und Beamte trugen schon gar nicht automatisch einen Heiligenschein.

Ich beobachtete die einsame Spaziergängerin beim Abendessen. Sie sah nett aus, im Grunde hübsch, aber irgendwie auch wie eine betuliche Hausfrau. Bestimmt schrieb sie jeden Abend an Ehemann und Kinder. Halt – ich wusste ja gar nicht, ob sie verheiratet war.

»Aber ja«, sagte Schwester Lena. »Mit einem Anwalt. Und sie hat drei Kinder. Ich habe der Frau Doktor schon vorgeschlagen, mit Ihnen spazieren zu gehen. Sie ist nicht abgeneigt. Und glauben Sie mir, Herr Klaus, ich hab ihr auch gesagt, dass Sie glücklich verheiratet sind.«

Schwester Lena – die reinste Kupplerin wider Willen. Auf diese Weise hatte sie mir bereits eine geschiedene Studienrätin, die Frau eines Ingenieurs und eine früh verwitwete Juweliersgattin vorgestellt. Alle drei Damen hatten mich herzlich gelangweilt und anschließend in ihrer gegenseitigen Belauerung um eventuelle Bevorzugung meinerseits wiederum amüsiert. Glücklicherweise waren sie inzwischen abgereist.

Nach dem Abendessen ging ich auf die junge Ärztin zu und stellte mich vor. Sie lächelte ein wenig verlegen, als ich ihr sagte, dass sie in meiner Begleitung unbesorgt im Wald spazieren gehen könne. Es habe sich bei dem herumlungernden Gesindel bereits herumgesprochen, dass ich ein Kriminalbeamter sei, vor dem man sich in Acht nehmen müsse.

Das sei doch sehr beruhigend, erwiderte sie ironisch. Ob ich auch außer Dienst Handschellen dabeihätte?

Nur in besonderen Fällen, erwiderte ich launig, und wir verabredeten uns für den nächsten Vormittag.

Sie wirkte schüchtern und gab sich zugleich kiebig – wahrscheinlich, dachte ich, um überlegener zu wirken, als sie war.

Am nächsten Tag schien die Sonne, und es war außergewöhnlich warm für einen Tag im Januar. Petrus schien unseren Ausflug also mit Wohlgefallen begleiten zu wollen.

Ich hatte mich zu früh auf den Weg gemacht und wartete in der Halle auf die Frau Doktor. Als sie erschien, musterte sie mich einen Augenblick von oben bis unten. Dann lachte sie.

Sah ich so komisch aus?

»Entschuldigung«, sagte sie. »Mein Vater ist auch Beamter und trägt genau so einen spießigen Mantel wie Sie.«

Ich war ein wenig beleidigt.

»Das ist ein ziemlich teures Stück«, brachte ich hervor. »Und spießig...«

Ich betrachtete nun sie und dachte an den Nerz der Juweliersgattin. »Also, ich kann nicht behaupten, dass *Sie* besonders chic aussehen«, sagte ich aufmüpfig.

»Der Anorak war auch teuer und ...«

Nun mussten wir beide lachen, und ich nahm ihren Arm.

»Fuchs und Hase im Wald wird es ziemlich gleichgültig sein, ob wir spießig aussehen oder nicht. Hauptsache, wir stören sie nicht.«

»Ihr Hut«, sagte sie, während wir an der Wiese entlanggingen, »der Hut ...« Sie begann zu kichern wie ein kleines Mädchen.

»Was ist mit dem Hut?«, fragte ich irritiert und nahm ihn ab.

»Es ist doch ein ganz normaler Hut, oder? Stammt aus einem der besten Geschäfte in Bad Godesberg.«

»Der, den mein Vater kaufen sollte, stammte aus einem der nobelsten in Hamburg«, sagte sie prustend. »Aber er wollte ihn nicht. Er wollte seinen alten behalten, und der sah genauso aus wie Ihrer. Vor dreißig Jahren schon.«

»Und? Hat er ihn behalten?«

Sie nickte. »Er hat auf Drängen meiner Mutter alle Modelle im Laden aufprobiert. Sie türmten sich allmählich auf dem Tisch. Dann kam er zum letzten – und war zufrieden. Der passe ihm, sagte er. Es war sein eigener.«

Die Geschichte gefiel mir. »Ich kann Ihren Vater verstehen«, erklärte ich und nahm nun meinen Hut ab. »Idiotisch von mir, dass ich ihn überhaupt aufgesetzt habe. Es schneit schließlich nicht.«

Ich führte sie auf meinem Lieblingsweg durch den Wald bis hinauf zu einer kleinen Anhöhe, auf der eine Bank stand. Es war warm genug, so dass wir uns darauf niederlassen konnten.

»Schön hier«, sagte sie und blickte sich um. »Sagen Sie mal«, wandte sie sich dann plötzlich an mich, »Sie sind also Kriminalbeamter. Ein Kommissar, der Verbrecher jagt?«

»In gewisser Weise. Ich gehöre der Abteilung Sicherungsgruppe des BKA an. Der Staatsschutzabteilung, wenn Sie so wollen.«

Ich erklärte ihr, dass die Bundesregierung 1951 nach dem missglückten Attentat in München auf Kanzler Adenauer eine zunächst nur mit Objekt- und Personenschutz befasste Gruppe gegründet hatte, die noch nicht dem BKA unterstellt war. Das geschah ein Jahr später, als der Aufgabenbereich um die politischen Straftatbestände Landes- und Hochverrat sowie Staatsgefährdung erweitert wurde. »1953 stieß ich zusammen mit fünf Kollegen von der Polizei des Landes Schleswig-Holstein dazu. Es gab inzwischen die Referate E.L. und E.H. Letzterer, der Ermittlungsgruppe Hochverrat, wurde ich zugeteilt.«

»Klingt ziemlich langweilig.«

»Na ja. Es war vor allem frustrierend, dass unser Mutterhaus in Wiesbaden uns gegenüber anfänglich ziemlich misstrauisch war. Man wähnte uns allen Ernstes mit dem Hautgout des Reichssicherheitshauptamtes der NS-Zeit behaftet. Wir haben von ihnen deshalb eine Weile nur vom Stiefmutterhaus gesprochen. Aber es hat sich geändert, seitdem wir durch einige erfolgreiche Ermittlungsverfahren öffentliche Resonanz hervorgerufen haben.«

»Ach ja?«, sagte sie frostig. »Dann haben Sie also zu den Schweinen gehört, die seinerzeit im *Spiegel*-Verlag eingebrochen sind und Augstein und noch ein paar Redakteure verhaftet haben?«

»E.L. – Verdacht auf Landesverrat. Oktober 1962. Nein, ich habe nicht dazugehört. Von der Aktion war ich ausgeschlossen. Nicht einmal davon in Kenntnis gesetzt und im Nachhinein froh darüber. Zunächst hatte ich allerdings nicht verstehen können, wieso. Dann erfuhr ich, dass man mir aufgrund meiner allseits bekannten liberalen Einstellung wohl nicht recht getraut hat. Außerdem kenne ich Rudolf Augstein persönlich. Das wussten die Kollegen. Ich wäre wohl kaum der richtige Mann gewesen, ihn zu verhaften. Und bis heute tut es mir leid, dass es so gekommen ist. Auch wie man mit Conrad Ahlers umgesprungen ist. Eine unangenehme Angelegenheit, das Ganze.«

»In der Tat kein Ruhmesblatt für Ihre Gruppe.«

Ich musste daran denken, dass ich in der Nacht, als es zur Besetzung der Redaktion unter Leitung von Karl Schütz gekommen war, Dienst im Amt geschoben hatte. Ich war entsetzt gewesen, als ich von der Aktion erfuhr, und hatte zum Bundesanwalt Dr. Kühn gesagt, dass er den *Spiegel* doch wohl kaum verdächtigen könne, mit dem Ministerium für Staatssicherheit in Ostberlin unter einer Decke zu stecken.

»Ach, Herr Klaus«, hatte Kühn geantwortet, »freuen Sie sich doch, dass die Sicherungsgruppe des BKA jetzt im Blickpunkt der Weltöffentlichkeit steht.«

Ich hätte mir dafür weiß Gott ein anderes Objekt gewünscht und hatte ihm das auch unverblümt mitgeteilt.

»Ich habe mich gefreut«, platzte sie in meine Gedanken, »dass der Strauß anschließend zurücktreten musste.«

Dabei hatte der die Festnahme des *Spiegel*-Redakteurs Conrad Ahlers in Spanien wegen angeblichen Verrats von Staatsgeheimnissen gar nicht zu verantworten. Die Maßnahme war von unserem Vizepräsidenten Paul Dickopf veranlasst worden, wie er mir anschließend verschämt gestanden hatte. Aber darüber konnte ich natürlich nicht sprechen.

»Strauß war nicht an allem schuld«, sagte ich nur. »Aber lassen wir das Thema doch. Es passt ja auch gar nicht hierher.«

»Es interessiert mich aber, mehr zu erfahren«, beharrte sie.

»Wir haben ja wohl noch ein paar Tage Zeit, oder? Ich breche in einer Woche auf. Allerdings darf ich Ihnen gar nicht so viel mehr erzählen.«

»Geheime Staatssache, was?«

»So ungefähr.«

»Aber woher kennt ein Polizist wie Sie Rudolf Augstein?«

Ich erzählte ihr, dass er mich zwölf Jahre zuvor einmal als Tramper mitgenommen hatte, als ich zur Beerdigung meines Vaters nach Bad Nauheim gefahren und auf dem Heimweg nach Lübeck unterwegs gewesen war. Auf einem Rastplatz hatte ich ihn angesprochen, einen freundlichen jungen Mann in kurzer Hose, der mich ohne Umschweife einlud mitzufahren. Ich hatte keine Ahnung, wer sich da meiner so hilfsbereit annahm, und war bass erstaunt, als er mir erklärte, er sei der Chefredakteur des *Spiegel*. Es gab über meine Beziehung zum *Spiegel* noch mehr zu sagen, aber ich wollte das Thema in diesem Augenblick nicht vertiefen.

Warum ich hier sei, fragte sie nun plötzlich, und ich erzählte ihr die Geschichte vom »armseligen Steig in die Einsamkeit« und von meiner anschließenden Erschöpfung.

Nun aber war es an der Zeit, fand ich, dass sie etwas über sich mitteilen sollte. Warum *sie* denn im Sanatorium sei, fragte ich und erfuhr nur, dass sie an ähnlichen Zuständen leide wie ich. Ohne im Gebirge herumgeklettert zu sein. Mehr, als dass sie Ärztin und Mutter von drei Kindern im Alter von sechzehn, dreizehn und acht Jahren war (mein Gott, sechzehn! – sie sah so jung aus), brachte ich nicht aus ihr heraus. Aber sie sah plötzlich erschöpft und traurig aus. Von der Angriffslust wie noch zuvor beim Thema *Spiegel*-Affäre war nichts mehr zu spüren.

»Wir sollten jetzt vielleicht langsam zurückgehen«, schlug ich vor. »Aber wenn Sie Lust haben, möchte ich Sie heute Abend gern in eine kleine Bar im Ort zu einem Drink einladen.«

»In eine Bar? So etwas gibt es hier?«

»In der Tat. Man kann dort sogar tanzen.«

Ich war ein paarmal auf ein Bier in dieser Bar gewesen – gelegentlich zusammen mit einem sympathischen Mitpatienten, Lehrer für Deutsch und Geschichte. Wir hatten uns stets angeregt unterhalten, aber der Abend mit meiner neuen Bekanntschaft war unvergleichlich.

Nach zwei Glas Wein wurde Heilwig, die ich spaßeshalber Heilmich nannte, weil sie schließlich Ärztin war, mitteilsamer als am Vormittag während des Spaziergangs. Der wahre Grund, warum sie sich in Höchenschwand aufhalte, seien Depressionen und stetiger Gewichtsverlust, sagte sie. Sie fühle sich unausgelastet, denn in ihrer kleinen Privatpraxis erschienen nur wenige Patienten. Würde sie aber daraus einen Kassenbetrieb machen, wäre es im Handumdrehen ein Fulltime-Job, der ihr überhaupt keine Zeit mehr für die Familie ließe. Sie zitierte ihren Ehemann, der gesagt hatte, dass sie machen könne, was sie wolle, solange mit den Kindern alles wie am Schnürchen laufe.

Der Mann kam sich wohl sehr großzügig vor! Ich vermutete, dass ihre Ehe, ähnlich wie meine, auch nicht vor Glück überschwang. Sie sprach jedoch nicht darüber, und ich hütete mich, Fragen zu stellen.

Die hatten sich ohnehin bald erübrigt, denn als ich sie bat, mit mir zu tanzen, und sie sich in meine Arme schmiegte, spürte ich, dass zwischen uns beiden etwas geschah. Mir schossen Zeilen aus Max Frischs *Tagebüchern* durch den Kopf: »Es gibt keinen Zufall. Es ist immer das Fällige, was uns zufällt.«

Wir waren die letzten Gäste, die das Lokal verließen, und auf dem Heimweg wusste ich, dass nicht nur *etwas*, sondern dass es um *mich* geschehen war: Ich, der sonst so nüchterne Kriminalbeamte, hatte mich bis über beide Ohren verliebt!

Ihr sei es ähnlich ergangen, gestand sie mir am folgenden Abend. Noch nie habe sie sich so geborgen und beschützt gefühlt. Und ich hatte noch nie in meinem Leben auch nur annähernd so empfunden wie für »mein Mädchen«, wie ich sie nach unserer ersten gemeinsamen Nacht, der Nacht nach dem Barbesuch, nannte. Dabei war sie gerade einmal fünf Jahre jünger als ich. Sie sah aber nicht nur nicht aus wie eine Frau, die in wenigen Monaten vierzig wurde. Nein, sie war auch schüchtern wie ein junges Mädchen, und ihre Kiebigkeit war, wie ich schon vermutet hatte, nichts anderes als der Versuch, diese Schüchternheit zu verbergen.

Am nächsten Tag wurde mir klar, was mit dem Spruch »Himmelhoch jauchzend – zu Tode betrübt« gemeint war. Sie war zugeknöpft wie eine Auster! Nahm zwar die Mahlzeiten mit mir ein, aber unser Gespräch schleppte sich dahin. Sie weigerte sich, mit mir spazieren zu gehen, und verschwand abends nach einem flüchtigen »Gute Nacht« in ihrem Zimmer.

Zunächst war ich ratlos. Dann wütend und gekränkt. Dieselbe Frau, die in der vergangenen Nacht so voller Hingabe und Zärtlichkeit gewesen war, ließ mich nun abblitzen wie einen dummen Schuljungen. Der Mohr hat seine Schuldigkeit getan, der Mohr kann gehen, dachte ich. Aber sie war doch überhaupt nicht der Typ Frau, der das flüchtige Vergnügen für eine Nacht suchte. Was nur war geschehen? Was hatte ich falsch gemacht? Ich fühlte mich hilflos. Ausgeliefert. Meinen Emotionen und

Februar 1964: »Falling in Love«

ihrer Laune. Dies war keine Ermittlung, bei der ich die Fäden in der Hand hielt. Der Prinz von Homburg hatte keine Chance, die Schlacht für sich zu entscheiden. Wie hatte sie doch vorgestern Abend über meine Prinzenrolle gelacht, als ich ihr auf die Frage, ob es Spitznamen unter uns Kollegen gebe, von der Entstehung des meinigen erzählt hatte. Ich wälzte mich im Bett hin und her. Schließlich stand ich auf, zog mir den Morgenmantel über und ging zu ihrem Zimmer. Ich wollte Gewissheit haben, sie zur Rede stellen. So konnte man nicht einfach mit mir umspringen.

Ich klopfte. Nichts. Dann drückte ich die Türklinke herunter – abgeschlossen. Sie hatte wohl mit meinem Erscheinen gerechnet und machte mir nun auf diese Weise noch deutlicher, dass sie nichts mehr mit mir zu tun haben wollte.

Ich schlich wie ein geprügelter Hund in mein Zimmer zurück. Die Wut war einer großen Traurigkeit gewichen. Ich hatte mich zum ersten Mal in meinem Leben hoffnungslos verliebt, und ...? Eben. Im wahrsten Sinne des Wortes hoffnungslos!

Ich konnte keine Ruhe finden. Also schluckte ich eine Schlaftablette und fand mich alsbald in einem Traum wieder. Ich hörte, dass meine Tür geöffnet wurde, und plötzlich stand Heilwig an meinem Bett. Schöner Traum ... jetzt rüttelte sie mich. Ich streckte die Arme aus – und war plötzlich wach. Es war kein Traum. Sie war wirklich gekommen.

»Hallo, Prinz«, sagte sie leise und schlüpfte unter meine Decke.

Ich drückte sie fest an mich. »Warum warst du so abweisend?«, fragte ich. »Und jetzt kommst du plötzlich zu mir!«

»Es durfte nicht sein«, flüsterte sie. »Ich wollte die Nacht verdrängen. Einmal ist keinmal ... das habe ich versucht, mir einzureden. Aber heute Abend – ich war von einer so unendlichen Unruhe erfüllt. Ich konnte den Zustand zunächst überhaupt nicht einordnen. Doch dann wusste ich es ganz plötzlich: *Das ist er*. Es hat keinen Sinn mehr, so zu tun, als wäre nichts Besonderes passiert. Ich wusste ja nicht einmal genau, wo dein Zimmer ist. Wie peinlich wäre es gewesen, bei irgendjemand Fremden hineinzuplatzen. Aber es war mir plötzlich alles egal. Ich wollte zu dir. Ich weiß nicht, wie es mit uns weitergehen wird. Ich habe Angst. Aber ich weiß, dass es keinen Zweck hat, sich gegen diese Gefühle zu wehren.«

Ich wiegte sie wie ein kleines Kind in meinen Armen.

»Es ist einfach passiert«, murmelte ich und kämpfte verzweifelt gegen die Wirkung der Schlaftablette an. »Wir werden einen Weg finden. Wir werden ...« Ich hatte keine Ahnung, was das für ein Weg sein sollte. Aber ich glaubte felsenfest daran. Es konnte nicht sein, dass Gott mich zum ersten Mal der Liebe begegnen ließ, nur damit ich mich anschließend in Verzicht üben sollte. Wir hatten einander nicht gesucht und dennoch gefunden.

Weil es eben das Fällige ist, was einem zufällt. Ich wollte Heilwig nicht mehr verlieren.

»Wir werden ...«, wiederholte ich, doch sie verschloss mir den Mund mit einem Kuss.

Ein toter Polizist und ein Appell

Gelegentlich las ich abends in Heilwigs Briefen und hielt mir dabei vor Augen, dass sie sich in den sieben Jahren unserer heimlichen Beziehung weit von »meinem Mädchen« aus Höchenschwand entfernt hatte. Kurz nachdem wir uns begegnet waren, hatte sie zusammen mit einer Gynäkologin in Hamburg die Leitung eines Beratungszentrums für Geburtenregelung übernommen. Diese Arbeit hatte ihr enormen Erfolg und die seinerzeit fehlende Selbstbestätigung gegeben. Es war nur natürlich, dass ihr psychologisches Geschick im Umgang mit Menschen zu der psychotherapeutischen Zusatzausbildung geführt hatte, die sie nun in Göttingen absolvierte. Ich freute mich natürlich, dass sie ihren Weg gefunden hatte. Aber diese Selbstfindung hatte uns auch voneinander entfernt. Schleichend, so dass mir wohl manches Anzeichen entgangen war. Unser letztes Treffen lag mir immer noch quer im Magen, und ich hatte seit einiger Zeit nicht mehr mit ihr gesprochen.

Es würde sich ein Weg ergeben, redete ich mir ein. Eine so außergewöhnliche Liebe wie die unsere durfte einfach nicht im »verflixten siebten Jahr« scheitern. Erst recht nicht zum Opfer dieser sogenannten Revolution werden, bei der *sie* zu den Sympathisanten und *ich* zu deren Gegnern gehörte. (Nein, sie als Sympathisantin zu bezeichnen war ungerecht. Sie hielt ja nur zu Ulrike Meinhof, einer Frau, die schließlich auch ich gern aus der Gruppe herausgelöst hätte.)

An diesem Abend widerstand ich der Versuchung, die Briefe aus meiner verschlossenen Schublade hervorzuholen. Ich hatte jetzt anderes zu tun, als mich in der Lektüre vergangener Liebesbriefe zu verlieren. Das Faltblatt, das ich schon vor Monaten entworfen hatte, musste fertiggestellt werden, und überdies hatte ich die Idee gehabt, eine Wandzeitung und einen großflächigen Lageplan zu entwerfen. Morgen sollte der Grafiker aus unserer Wiesbadener Zentrale kommen, damit wir uns ans Werk machen konnten.

Karl Schütz war begeistert von unserer kurz darauf stattfindenden Präsentation. Ich hatte mir einen Raum gegenüber seinem Dienstzimmer zuweisen lassen, eine große Deutschlandkarte an der Wand befestigt und darüber zusammengeklebte Klarsichtfolien angebracht. Der Grafiker hatte Haftsymbole für konspirative Wohnungen, Kfz-Festnahmen, Sprengstoffanschläge und Schießereien angefertigt, und ich hatte diese entsprechend den Fund- und Tatorten auf die jeweiligen Folien übertragen. Wenn man diese über die Karte hängte, bekam man einen guten Überblick. Sobald »hoher Besuch« erschien, führte Schütz die Karte in seinem Zimmer vor und freute sich über die große Zustimmung.

Ähnlich wurde mit meiner umklappbaren »Wandzeitung« verfahren, in der eine Grafik Aufschluss über die RAF-Aktionen gab. Am oberen Rand befand sich die Zeitleiste, und seitlich waren die Täternamen aufgeführt, dazu an den Schnittpunkten in Kästchen Stichworte zu Tatort und Tatbeteiligung.

Im Lauf der Zeit sollten sich sowohl die Karte als auch die Zeitung mit immer neuen Symbolen und Hinweisen füllen – eine Tatsache, die besonders die beteiligten Bundesanwälte erfreute. Sie ließen die Wandzeitung fotografieren und hängten sie verkleinert an die Stahlschränke in ihren Dienstzimmern.

Zu unserer Sicherungstruppe in Bonn-Bad Godesberg gehörten fünfzig Beamte, als am 1. September 1971 unser neuer Präsident Horst Herold auf dem Plan erschien. Der studierte Jurist, der drei Jahre jünger war als ich, platzte vor Tatendrang. Dazu kam, dass er ein glühender Verfechter modernster Computertechnik war. Sein Credo lautete: »Kriminalitätsbekämpfung ist Informationsverarbeitung.« Unabhängig davon bestätigte er meine stets formulierte Ansicht über die von uns zu fassenden Terroristen mit seinen Worten: »Man muss sich gedanklich in den Gegner hineinarbeiten. Wenn man den Katechismus der Gegenseite kennt, weiß man, dass er so und nicht anders handeln wird.«

Na bitte, dachte ich. Jetzt werden die Kollegen aufhören zu spötteln, dass ich aufgrund meiner Kenntnis der Denkweise der RAF demnächst zu deren Chefideologen aufsteigen könne.

Sie hörten auf – und es geschah noch mehr: Ich bekam Verstärkung durch den neuen Präsidenten (dem auch meine Karte und die Wandzeitung sehr gut gefielen), denn er holte den Politologen Willy Terstiege vom Berliner Otto-Suhr-Institut für politische Wissenschaften nach Bad Godesberg. Der sollte den Beamten den RAF-Jargon verständlich machen und sie über den ungewohnten Tätertypus aufklären – über Leute, die sich eben nicht als gewöhnliche Kriminelle verstanden, die zumeist aus guten Familien stammten, hochintelligent waren und sich nicht selbst bereichern wollten, sondern für ein gesellschaftliches Prinzip kämpften ... all das, was ich schon seit einem halben Jahr predigte.

»Der Herold tut so, als hätte er's erfunden«, sagte Gerd Berzau. »Dabei hat er all deine Unterlagen. Nur spricht er nicht mehr von Personagrammen, sondern von Täterprofilen. Im Übrigen können wir von Glück sagen, dass wir uns nicht mit diesen Computern herumschlagen müssen. Das sollen die Jüngeren lernen.«

Es sei eine fabelhafte Sache, meinte ich, war aber ebenfalls froh, dass ich mich nicht mit der neuen Technik befassen musste. Ich schrieb meine Berichte nach wie vor mit der Hand und ließ sie abtippen. Anschließend gaben Spezialisten meine Resultate in die Computer ein. PIOS hieß unser elektronisches Gedächtnis: Personen, Institutionen, Objekte, Sachen. Ferner bestand Herold darauf, ein Meldesystem zwischen BKA und Länderpolizei zu entwickeln. Auch damit hatte ich bereits begonnen und dabei zu spüren bekommen, wie sehr die Polizeibehörden der einzelnen Bundesländer auf ihre Eigenständigkeit bedacht waren. Aber Herold hatte die volle Unterstützung von Innenminister Genscher. Auf den Wegen, die ich schon beschritten hatte, würden wir nun, davon war ich überzeugt, sehr viel zügiger vorankommen.

Die Herbstferien verbrachte ich auf Drängen meiner Familie in Kiel bei der Schwiegermutter. Ich wäre lieber in die Berge gefahren – aber das konnte ich nicht mit meinem beruflichen Fortkommen vereinbaren. Ich sollte nämlich endlich zum Kriminalhauptkommissar befördert werden, und zwar aus formalrechtlichen Gründen noch vor meinem zweiundfünfzigsten Geburtstag am 13. Oktober. Niemand in Garmisch wäre berechtigt gewesen, dieses »Ritual« vorzunehmen. In Kiel dagegen konnte die Aufgabe dem Leiter des Landeskriminalamtes von Schleswig-Holstein übertragen werden. Ich freute mich auf das Wiedersehen, denn wir kannten uns aus dem gemeinsamen Polizeianwärterlehrgang im Jahr 1946. Er hatte mich zu sich nach Hause eingeladen, um die Angelegenheit gebührend zu begießen, wie er sich ausdrückte.

Ich brachte zwei Flaschen roten Krimsekt mit, und nach Beendigung des mehr oder weniger feierlichen Aktes *entre nous* öffnete ich die erste Flasche. Mit einem Knall sauste der Korken an die Decke, und die rote Flüssigkeit ergoss sich auf einen weißen Schafwollteppich. Das war mir ungeheuer peinlich, und mein Gastgeber geriet in Panik, denn seine Frau, die an diesem Abend glücklicherweise nicht da war, hegte und hütete den Teppich wie ihren Augapfel. So endete meine Ernennung in einer Putzarie auf Knien. Eine Stunde lang bearbeiteten wir den Teppich mit Waschmitteln, bis er uns leidlich sauber schien. Dann endlich stießen wir an.

Zehn Tage später hatte ich das Gefühl, dieses Missgeschick sei wie ein böses Omen gewesen – als habe der rote Sekt für Blut gestanden. In der Nacht zum 22. Oktober geschah, was Gerd vorausgesagt hatte: Es gab das erste Todesopfer aus unseren Reihen. Bei einer Polizeikontrolle in Hamburg-Poppenbüttel wurde der zweiunddreißigjährige Polizeimeister Norbert Schmid erschossen. Mit seinem Kollegen folgte er einer Verdächtigen, die geflüchtet war, als er sie angesprochen hatte. Schließlich konnte er sie am Arm packen. Sie hatte zwar eine Pistole gezogen – doch die sechs Schüsse, die in diesem Moment fielen, feuerten zwei weitere Personen ab, die den Beamten hinterhergerannt waren. Die drei konnten entkommen, die von Schmid und seinem Kollegen verfolgte Frau im Zivilfahrzeug der Polizisten. Nach einigen hundert Metern ließ sie den Wagen stehen und wollte sich in einer Telefonzelle verstecken. Dabei wurde sie von einer anderen Streife beobachtet und schließlich festgenommen. Sie hatte keine Zeit gehabt, nach der Pistole in ihrer Handtasche zu greifen, stattdessen die Beamten angebellt: »Ich dachte schon, ihr wollt mich ficken!«

Die Frau, die man an Ort und Stelle verhaftet hatte, wurde zum Zweck ihrer Identifizierung in der *Tagesschau* vorgeführt. Ein peinliches Experiment, das in einem Fiasko endete. Sie schrie wie am Spieß, wehrte sich mit Händen und Füßen und verdrehte den Kopf, um der Kamera zu entgehen. Erst als ein Polizist sie an den Haaren packte, um ihr Gesicht freizulegen, wurde der unüberlegte Versuch, der dem Image der Polizei sehr schadete, abgebrochen. Bald stand fest, dass es sich bei der Frau um die zur Fahndung ausgeschriebene Margrit Schiller, ein ehemaliges SPK-Mitglied, handelte. Die zwei Geflüchteten, so sollte sich später herausstellen, waren Ulrike Meinhof und Gerhard Müller, der noch vor kurzem ebenfalls zum SPK gehört hatte.

Dank einem Hinweis aus der Bevölkerung entdeckten die Fahnder wenige Tage später nicht weit vom Tatort entfernt die konspirative Wohnung. Sie gehörte dem Liedermacher Hannes

Wader. Offenbar war sie in höchster Eile verlassen worden, denn außer fünf Polizeiuniformen konnten 2600 Schuss Munition und Material für Rohrbomben sichergestellt werden. Wader behauptete, rein gar nichts mit der Baader-Meinhof-Gruppe zu tun zu haben. Die Wohnung habe er einer freien Mitarbeiterin des Norddeutschen Rundfunks namens Hella Utesch überlassen. Für ein paar Tage, während er durch Europa getrampt sei. Er habe ihr einen Gefallen tun wollen. Das mache er öfter.

Hella Utesch war ein uns bekannter Deckname von Gudrun Ensslin. Wir glaubten ihm nicht und vermuteten, dass er gewusst hatte, um wen es sich handelte. Nachzuweisen war es ihm allerdings nicht, und nach geraumer Zeit wurde das Verfahren gegen ihn eingestellt.

Heinz Lemke, der Kollege des tödlich getroffenen Polizeimeisters, hatte erschüttert berichtet, Norbert Schmid habe überhaupt keine Waffe gezogen. Anscheinend hielten sich die Mitglieder der Bande an die Worte von Ulrike Meinhof: Auf Bullen kann natürlich geschossen werden.

Die Wut unter den Kollegen war groß. Es schien, als würde demnächst für alle die Parole gelten: Wer zuerst schießt, überlebt. Ich dachte an das in Panik geratene holländische Ehepaar, von dem Heilwig erzählt hatte, und stellte mir vor, wie andere unschuldige Autofahrer auf Kontrollen mit gezückten Maschinenpistolen reagieren würden. »Deutschland Wildwest!«, sagte ich zu Gerd. »Darauf läuft es langsam hinaus.«

»Die Bevölkerung muss darüber aufgeklärt werden«, sagte er. »Die Presse könnte sich *einmal* nützlich machen, indem sie darauf hinweist, statt sich in Gruselgeschichten zu aalen. Es müssten klare Anweisungen gegeben werden, so was wie: Vermeidet verdächtige Handbewegungen. Greift nicht einfach in die Tasche, wenn ihr nach den Fahrzeugpapieren gefragt werdet, sondern lasst die Beamten das machen ...«

»Deutschland Wildwest«, wiederholte ich. »In jedem Fall werde ich jetzt umgehend das Faltblatt herausgeben. Im Kopf hab ich ja alles parat. Nun muss der Grafiker ran. Das ist zwar jetzt nur für die Polizeibeamten gedacht. Aber du hast recht, Gerd. Etwas Ähnliches müsste es für die Bevölkerung auch geben.«

Kurz darauf war das Blatt fertig. »Die Baader-Meinhof-Bande«, lautete die Überschrift. »Wer sind ihre Mitglieder? Was haben sie bisher getan? Wie wird es weitergehen? Worauf ist zu achten?« Das waren, wie schon erwähnt, meine bereits ein halbes Jahr zuvor entworfenen Schlagzeilen.

In einzelnen prägnanten Abschnitten zählte ich nun die bisherigen Straftaten auf. Ich beschrieb die Vorgehensweise der Gruppe, die sich Rote Armee Fraktion nannte, erklärte ihre Ziele und wies auch auf die Sympathisanten hin, »gewisse Intellektuelle«, die »für die Täter Wohnungen und Ausweise beschaffen, Post entgegennehmen und Kontakte herstellen«.

Bei Letzterem fühlte ich mich unbehaglich. Wie leicht konnte das missverstanden werden. Links und intellektuell gleich Sympathisant? Es war ein sehr heikles Thema, das schnell zu falschen Schlüssen und Verdächtigungen führen konnte. Dennoch erhielten die Gesuchten immer wieder Hilfe aus diesen Kreisen. Ich konnte also nicht darüber hinweggehen.

Dass die RAF-Terroristen rücksichtslos von der Schusswaffe Gebrauch machten, musste jedem Polizisten eingeschärft werden. Immerhin gab es nach bereits acht Mordversuchen nun wirklich einen ermordeten Kollegen, der eine Frau und zwei kleine Kinder hinterließ.

Ich hob die Namen der gefährlichsten und aktivsten gesuchten Mitglieder hervor: Ensslin, Meins, Grashof, Herzog, Raspe, Baader, Meinhof.

Warum habe ich diese Reihenfolge gewählt?, fragte ich mich anschließend, als der Grafiker mir das Faltblatt vorlegte. Baader und Ensslin waren in meinen Augen die Köpfe. Sie hätten zusammen an den Anfang der Liste gehört. Nun stand Baader mit Meinhof am Schluss, von den anderen fünf durch einen schwarzen Kreis separiert. Weil die Bande ihrer beider Namen trug? Weil ich *ihn* als denjenigen betrachtete, der *sie* in die Radikalität getrieben hatte? Denn nach wie vor sah ich in ihr die Frau, deren Waffen nicht Pistolen, sondern Worte waren, und erinnerte mich wieder einmal daran, wie sie noch 1968 als *konkret*-Journalistin – gerade einmal drei Jahre war das her – die Anwendung von Gewalt kritisiert hatte.

Inzwischen hegte ich eine letzte Hoffnung im Hinblick auf Ulrike Meinhof: Es war mir endlich gelungen, ein Treffen mit ihrer Pflegemutter Renate Riemeck für Ende November zu verabreden. Die hatte sich in einem wenige Tage zuvor in der *konkret* abgedruckten offenen Brief an die verlorene Ziehtochter gewandt, der die Überschrift »Gib auf, Ulrike!« trug. Unter Bezugnahme auf frühere Gespräche und gemeinsame politische Aktivitäten appellierte sie an Ulrike Meinhof:

»Du bist anders, Ulrike. Ganz anders, als die Leute meinen ... Wer dich näher kennt, weiß: du knallst nicht jeden nieder, der sich dir in den Weg stellt. Aber du bist tapfer, tapferer als die meisten. Und du stehst für deine Freunde gerade ... du weißt ... dass man im Amoklauf nichts gewinnt ... Dir konnte also der Irrtum nicht unterlaufen, den antiautoritären Aufstand mit dem Beginn der großen Revolution zu verwechseln ...

Die Bundesrepublik ist kein Pflaster für eine Stadtguerilla lateinamerikanischen Typs. Hierzulande sind höchstens die Voraussetzungen für ein Schinderhannes-Drama gegeben. Du weißt, Ulrike, dass ihr von unserer Öffentlichkeit nichts anderes zu erwarten habt als erbitterte Feindschaft. Du weißt auch, dass ihr dazu verurteilt seid, die Rolle einer Geisterbande zu spielen ...

Wer – außer einer Handvoll Sympathisanten – hat noch Verständnis für den politisch-moralischen Impuls eures Handelns? Opfermut und Todesbereitschaft werden zum Selbstzweck, wenn sie nicht begreifbar gemacht werden können ...

Ihr habt nicht die Rechtfertigung der Tupamaros von Uruguay für Aktionen, bei denen geschossen wird und Menschen ihr Leben verlieren. Ihr müsst euch korrigieren ... Du kannst es, Ulrike!«

Der öffentliche Appell hatte mich beeindruckt, und ich empfand ihn instinktiv als eine letzte Chance für Ulrike Meinhof. Wenn sie sich doch jetzt nur stellen oder wenigstens Kontakt zu Renate Riemeck aufnehmen würde!

Ich unterhielt mich lange mit ihrer Ziehmutter, die mir erzählte, sie habe den Brief auf Anregung von Klaus Rainer Röhl geschrieben. Auch der Exmann hoffte also immer noch auf eine Kehrtwendung. Sicher hatte er dabei vor allem das Wohl der Kinder im Sinn.

Die damals einundfünfzigjährige Renate Riemeck, einst die jüngste westdeutsche Professorin, bekannt als engagierte Pazifistin und Atomkraftgegnerin, erzählte mir über Ulrikes Werdegang im Wesentlichen das, was ich bereits von der Nenntante Johanna Meyer wusste. Sie betonte allerdings, ihre Pflegetochter sei immer bemüht gewesen, sich anzupassen. Insoweit könne man sagen, dass sie in hohem Maße suggestibel sei. Für Renate Riemeck stand zweifelsfrei fest, dass Ulrikes Entwicklung in den letzten Jahren vom Einfluss ihrer Umgebung bestimmt worden war.

Sie habe, berichtete sie, Ulrike genau vor zwei Jahren zum letzten Mal gesehen. Damals sei sie zu ihr gekommen, um ihr die Zwillinge zu bringen. Es könne jedoch sein, dass Ulrikes Schwester Wienke mit ihr in Verbindung stehe. Jedenfalls habe die ihr im vergangenen Juni erzählt, sie würde ihrer Schwester nicht raten, sich zu stellen, weil es mit dem Recht in diesem Staat nicht gut bestellt sei. Ferner habe sie gesagt, die Rechtsanwälte der B/M-Gruppe führten die Polizei »hübsch an der Nase herum«.

Das war ein interessanter Hinweis.

Abschließend kam sie zu folgendem Ergebnis: »Ich bin grundsätzlich bereit, ein Gespräch mit Ulrike auf neutralem Boden zu führen, und fühle mich imstande, ihre Argumente intellektuell zu zertrümmern. Den Kontakt kann ich allerdings nicht selbst herstellen, und die Vorstellung, es über irgendwelche Mittelsmänner zu versuchen, ist mir unsympathisch. Sie können aber davon ausgehen, dass ich alles daransetzen würde, um Ulrike zu überreden, sich zu stellen. Und ich würde sie – unter Ausschaltung aller Emotionen – auch der Polizei ausliefern. Das wäre, da bin ich völlig Ihrer Meinung, Herr Klaus, die beste Lösung für sie.«

Der letzte Satz kostete sie sichtlich Überwindung – dennoch hatte ich das Gefühl, dass sie jederzeit zu ihrem Wort stehen würde. Von den Angehörigen, die ich kannte, war sie die Einzige, die so klare Worte gesprochen hatte, mit Sicherheit aber auch die Klügste und jemand, der den Ernst der Lage vollkommen begriff. Ob sich Ulrike nun auf den offenen Brief hin melden würde? Es sei ein Versuch gewesen, sagte Frau Riemeck, und sie hoffe inständig, dass er etwas bewirkt habe.

Das tat ich auch.

Die Hoffnung zerschlug sich zwei Wochen später. In einem Papierkorb am Wittenbergplatz in Berlin fand eine Angestellte des Gartenbauamtes eine Plastiktüte. Darin befanden sich Munition, die Kopie eines Briefes der RAF an die Partei der Arbeit der Volksrepublik Korea sowie ein Schreiben mit dem Titel »Eine Sklavenmutter beschwört ihr Kind«. In einer Persiflage antwortete Ulrike Meinhof ihrer Adoptivmutter auf den offenen Brief und formulierte unter anderem:

»Ulrike, du bist anders als dein Steckbrief, ein Sklavenkind – selbst Sklavin.

Wie also solltest du fähig sein, auf deine Unterdrücker zu schießen?

Lass dich nicht verführen von jenen, die keine Sklaven mehr sein wollen. Du kannst sie nicht schützen.

Ich will, dass du Sklavin bleibst – wie ich …
Die Revolution ist groß – wir sind zu klein für sie.
Sklavenseelen sind Flugsand, auf den ein Sieg nicht zu gründen ist …
Du bist ein braves Kind. Du bist gar nicht über den Zaun der Herrschaft geklettert, das waren doch die anderen …
Die Sklaven hassen jene, die frei sein wollen. Sie sollen dir auch nicht helfen, damit du endlich begreifst, dass deine Rebellion sinnlos ist.
Dein Mut ist herzlos, denn wie können wir vor ihm noch unsere Feigheit verborgen halten? Wenn du auch lieber tot bist als für immer eine Sklavin, so hast du doch nicht das Recht, uns zu beunruhigen.
Ich weiß: du willst, dass wir alle frei werden; aber werden wir uns wohler fühlen? …
Kind, versündige dich nicht. Tu Buße, mag die Strafe der Herrschaft auch fürchterlich sein. Es ist Gottes Wille.
Sei Untertan der Obrigkeit, die Gewalt über dich hat.
Ulrike, gib auf!
Verflucht der Gott, der Sklaven zu seiner Zerstreuung schuf.«

Das sei starker Tobak, meinte Gerd, und ich könne nach diesen Zeilen wohl die Hoffnung aufgeben, dass Ulrike Meinhof sich jemals stellen würde.
Ich musste ihm zustimmen. Allerdings hatte ich nach gründlichem Studium des Briefes meine Zweifel, ob sie diese Zeilen wirklich allein verfasst hatte. Sicherlich hatten Baader und wohl vor allem Ensslin (deren Mutter ich eher als »Sklavin des Systems« empfunden hatte) dabei mitgewirkt. Renate Riemeck hatte doch, nach allen Aussagen, gerade das gesellschaftskritische Denken ihrer Pflegetochter geprägt.
Wie auch immer – die Antwort war endgültig. Für Ulrike schien es tatsächlich kein Zurück mehr zu geben.

Wenige Tage später, am 17. November, stellte sich ihr ehemaliger Freund aus Berliner Zeiten, der seit Monaten gesuchte Journalist Peter Homann, der Polizei. Bevor er zur Sicherungsgruppe kam, hatte er dem *Spiegel* ein Interview gegeben, dem er anschließend nichts hinzufügen wollte.

Er hatte bei der Baader-Befreiung geholfen und war im Sommer 1970 mit der Gruppe ins jordanische Palästinenserlager gereist, wo er sich in heftigem Streit von ihr gelöst hatte. Nach seiner Rückkehr war er untergetaucht. Aus seiner Abneigung gegen Andreas Baader machte er in dem Interview keinen Hehl. Der sei ein Feigling, unpolitisch und theoretisch völlig inkompetent, aber ein Tatmensch – im Gegensatz zum Rechtsanwalt Mahler oder Ulrike Meinhof. Er habe die ewig Beschreibenden in den Untergrund und zu Aktionen getrieben, ihnen klargemacht, dass sie etwas tun und nicht nur reden sollten. Ein pathetischer Mensch sei er, »eine Figur aus einem schlechten Roman des 19. Jahrhunderts«.

Und die Geliebte Gudrun Ensslin? Für mich zeichnete sich immer klarer ab, dass *sie* der Kopf der Bande sein musste.

Tote, Böll, Baader und ein
weiterer Schock

Winter 1971 und Frühjahr 1972

Das Weihnachtsfest stand mir bevor. Drei Tage im Familien-
kreis – ich wusste: Das würde anstrengend werden. Gerd dagegen freute sich darauf. Während er noch Spekulationen darüber
anstellte, ob unser Präsident Herold es wohl schaffen würde,
sich und seinen geliebten Computern eine Feiertagspause zu
gönnen, traf die nächste Schreckensnachricht ein: Polizeiober-
meister Herbert Schoner war in Kaiserslautern bei einem Banküberfall erschossen worden.

Zwei Tage vor Weihnachten überfiel ein RAF-Kommando
eine Filiale der Bayerischen Hypotheken- und Wechselbank.
Der Kollege wollte vor dem Gebäude ein im Halteverbot ste-
hendes Fahrzeug mit laufendem Motor kontrollieren. Daraufhin eröffnete der Fahrer das Feuer und traf Schoner in die Brust.
Blutend wankte er ausgerechnet in den Eingang der Bank, wo
soeben der Überfall stattfand. Einer der Räuber sah ihn, dachte
wohl, die Polizei sei im Anmarsch, und erschoss ihn hinterrücks.

Die Täter waren mit 135 000 Mark geflüchtet und spurlos verschwunden. (Von den insgesamt sieben Tatbeteiligten konnte
später nur Klaus Jünschke überführt werden. Die anderen sind
bis heute unbekannt.)

»Das ist der Zweite von uns«, sagte Gerd erschüttert. »Mir ist
jede Vorfreude auf Weihnachten vergangen. Denk bloß mal an
die Familie von Schoner.«

Das tat ich bereits.

»Mörder sind das, Fred!«, stieß er hervor. »Wie viel Unheil werden sie noch anrichten, bevor wir sie endlich zu fassen kriegen?«

Vielleicht besännen sich ja die Sympathisanten nach diesem zweiten Mord an einem Polizisten eines Besseren, erwiderte ich hoffnungsvoll. Wenn niemand der Bande mehr Unterstützung gewährte, hätten wir größere Chancen als zuvor.

Ein »Sympathisant« meldete sich drei Wochen später, am 17. Januar 1972, im *Spiegel* zu Wort. »Will Ulrike Gnade oder freies Geleit?« lautete die Überschrift des Artikels. Der Autor: Heinrich Böll. »Es ist eine Kriegserklärung von verzweifelten Theoretikern«, schrieb er, »von inzwischen Verfolgten und Denunzierten, die sich in die Enge begeben haben, die in die Enge getrieben worden sind und deren Theorien weitaus gewalttätiger klingen, als ihre Praxis ist ...«

Ich war schockiert. Morde waren keine gewalttätige Praxis? Was war nur in den Schriftsteller gefahren?

»Es kann kein Zweifel bestehen: Ulrike Meinhof hat dieser Gesellschaft den Krieg erklärt, sie weiß, was sie tut und getan hat, aber wer könnte ihr sagen, was sie jetzt tun sollte? Soll sie sich wirklich stellen, mit der Aussicht, als die klassische rote Hexe in den Siedetopf der Demagogie zu geraten?«

Er machte eine ironische Rechnung auf, in der er vom Kampf der sechs RAF-Mitglieder gegen sechzig Millionen Bürger sprach. (Wieso sechs? Es waren doch allein sieben »Köpfe«.) Dann fuhr er fort: »Das ist tatsächlich eine äußerst bedrohliche Situation für die Bundesrepublik Deutschland. Es ist Zeit, den nationalen Notstand auszurufen. Den Notstand des öffentlichen Bewusstseins, der durch Publikationen wie *Bild* permanent gesteigert wird.«

Ich konnte darüber nur den Kopf schütteln. Bestenfalls ließen sich seine Zeilen als einen Akt der Ratlosigkeit verstehen.

Durch die Presse ging ein Sturm der Empörung, und der nordrhein-westfälische Minister für Bundesangelegenheiten, Diether Posser, wetterte im *Spiegel:* »Böll verharmlost in gefährlicher Weise die Tätigkeit der Gruppe. Der Zorn emotionalisierte seine

Kritik und machte sie unsachlich. Seine Polemik übertrieb nicht nur – sie schadete. Er wollte zur Besinnung rufen und schrieb selbst unbesonnen.« Das war mir aus der Seele gesprochen – bei allem Respekt vor dem berühmten Autor.

Böll antwortete eine Woche später im selben Magazin: »Die Wirkung meines Artikels entspricht nicht andeutungsweise dem, was mir vorschwebte: eine Art Entspannung herbeizuführen und die Gruppe, wenn auch versteckt, zur Aufgabe aufzufordern.« Zum Schluss zog er sich ins Glashaus des Schriftstellers zurück, für den Wörter wie »verfolgt«, »Gnade«, »Kriminalität« andere Dimensionen hätten.

Ich hatte den Literaten Heinrich Böll immer geschätzt. Jetzt war ich wütend. Was für eine verquaste Art, Leute zur Besinnung bringen zu wollen! Er redete sich mit seiner Antwort nur heraus, fand ich, und hatte mit seinem Artikel die Sympathisanten bestätigt, von denen ich mir ein Umdenken erhofft hatte.

Unfug verzapfte indes nicht nur Heinrich Böll. Dass die Regierung unter Willy Brandt nervös auf die täglichen Zeitungsmeldungen reagierte – es wurden nur noch Angst und Emotionen geschürt –, war verständlich. Dass sie aber ausgerechnet zu diesem Zeitpunkt gemeinsam mit den Regierungschefs der Bundesländer den von Kritikern als »Berufsverbot« bezeichneten Radikalenerlass beschloss, der in der Folge vielen Linken den Zugang zu Positionen im öffentlichen Dienst verwehrte, war in meinen Augen nichts anderes als ein hilfloser Akt, der von der wirklichen Bedrohung ablenken sollte.

Bedrohung – darauf wies ich immer wieder eindringlich in meinen Berichten hin. Die Antwort darauf überbrachte der Politologe Willy Terstiege. Er ließ mir von Horst Herold ausrichten, ich solle doch keine Geisterarmee aufbauen und daran denken, was Böll über den Kampf von sechs gegen sechzig Millionen gesagt habe. Ich war empört.

Warum diese Ironie? Tatsächlich sollte diese dem Präsidenten bald vergehen. Andreas Baader kündigte den Kampf an. Mitte Januar bei einer Fahrzeugkontrolle der Polizei knapp entkommen (so wie der Beamte der Kugel aus Baaders Revolver), reagierte er wenige Tage später wütend auf die Meldung der *Bild*-Zeitung, Baader habe über einen Dritten angeboten, sich zu stellen und auszusagen – wenn man ihm Straffreiheit garantieren würde.

Eine Ente, auf die der Boss der RAF mit einem Schreiben antwortete, das am 25. Januar in einem Münchner dpa-Briefkasten gefunden wurde. Das Blatt trug seine Unterschrift und zur Bekräftigung einen Abdruck seines Daumens mit Stempelfarbe.

»Ich denke nicht daran, mich zu stellen«, schrieb er. »Kein Typ aus der RAF denkt daran, sich zu stellen. Erfolgsmeldungen über uns können nur heißen: verhaftet oder tot ... Der bewaffnete Kampf entwickelt sich nicht von Schlagzeile zu Schlagzeile. Die politisch-militärische Strategie der Stadtguerilla reicht vom Widerstand gegen die Faschisierung der parlamentarischen Demokratie bis zum Aufbau der ersten regulären Einheiten der Roten Armee im Volkskrieg.

Der Kampf hat erst begonnen!«

Sollte die Partei der Arbeit der Volksrepublik Korea die RAF dabei unterstützen? Um militärische Hilfe und weitere Ausbildung hatte sie sie schließlich gebeten. Es hatte lange gedauert, den Adressaten des Briefes zu entschlüsseln, der zusammen mit der Antwort von Ulrike Meinhof an ihre Ziehmutter in der Plastiktüte gesteckt hatte. Er war durch einen Zahlencode verschlüsselt. Erst nachdem in einer konspirativen Wohnung zwei Ausgaben des *Spiegel* gefunden worden waren, in denen der Text der »Hausmitteilungen« mit Zahlen markiert war, gelang es mir. Der Brief war am 17. November gefunden worden. Ich besorgte mir also eine *Spiegel*-Ausgabe vom 15. November und nummerierte die Buchstaben durch. In der Reihe von 1 bis 119 markierte jede Ziffer einen Buchstaben. Zusammengefügt ergab sich die

Adresse »Die Partei der Volksrepublik Korea«. Ob es eine Antwort auf die Bitte um Unterstützung gab? Oder geben würde? Ich hoffte, dass die Koreaner die deutschen »Revolutionäre« nicht ernst nahmen. Wir aber mussten es tun.

Doch diverse Großaktionen unserer Polizei verliefen in den folgenden Wochen im Sande. Mehr noch – wir hatten Anfang März ein drittes Todesopfer aus unseren Reihen zu beklagen. Diesmal traf es mich besonders hart, denn ich hatte mich dem Ermordeten, dem gleichaltrigen Hamburger Kollegen Hans Eckhardt, Leiter der dortigen Soko B/M, freundschaftlich verbunden gefühlt.

Per Zufall und dank der Wachsamkeit eines Telefontechnikers war in der Nähe der Hamburger Universität eine konspirative Wohnung entdeckt worden. Die Bewohner waren trotz des verabredeten Termins abwesend, so dass der Vermieter den Postangestellten mit einem Zweitschlüssel hineingelassen hatte. Dem Mann waren eine große Reproduktionskamera und etliche Ausweise aufgefallen, und er informierte die Polizei.

Die Bewachung begann. Bis zum Abend tauchten die Mieter nicht auf. Schichtwechsel – und nun saß Eckardt mit zwei weiteren Kollegen in der Wohnung. Kurz vor elf wurde aufgeschlossen, und zwei Männer erschienen. Sie sahen sich den gezückten Pistolen der Beamten gegenüber, und einer von ihnen rief: »Nicht schießen, ich bin unbewaffnet.« Was nicht stimmte, doch er hob die Hände. Der zweite hingegen feuerte und traf meinen Freund in Brust und Bauch.

Auch der Schütze wurde angeschossen und schließlich überwältigt. Es war Manfred Grashof.

Wir alle bangten neunzehn Tage um das Leben von Hans Eckhardt, doch schließlich erlag er seinen Verletzungen. (Manfred Grashof genas, und seine lebenslange Haft bestand schließlich aus nur elf Jahren.)

Am Todestag von Eckhardt ertränkten Gerd und ich unsere Wut und den Kummer in Bier.

»Vor Weihnachten hat es Herbert Schoner erwischt«, klagte er.
»Und zu Ostern nun Hans Eckhardt. Was passiert als Nächstes?
Die tanzen uns ganz einfach auf der Nase herum und morden.
Verdammtes Pack!«

Ja, verdammtes Pack!

»Jetzt, wo du einen Freund verloren hast«, fuhr er fort, »ist dir
vielleicht endlich dein Verständnis abhandengekommen. Und
dass Baader den Kollegen im Januar nicht erwischt hat, ist blanker Zufall gewesen.«

Ich erinnerte ihn daran, dass ich seit Monaten auf die immer
größer werdende Gefahr hinwies, aber unser Präsident mich vor
nicht langer Zeit noch als übertrieben besorgt dargestellt hatte.

»Stimmt ja«, sagte er. »Aber ich glaube nicht, dass du noch einmal einen blöden Satz über den Kampf von sechs gegen sechzig
Millionen zu hören bekommst. Wenn ich er wäre, würde mir
langsam der Arsch auf Grundeis gehen.«

Ich dachte an Hans Eckhardt und seine völlig verzweifelte
Frau. Tag und Nacht hatte sie an seinem Krankenbett gesessen
und gehofft. Vergebens. Er würde eine großartige Beerdigung
bekommen – aber was hatte sie davon? Ihr blieben die Trauer
und die ewige Frage: Warum?

Ende April 1972 erhielten wir einen Hinweis: Ulrike Meinhof
sei in Lindau gesehen worden.

Lindau? Mir fiel ein, dass dort gerade der jährliche Psycho-
therapeutenkongress stattfand, an dem auch Heilwig regelmäßig
teilnahm. Einmal hatte ich sie sogar begleitet in der Zeit, bevor
sie nach Göttingen gezogen war. Ob man sie, wie schon vor ein
paar Monaten, mit Ulrike Meinhof verwechselt hatte?

Ich machte mich selbst auf die Reise, um dem Hinweis nach-
zugehen. Allerdings erschien es mir seltsam, dass sich RAF-Mitglieder an den Bodensee begeben haben sollten. Es war ein für
sie – bislang jedenfalls – gänzlich untypisches Umfeld.

Meine Suche nach der »Stimme der RAF« verlief, wie erwartet, ergebnislos. Doch bevor ich die Heimreise antrat, zog es mich zu dem Hotel, in dem ich vor Jahren mit Heilwig gewohnt hatte. Ob sie dieses Mal überhaupt hier war? Und wenn, wohnte sie wieder dort? Ob ich mich nach ihr erkundigen sollte? Gerade als ich beschloss, das zu tun, sah ich sie. Sie verließ das Hotel in Begleitung eines Mannes. Er war mittelgroß und hatte längeres Haar. Mehr konnte ich nicht sehen, denn sie waren bereits um die Ecke gebogen.

Wer war das? Der Unbekannte, den ich in ihrem Leben vermutete? Vielleicht nur ein Kongressteilnehmer, beruhigte ich mich. Ihre Kollegen waren ihr immer auf den Fersen gewesen, und ich hatte sie einmal die »Fischerin vom Bodensee« genannt, im Scherz, ohne Eifersucht, denn damals war ich mir ihrer Liebe noch sicher gewesen.

Jetzt nagte dieses hässliche Gefühl an mir. Ich wollte Gewissheit haben, und mich überkam der Impuls, ins Hotel zu gehen und herauszufinden, ob sie dort allein wohnte oder ein Doppelzimmer hatte. Nein, das war schäbig. Ich konnte ihr doch nicht hinterherspionieren. Ich ging ins nächste Café und bestellte einen Cappuccino. Ab nach Bonn!, dachte ich. Mein Auftrag war erledigt. Keine Meinhof. Wieder einmal falscher Alarm.

Ich verrührte den Zucker im Kaffee und vergaß anschließend, ihn zu trinken. Immerzu starrte ich auf den Eingang des kleinen Hotels und kämpfte mit meinen widerstreitenden Gefühlen. Ich wollte es genau wissen. Einerseits. Aber was nützte mir das? Wenn ich es unter dem Aspekt betrachtete, den ich meinen Ermittlungen zugrunde gelegt hatte, musste ich den Feind kennen, um ihn besser bekämpfen zu können. Aber wie wollte ich mir denn ein Bild von dem Mann machen? Indem ich in ihr Hotelzimmer eindrang und seine Sachen durchwühlte? Wenn er denn überhaupt dort wohnte.

Ob's noch etwas sein dürfe?, erkundigte sich der Kellner und musterte meine volle Tasse indigniert.

»Ein Cognac«, sagte ich.

Ob es am Alkohol lag? Plötzlich fasste ich einen Entschluss, für den ich mich schämte, von dem ich aber nicht ablassen konnte. Es war wie ein Zwang. Wozu war ich schließlich Kriminalbeamter? Ich war ein Kriminalhauptkommissar, der im Begriff stand, seinen Status gründlich zu missbrauchen.

Ich betrat das Hotel und präsentierte der verdutzten Empfangsdame (glücklicherweise war es nicht dieselbe wie damals) meinen Ausweis. »BKA«, sagte ich und blickte streng. »Wir haben Hinweise auf verdächtige Personen. Ich muss alle Zimmer kontrollieren. Alle, deren Bewohner gerade nicht da sind.«

Sie schlug die Hand vor den Mund. »Verdächtige Personen?«, wiederholte sie fassungslos. »Aber hier sind doch nur Ärzte zurzeit. Und Psychologen. Wir kennen unsere Kundschaft seit Jahren und ...«

Ich dachte an das Heidelberger Patientenkollektiv.

»Das heißt gar nichts«, sagte ich und lächelte dann beruhigend. »Bitte geben Sie mir die Schlüssel.«

Insgesamt waren es fünfzehn. Im Augenblick, versicherte sie mir, sei kein Gast im Haus.

Heilwig hatte dasselbe Zimmer, in dem wir damals gewohnt hatten. Ich sah mich um und fühlte mich hundeelend. Über dem Stuhl hingen Männerjeans, ein Pullover, und vor dem Bett lagen nachlässig abgestreifte Herrenschuhe. Er schien auf der rechten Seite zu schlafen. Wie ich. Am liebsten hätte ich das Bett verwüstet – doch ich riss mich zusammen. Dann fiel mein Blick auf die Bücher, die auf seinem Nachttisch gestapelt waren. Was las er? Ich griff nach der zuoberst liegenden Broschüre und erstarrte. Es war die erste RAF-Schrift!

Mir wurde übel, und die Gedanken jagten wirr durch meinen Kopf. Mein Instinkt hatte mich nicht getrogen. Heilwig war nicht aufgrund einer Verwechslung verfolgt worden. Nein, sie war durch diesen Mann ins Visier geraten. Gehörte er zur RAF, oder war er nur Sympathisant? Sicher Letzteres, denn so verblendet war sie nicht, dass sie sich mit einem aktiven Mitglied einlassen würde. Vielleicht war er auch Lehrer und benutzte die Lektüre für den Unterricht. Wie sollte ich aus Heilwig herausbekommen, mit wem sie zusammen war? Schließlich konnte ich ihr unmöglich von diesem Einbruch erzählen. Ich musste einen anderen Weg finden. Darauf bestehen, sie einmal in Göttingen zu besuchen. Das konnte sie mir nicht verwehren. Wie hieß der Mann nur? Ich würde mir eine Liste mit den Namen der Hotelgäste geben lassen und ihn überprüfen.

Die Dame am Empfang sah mich ängstlich an, als ich ihr die Schlüssel zurückgab.

»Und?«, fragte sie. »Das ging ja schnell.«

»Scheint alles in Ordnung zu sein«, sagte ich. »Man muss eben jedem Hinweis nachgehen. Bitte geben Sie mir noch die Namensliste Ihrer Gäste, dann bin ich auch schon verschwunden. Und kein Wort zu irgendjemandem.«

Sie sah mich zweifelnd an. »Aber der Herr Direktor ... ich müsste ...«

»Regen Sie ihn gar nicht erst auf. Weitere Kontrollen wird es in diesem Haus nicht geben.«

Sie lächelte erleichtert und bot mir Kaffee an, den ich dankend ablehnte. Nichts wie weg!

Ich machte einen langen Spaziergang am See, bevor ich mich imstande fühlte, die Rückreise anzutreten. Zuvor zerriss ich die Liste mit den Namen. Ich wollte überhaupt nicht mehr wissen, wie der Mann hieß. Sie sollte es mir irgendwann selbst sagen. Denn eines könnte ich tun, dachte ich. Guten Gewissens. Ihr erzählen, dass ich in Lindau auf der Spur von Ulrike Meinhof gewesen sei und sie mit ihrem Partner zufällig aus der Ferne gesehen hätte. Das war die Wahrheit, und für die musste ich mich nicht schämen. Wohl aber für den Einbruch. Warum hatte ich das nur getan? Fühlte ich mich nun etwa besser? Nein – im Gegenteil. Ich musste aufhören, der großen Liebe hinterherzutrauern. Sie hatte mich verlassen. Mir blieb, wenn ich wollte, die Rolle des guten Freundes.

Die zweite RAF-Schrift und Bombenanschläge

April und Mai 1972

Nach meiner Rückkehr aus Lindau befasste ich mich mit einer durch Postversand verbreiteten, illegal hergestellten Druckschrift. Das sechzig Seiten starke zweite RAF-Manifest, wiederum von Ulrike Meinhof verfasst, trug den Titel »Rote Armee Fraktion: Stadtguerilla und Klassenkampf« und trug auf der Umschlagseite das Motto »Dem Volk dienen« und das Emblem, eine Maschinenpistole mit den Initialen, diesmal, anders als beim ersten Traktat ein Jahr zuvor, innerhalb eines fünfzackigen Sterns.

Die ersten Seiten enthielten Gedanken über den Tod und begannen mit einem Zitat von Mao: »Der Tod ist jedem beschieden, aber nicht jeder Tod hat die gleiche Bedeutung.« In Abwandlung der Worte eines chinesischen Schriftstellers ging es weiter: »Stirbt man für die Interessen des Volkes, so ist der Tod gewichtiger als der Tai-Berg; steht man im Sold der Faschisten und stirbt für die Ausbeuter und Unterdrücker des Volkes, so hat der Tod weniger Gewicht als ein Schwanenflaum.«

Die tödlichen Unfälle auf den Straßen und am Arbeitsplatz, die hohe Selbstmordquote und die große Zahl der jährlich umgebrachten Kinder wurden nun den kapitalistischen Produktionsverhältnissen zugeschrieben. Es handle sich um Todesfälle »im Dienst der Ausbeuter«. Gegen die Verbreitung der »richtigen Ansichten« von Verbrechen und Tod – nämlich dass die Menschen der Profitgier des Kapitals zum Opfer fallen und sich dagegen wehren sollten – habe man Exekutionskommandos der Polizei aufgestellt.

»Petra, Georg und Thomas starben im Kampf gegen das
Sterben im Dienst der Ausbeuter. [Die beiden RAF-Mitglieder
Petra Schelm und Thomas Weisbecker sowie das der RAF verbundene Blues-Mitglied Georg von Rauch hatten sich durch so-
fortiges Greifen zur Waffe den Festnahmen widersetzt und waren in Notwehr getötet worden.] Sie wurden ermordet, damit
das Kapital ungestört weitermorden kann und damit die Leute
weiterhin denken müssen, dass man nichts dagegen machen
kann. Aber der Kampf hat erst begonnen!«

In den nun folgenden Abschnitten ging es über vierzig Seiten
lang um den »Zusammenhang zwischen Faschismus im Iran und

deutschem Kapital im Iran« und für andere totalitäre Regime. Bundeskanzler Brandts Besuch in Teheran sei ein »Kniefall vor dem Mörder Schah« gewesen. Dann nahm die Schrift die »neue Linke« aufs Korn: »Mit ihrer Erkenntnis, dass nicht sie ... die Verhältnisse ändern kann, sondern nur die proletarischen Massen, nur die westdeutschen Massen die Konzerne enteignen können ... hat diese Linke aufgehört, den Faschismus des Schah, die Herrschaft des westdeutschen Kapitals in der Dritten Welt zu kritisieren ... sie steckt den Kopf in den Sand und denkt nicht mehr nach.« Der gescheiterte Chemiearbeiterstreik 1971 habe die Situation sichtbar gemacht: »subjektiv verschärfte Kampfbereitschaft in der Arbeiterklasse, objektiv verminderte Kampfkraft«. Da helfe nur »die Perspektive bewaffneter Kampf«, eine Guerilla, und »die Entwicklung der Klassenkämpfe selbst« werde deren Konzept durchsetzen, »aber nur dann, wenn es noch welche gibt, die es tun, die handeln, die nicht demoralisiert sind, die sich nicht einfach hinlegen«.

Am Ende des zweiten Abschnitts hieß es: »Die Konterrevolution ... braucht die Gewissheit, dass Bewaffnung und bewaffneter Kampf ihr Monopol bleibt – dass die Wut der Arbeiterklasse, die sie zu provozieren entschlossen ist, diese Idee nicht fasst und mit der Idee die Mittel nicht ... Genscher wäre nicht der Innenminister der herrschenden Klasse, wenn er nicht die unglaublichsten Anstrengungen unternähme, uns ›aus dem Verkehr zu ziehen‹, wenn er uns nicht zum Staatsfeind Nr. 1 erklärt hätte ... wenn er nicht alles, aber auch alles täte, um uns von der Linken, der Arbeiterschaft, der Bevölkerung zu isolieren, wenn er uns nicht ermorden ließe.«

Das Kapitel endete mit dem Satz: »Was erwarten die Genossen eigentlich in einem Land, das Auschwitz hat widerstandslos über sich ergehen lassen? Deren Arbeiterbewegung die Geschichte der deutschen Arbeiterbewegung hat und deren Polizei die Geschichte der SS?«

In meinen Augen machte diese rhetorische Frage die Hilflosigkeit der Verfasserin deutlich, gefangen in ihrer Isolation und der wohl dämmernden Erkenntnis der totalen politischen Irrelevanz ihres kriminellen Tuns.

Im vierten Abschnitt dann nahm das Manifest Stellung zum von linken Genossen als unpolitisch gerügten Bankraub: »Niemand behauptet, dass der Bankraub für sich an der Ausbeuterordnung etwas ändert … Er ist logistisch richtig, weil anders das Finanzierungsproblem gar nicht zu lösen ist. Es ist politisch richtig, weil er eine Enteignungsaktion ist. Er ist taktisch richtig, weil er eine proletarische Aktion ist. Er ist strategisch richtig, weil er der Finanzierung der Guerilla dient.«

Zum Schluss ging es um Solidarität und Verrat: »Solange Verräter noch bei Genossen landen können, nicht mal die Fresse voll kriegen … solange wird es Verräterei geben.« Das war eine Anspielung auf die Abtrünnigen Beate Sturm, Karl-Heinz Ruhland, Ulrich Scholze und Peter Homann. Es folgte ein Aufruf an die »Genossen«, Solidarität »gegenüber Gerichten, Polizei, Behörden, Vorgesetzten, Spitzeln, Verrätern« walten zu lassen.

Der Text klang mit einer fast religiösen Beschwörung aus: »Wir müssen nach Möglichkeit unnötige Opfer vermeiden. Alle Menschen in den Reihen der Revolution müssen füreinander sorgen, müssen sich liebevoll zueinander verhalten, einander helfen. DEM VOLK DIENEN! … SIEG IM VOLKSKRIEG! … ALLE MACHT DEM VOLK!«

Ich musste an den von Beate Sturm beschriebenen Umgangston unter Baaders Herrschaft denken. Als liebevoll konnte man den wohl nicht bezeichnen. Mit der zweiten RAF-Schrift sollte aber wohl eines erreicht werden: die Linke zusammenzuhalten, sich auch zukünftig Helfer zu sichern. Warum sonst diese Rechtfertigungen, Erklärungen und Bitten um Solidarität?

Ich sah Licht am Horizont. Anscheinend hatte die Gruppe die Erfahrung gemacht, dass sie keineswegs mehr über ein so weites Sympathisantennetz verfügte wie noch im vergangenen Jahr. Würde sie sich in nächster Zeit zurückhalten und sich erst einmal um erneute Unterstützung für weitere Aktionen bemühen? Oder aus der Isolation und möglicher Verzweiflung heraus die nächste Bombe platzen lassen?

Es platzte die Bombe! Nicht nur eine, sondern mehrere. Insgesamt wurden sechs Sprengstoffanschläge im sogenannten Wonnemonat verübt.

Als Erstes explodierten am 11. Mai in Frankfurt drei Bomben im Hauptquartier des V. US-Korps, zwei in der Eingangshalle, die dritte im Offizierskasino. Zwanzig Meter vor dem Kasino wurde der amerikanische Oberstleutnant Paul A. Bloomquist von Metallsplittern regelrecht zerfetzt. Dreizehn Menschen waren schwer verletzt.

Nur einen Tag später folgten Anschläge auf die Polizeidirektion Augsburg und das Landeskriminalamt in München. Im Abstand von zwei Stunden.

In Augsburg wurden sechs Polizisten und ein Arbeiter verletzt, in München zehn Menschen. Dort war die Bombe nicht im Gebäude, sondern im Kofferraum eines Ford auf dem Parkplatz detoniert, auf den die Beschäftigten nach einem kurz zuvor eingegangenen Anruf gestürzt waren: Eine Frau hatte eine Explosion im Gebäude angekündigt.

Wenige Tage später trafen die Bekennerschreiben der RAF als Eilbriefe bei der dpa in München ein.

Diese sogenannten Kommandomeldungen, auf derselben Erika-Schreibmaschine getippt wie der Baader-Brief vom Januar, gaben den Anschlägen Namen. Für den in Frankfurt erklärte sich ein »Kommando ›Petra Schelm‹« verantwortlich. Es verkündete: »Am Donnerstag, dem 11.5.1972 – dem Tag, an dem die Bombenblockade gegen Nordvietnam begann – hat das Kommando ›Petra Schelm‹ im Frankfurter Hauptquartier des V. Armee Corps der amerikanischen Streitkräfte in Westdeutschland und Westberlin drei Bomben mit einer Sprengkraft von 80 kg TNT zur Explosion gebracht. Für die Ausrottungsstrategen von

Vietnam sollen Westdeutschland und Westberlin kein sicheres Hinterland mehr sein.«

Zu den Anschlägen in Augsburg und München bekannte sich das »Kommando ›Thomas Weisbecker‹«. Der Sohn eines Kieler Professors war einen Tag vor Hans Eckhardts Ermordung in Notwehr von einem Polizisten in Augsburg erschossen worden. Weisbecker hatte sich, wie die anderen vor ihm, der Kontrolle durch sofortigen Gebrauch seiner Schusswaffe widersetzt. In Ulrike Meinhofs Bekennerschreiben las sich das natürlich ganz anders:

»Thomas Weisbecker ist am 2. März in Augsburg im Zuge einer lange vorbereiteten Überraschungsaktion von einem Exekutivkommando aus Münchener Kripo und Augsburger Polizei ohne Anruf und ohne irgendwie reagieren zu können ermordet worden … Die Fahndungsbehörden haben nunmehr zur Kenntnis zu nehmen, dass sie keinen von uns liquidieren können, ohne damit rechnen zu müssen, dass wir zurückschlagen werden … Kampf den Exekutionskommandos der Polizei! Kampf der SS-Praxis der Polizei!«

Der Brief war in Lörrach an die dpa aufgegeben worden. Um Irritationen bei uns Fahndern auszulösen, dachte ich und sollte recht behalten. Es war ein Schweizer Sympathisant gewesen, der unsere Ermittlungen in Richtung seines Landes lenken sollte.

»Die sind doch alle irre im Kopf«, sagte Gerd wütend. »Ballern auf uns und drehen die Sache um. Exekutionskommando der Polizei und SS-Methoden! Sollen unsere Polizisten demnächst auch noch Kameras mit sich führen, um der Bevölkerung anschließend beweisen zu können, wer hier als Erster schießt?«

Mit ihren Hinweisen auf SS-Methoden schienen die Täter ihr kriminelles Handeln unter anderem rechtfertigen zu wollen. Vermutlich glaubten sie inzwischen aber selbst daran. Sie sahen sich schlicht als unsere Opfer und hatten ihre Täterrolle anscheinend gänzlich ausgeblendet.

Als nächstes *ihrer* Opfer hatte die RAF Bundesrichter Wolfgang Buddenberg in Karlsruhe ausersehen. Der Mann, der noch vor wenigen Monaten von den Kommunisten und ihrem Herz mit zwanzig gesprochen hatte, sollte durch eine Autobombe unter dem Beifahrersitz in die Luft gesprengt werden. Normalerweise ließ er sich von seiner Frau Gerda zur Arbeit fahren – an diesem Morgen jedoch stieg sie allein ins Auto. Als sie den Zündschlüssel umdrehte, explodierte die Bombe, die sie schwer verletzte. Hätte ihr Mann neben ihr gesessen – er wäre tot gewesen, ermordet von jenen, für die er vor einiger Zeit noch launige Sprüche übrig gehabt hatte.

Das Bekennerschreiben ließ nicht lange auf sich warten, und der Anschlag wurde darin als eine weitere »Bestrafungsaktion« deklariert. Das »Kommando ›Manfred Grashof‹« schrieb: »Buddenberg, das Schwein, hat Grashof zu einem Zeitpunkt vom Krankenhaus in die Zelle verlegen lassen, als der Transport und die Infektionsgefahr im Gefängnis noch lebensgefährlich für ihn waren. Er hat den Mordversuch an Grashof, der den Bullen nicht gelungen ist, an dem wehrlosen Grashof wiederholt.«

Es folgte die Drohung weiterer Anschläge gegen Richter und Staatsanwälte, bis diese aufgehört hätten, »gegen die politischen Gefangenen Rechtsbrüche zu begehen«.

Der wehrlose Grashof! Dieser Mann hatte, ohne auch nur eine Sekunde lang zu fackeln, meinen Freund Hans Eckhardt erschossen! Inzwischen empfand ich Abscheu vor dem, was diese Leute taten und zu rechtfertigen versuchten, und das Studium der verlogenen »Kommandomeldungen« widerte mich an.

Der nächste Anschlag folgte vier Tage später. Im Axel Springer Verlag in Hamburg ging um kurz nach halb vier Uhr nachmittags ein Anruf ein, der die Detonation einer Bombe in einer Viertelstunde ankündigte. Tatsächlich explodierte nur wenige Minuten später die erste Bombe in der dritten Etage, wo Angestellte die Druckvorlagen für den nächsten Tag korrigierten. Kurz darauf ging die zweite in der sechsten Etage hoch, wo sich die Verlagsleitung von *Bild* befand. Drei weitere – eine davon direkt vor dem Büro Axel Springers – zündeten nicht. Das Resultat: achtunddreißig zum Teil schwer verletzte Mitarbeiter. Die hatte der Anschlag nicht treffen sollen! Also musste die Schuld an der wohl verfrühten Zündung dem publizistischen Hauptfeind in die Schuhe geschoben werden. In dem Bekennerschreiben eines »Kommando ›2. Juni‹« – dies bezog sich auf den Todestag des Studenten Benno Ohnesorg fünf Jahre zuvor – hieß es, dass mehrere telefonische Vorwarnungen nur mit Hohngelächter quittiert worden seien. Der Konzern behaupte, es habe nur einen Anruf gegeben und den viel zu spät. Dies beweise wieder einmal die Verlogenheit der Springer-Presse, die auch die ebenfalls rechtzeitig eingegangene Warnung über Polizeinotruf 110 ignoriert habe. »Springer ging lieber das Risiko ein, dass seine Arbeiter und Angestellten durch Bomben verletzt werden, als das Risiko, ein paar Stunden Arbeitszeit, also Profit, durch Fehlalarm zu verlieren. Für den Kapitalisten ist der Profit alles, sind Menschen, die ihn schaffen, ein Dreck … Wir haben alles versucht, um rechtzeitig räumen zu lassen. Wir sind zutiefst betroffen darüber, dass Arbeiter und Angestellte verletzt worden sind.«

Wieder nur Lügen! Sowohl die Kollegen als auch die Telefonistinnen sagten übereinstimmend aus, dass beide Anrufe wenige Minuten vor dem Anschlag erfolgt waren. Aber die Panne konnte die RAF natürlich nicht auf sich sitzen lassen, zumal – wie sich später herausstellen sollte – die Verfasserin der »Kommandomeldungen«, Ulrike Meinhof, an der Bombenlegung beteiligt gewesen war.

Dem ersten, durch Boten beim NDR eingeworfenen Brief folgten drei gleich lautende Eilbriefe, die an dpa Hamburg, die *Bild*-Zeitung Hamburg und an die *Süddeutsche Zeitung* in München adressiert waren. Sie enthielten einen Zusatz, dessen Abdruck verlangt wurde: »Wir werden unsere Aktionen gegen die Feinde des Volkes erst einstellen, wenn unsere Forderungen erfüllt sind. Enteignet Springer! Enteignet die Feinde des Volkes!«

Knapp eine Woche später, am 24. Mai, folgte in Heidelberg der Bombenanschlag auf das Hauptquartier der US-Streitkräfte in Europa: Zwei Autobomben explodierten auf dem Gelände. Die Bilanz: drei tote und fünf verletzte Soldaten.

Das Kommando »15. Juni« – Todestag von Petra Schelm – teilte dieses Mal mit, dass der Anschlag durchgeführt worden sei, nachdem das Pentagon erklärt habe, für die US-Luftwaffe bleibe in Vietnam künftig kein Ziel ausgenommen. Dann forderte es zur »Solidarität mit dem vietnamesischen Volk« auf: »Zersplittert und zerschlagt die Kräfte des amerikanischen Imperialismus! Sieg im Volkskrieg!«

Diese Nachricht wurde wieder an verschiedene große deutsche Tageszeitungen, Zeitschriften und Rundfunksender per Eilbrief geschickt.

Während wir Ende des Monats die traurige Bilanz zogen: elf Bomben, vier Tote, vierundsiebzig Verletzte, breitete sich im Land Panik aus. Hans-Dietrich Genscher blies Alarm und setzte für Hinweise auf die Bombenleger eine Belohnung von einhunderttausend Mark aus. Die Fahndung der Polizei lief auf Hochtouren. Überall wurden Kontrollen durchgeführt und strengste Sicherheitsvorkehrungen vor öffentlichen Gebäuden getroffen. Der *Spiegel* kommentierte den Ausnahmezustand: »In Ministerien und Behörden, Polizeipräsidien und Industriekonzernen stellt sich genau das ein, was Terroristen erzeugen wollen: Verunsicherung ...«

Die Bevölkerung empfand es nicht anders. Mit der Bombenoffensive, da war ich mir sicher, hatte sich die RAF eines Teils ihrer Sympathisanten in der linken Szene beraubt. Dessen schienen sie sich allerdings nicht bewusst zu sein, denn noch im Bekennerschreiben zum Heidelberger Anschlag hatten sie behauptet: »Die Menschen in der Bundesrepublik unterstützen die

Sicherheitskräfte bei der Fahndung nicht, weil sie mit den Verbrechen des amerikanischen Imperialismus hier nichts zu tun haben wollen.«

Oder dämmerte ihnen langsam etwas?

Am 31. Mai startete die größte Fahndungsaktion, die es bislang in Westdeutschland gegeben hatte, unter dem Namen »Wasserschlag«. Sämtliche im Dienst der Bundesrepublik stehenden Hubschrauber wurden zum Einsatz gebracht. Sie landeten auf Autobahnen, es wurden Straßensperren errichtet und Personen überprüft. Die Republik werde »durchgeklopft«, hatte Horst Herold gesagt, und ich unterließ jegliche ironische Bemerkung über den einstigen Hinweis auf meine »Geisterarmee«. Trotz des Verkehrschaos, das natürlich dadurch entstand, reagierten die Bürger durchwegs positiv. Es war eben ganz und gar nicht so, wie die RAF es sich gedacht hatte. Im Gegenteil: Die Bevölkerung unterstützte die Polizei!

Am Abend desselben Tages wurde ein von Ulrike Meinhof besprochenes Tonband in der Universität Frankfurt vor mehreren hundert linken Studenten abgespielt. Ihre arrogant-überheblichen Erklärungen erschienen mir wie ein letzter Versuch, die »Genossen« zur Teilnahme am bewaffneten Kampf aufzufordern. Die Reaktion: überwiegend Ablehnung.

»Die Bande hat sich den letzten Rest von Solidarität unter den Linken zerbombt«, verkündete ich Gerd am Abend. »Du wirst sehen: Jetzt dauert es nicht mehr lange, und wir haben sie.«

Während dieser Äußerung fiel mir plötzlich der »armselige Steig in die Einsamkeit« ein. »Heute finden wir ihn«, hatte einer von Schiemeks Gebirglern am Morgen des Tages gesagt, an dem wir Eduard von Winterfeld entdeckt hatten. Damals war ich der Ansicht gewesen, dass er mich auf den Arm nehmen wolle oder sich einen makabren Scherz erlaube. Jetzt sah ich es auf einmal anders: Der Mann hatte eine Eingebung gehabt und damit recht behalten. Mir ging es in diesem Augenblick wie ihm. Ich war mir sicher, dass wir sie ganz schnell fassen würden. Einen nach dem anderen. Vielleicht schon morgen.

Das sagte ich zu Gerd, der sich an die Stirn tippte. »Schön wär's. Wieso auf einmal sooo optimistisch?«

»Es ist einfach eine Intuition«, erwiderte ich siegessicher.

Ein Riesenerfolg

Juni und Juli 1972

Der Schlag ins Wasser solle die Fische mal so richtig in Bewegung bringen, hatte mein Präsident Horst Herold gesagt. Darum der Name.

Bewegt hatten *wir* uns. Nicht zu Wasser, sondern zu Lande und in der Luft. Weder zuvor noch danach gab es in der Nachkriegsgeschichte eine derart konzertierte öffentliche Aktion. Aber erst eine Belagerung brachte den gewünschten Erfolg.

Schon vor der Großfahndung hatte es den Hinweis eines Anwohners auf eine Garage am Hofeckweg in Frankfurt gegeben. Nachts waren unsere Beamten hineingeschlichen und hatten in großen Eimern ein graues Pulver entdeckt, von dem sie annahmen, es müsse sich um Sprengstoff handeln. Sie nahmen die Eimer mit, und die Untersuchung im BKA bestätigte ihre Vermutung. Das Pulver wurde durch ein Knochenmehlgemisch ersetzt. Dann brachten die Polizisten die Eimer zurück und legten sich auf die Lauer.

Am frühen Morgen des 1. Juni fuhr nach einigen umständlichen Wendemanövern ein Porsche mit drei Insassen in die Nähe des Hofeckwegs und parkte. Zwei Männer gingen in die Garage, der dritte blieb als Sicherungsposten draußen stehen. Als er sah, dass sich ihm zwei Polizisten näherten, folgte das alte Spiel: Er zog die Pistole, rannte davon und schoss dann auf zwei weitere, ihm entgegenlaufende Polizisten. Die gingen in Deckung, und der Mann verschwand auf einem Gartengrundstück. Hier konnte er gestellt werden, und er gab auf, ohne erneut zu schießen. Es war Jan-Carl Raspe.

Nachdem er abgeführt worden war, begann ein nervenzermürbendes Katz-und-Maus-Spiel. Nach den Schüssen steckte einer der beiden Männer den Kopf aus der Garagentür und zog sich sofort wieder zurück. Die Garage war inzwischen von hundertfünfzig Beamten umzingelt, und die beiden wurden per Megafon aufgefordert herauszukommen. Ein Fahrzeug blockierte den Eingang, und durch Löcher, die man in die Rückwand geschlagen hatte, wurden Tränengaskörper in die Garage geworfen. Tatsächlich öffnete sich die Tür nach einer Weile – die Gaskörper flogen heraus, von hinten warf die Polizei neue nach. Irgendwann mussten sie doch aufgeben!

Ein inzwischen eingetroffener Panzerwagen rollte nun vor und drückte die Tür ein. Den Polizisten trieb der Wind Tränengas in die Augen, und sie wichen zurück. Das war ihr Glück, denn einer der beiden begann jetzt zu schießen. Dank eines im Haus gegenüber postierten Scharfschützen konnte er jedoch schnell außer Gefecht gesetzt werden: Ein gezielter Schuss traf ihn in den Oberschenkel.

Ein Unverletzter kam nun heraus und hob die Hände. Er musste sich bis auf die Unterhose ausziehen und wurde dann abgeführt. Der zeternde, sich wehrende Mann war Holger Meins, der angeschossene Andreas Baader, der Boss der Bande. (Klar, der Porsche passte zu ihm.)

Als er auf die Trage gelegt wurde, schrie er: »Ihr Schweine, ihr Scheißbullen!«

Die Schweine fielen sich vor Freude in die Arme. Gerd jubilierte: »Wir haben sie! Drei der Köpfe! Da knickt der Rest ein. Darauf genehmigen wir uns ein gutes Frühstück!«

Daraus wurde nichts, denn Präsident Herold beorderte mich und einige andere nach Wiesbaden. Per Hubschrauber. Er war bester Laune und schüttelte uns die Hand. »Sie übernehmen den Baader«, sagte er zu mir. »Der macht im Krankenhaus Rabatz.«

Der Bandenboss lag in der Frankfurter Uni-Klinik und sollte per Hubschrauber ins Düsseldorfer Gefängniskrankenhaus geflogen werden.»Wir müssen ihn narkotisieren, um den Gips anlegen zu können«, erklärte mir der behandelnde Arzt.»Aber er weigert sich.«

Ich ließ mich zu Baader bringen. Der offensichtlich halbwegs schmerzfrei gestellte Mann war äußerlich völlig verändert, sein Gesicht aufgedunsen und das Haar blond gefärbt. Um ihn aufzulockern, bestellte ich ihm Grüße von seiner Mutter und Großmutter und betonte, wie sehr diese bei meinem Besuch um ihn besorgt gewesen sei.

Er sah mich verständnislos an.

»Warum lehnen Sie die Narkose ab?«, fragte ich.»Sie werden die Schmerzen bei den Erschütterungen während eines Fluges nicht aushalten.«

»Sie wollen mich dann doch nur aushorchen!«, giftete er.

»Das ist lächerlich«, beruhigte ich ihn.»Einen Menschen in Narkose kann man nicht vernehmen.«

Er traute mir dennoch nicht über den Weg, ließ sich aber schließlich doch von mir überreden. Während sich die Ärzte an die Arbeit machten, ihn betäubten und eingipsten, telefonierte ich mit der Hubschrauberstaffel des Bundesgrenzschutzes in St. Augustin bei Bonn.

Oberst Knorr, der Chef, erklärte umgehend, er werde persönlich kommen, um den Bandenchef nach Düsseldorf zu fliegen. »Das lasse ich mir doch nicht entgehen«, sagte er.»Ich habe zwar letzte Nacht nicht geschlafen, aber ich komme in jedem Fall selbst.«

Ein ausgeschlafener Pilot wäre mir lieber gewesen – aber ich sagte nichts, sondern erklärte ihm nur, wo er auf einem nahe gelegenen Sportplatz landen könne.

In spätestens einenhalb Stunden werde er da sein, versicherte der Oberst.

Dann haben wir fünf Uhr nachmittags, dachte ich. Mein Magen knurrte, aber ich verzichtete auf einen Imbiss und kehrte in den OP zurück. Baaders Wunde mit dem zertrümmerten Oberschenkelknochen war versorgt worden, und er wurde soeben bis zur Hüfte hin eingegipst.

Als Oberst Knorr pünktlich eintraf, verließen wir die Klinik über einen langen Gang im Kellergeschoss durch den Hinterausgang. Auf diese Weise gelang es, den wartenden, zum Teil als Ärzte verkleideten Pressefotografen zu entkommen. Baaders Liege wurde im Hubschrauber arretiert, und ich setzte mich ihm gegenüber, um ihn im Auge zu behalten. Der Oberst gab mir Kopfhörer, um sich mit mir unterhalten zu können. Nachdem ich Knorrs Wissbegier zum Thema Festnahme gestillt hatte, wachte Baader langsam auf und starrte mich an.

»Sind Sie okay?«, fragte ich.

Er nickte matt und schloss die Augen wieder.

Ich ließ den Blick nun aus dem Fenster schweifen und überließ mich meinen Gedanken. Wir flogen am Rhein entlang, über das Siebengebirge, sogar über das Haus, in dem ich wohnte, und ich genoss den Anblick der Landschaft bei schönem Wetter. Plötzlich dachte ich wieder an Gerds Jubelruf, und erst jetzt wurde mir die Tragweite der Ereignisse an diesem Fronleichnamstag bewusst. Wir haben, dachte ich, die entscheidende Schlacht in dem von Baader und seinen RAF-Genossen angezettelten Krieg gegen die Republik gewonnen, welche die überwiegende Mehrheit der Bürger für den freiheitlichsten Rechtsstaat der deutschen Geschichte hielt. Die RAF-Terroristen waren mit ihrem pseudorevolutionären Wahnsystem gescheitert!

Ulrike Meinhof und Gudrun Ensslin würden nicht mehr lange in Freiheit sein, davon war ich überzeugt. Und wenn wir dann die weiblichen »Köpfe« hätten, dachte ich, würde der Rest, wie Gerd gesagt hatte, einknicken. (Wie sollte ich mich doch täuschen!)

Nach der Landung auf dem Gefängnishof fragte der Oberst, ob er warten und mich anschließend nach Bad Godesberg fliegen solle.

Ich lehnte dankend ab. Ich würde die Bahn nehmen, sagte ich, und er solle jetzt endlich einmal schlafen gehen.

Der Arzt der Haftklinik, der Baader in Empfang nahm, hatte Angst. Er fürchtete, ihm und seiner Familie könne Unheil drohen, wenn er den Bandenchef jetzt zur Weiterbehandlung in Gewahrsam nähme. Ich beruhigte ihn und erinnerte an den Eid des Hippokrates. Er zuckte leicht gequält mit den Schultern, und ich hatte den Eindruck, dass zwei ausgewachsene Gorillas ihm als Patienten lieber gewesen wären als unser Gefangener, der sich, inzwischen hellwach, in seiner ganzen Eitelkeit präsentierte. Er bat mich nämlich nun darum, ihm Zeitungen zu beschaffen. Er wollte lesen, was über ihn geschrieben worden war. Wieder einmal im Blickpunkt der Weltöffentlichkeit zu stehen – das war für ihn in diesem Augenblick das Wichtigste.

Trotz des Widerwillens, den ich empfand, erfüllte ich ihm den Wunsch und dachte dabei an seine Mutter und Großmutter. Ich tat es gewissermaßen ihnen zuliebe und wusste, wie froh die beiden sein würden, dass »der Andi« noch am Leben war. Das würde er auch bleiben. Im Knast war er sicher – und das auf lange Sicht. Glaubte ich …

Ich verließ den bangenden Arzt und seinen egomanischen Patienten und fuhr mit der Bahn nach Bad Godesberg. Inzwischen war mir vor Hunger ganz schwach zumute, und ich beschloss, mir etwas Gutes zu gönnen, um den Sieg für mich allein zu feiern. Im Nobelrestaurant »Maternus« empfing mich dessen stadtbekannte Besitzerin Rita aufs Herzlichste, und ich bestellte mir einen Trollinger und ein saftiges Steak.

Das hätte ich auch verdient, meinte sie, aber ich wehrte ab. Es waren die Kollegen an der Front gewesen, die es sich hoffentlich heute Abend ebenso gut gehen ließen wie ich. *Sie* hatten bei der Schießerei ihr Leben eingesetzt – nicht ich.

Es war fast neun Uhr abends, als ich mein köstliches Mahl beendet hatte, und dennoch beschloss ich, noch einmal im Dienstgebäude vorbeizuschauen. Dort herrschte helle Aufregung. »Wo warst du so lange?«, fragte Gerd und zerrte mich am Arm ins Zimmer von Karl Schütz. »Der Genscher ist da, der Kohl und Ertl. Die wollen unbedingt von dir hören, wie das mit dem Baader abgelaufen ist.«

Also berichtete ich dem Innenminister, dem Oppositionsführer und dem Landwirtschaftsminister über die Ereignisse der letzten Stunden, und alle waren sich einig, dass die entscheidende Schlacht geschlagen worden war.

»Ach«, rief Karl Schütz aus, »wie war das noch mit dem Prinzen von Homburg, Fred? Der griff ohne Befehl des Königs in die Schlacht ein und gewann, nicht wahr?«

»Schon«, erwiderte ich irritiert. »Aber das kann man doch jetzt nicht vergleichen.«

»Wir haben gehört, dass einer der Kollegen vor Ort sagte, er hätte alle drei erschießen können. Und hätte es am liebsten getan«, flüsterte Gerd mir zu.

Nun – er hatte es nicht getan und somit im Sinne des Rechtsstaates gehandelt. Und nicht einmal gegen einen Befehl.

Und wenn er es doch getan hätte? Wären die folgenden Jahre dann anders verlaufen?

Zwei Tage später sagte der Soziologe Oskar Negt in seiner Rede auf der Angela-Davies-Kundgebung in Frankfurt: »Die Fanale, die sie mit ihren Bomben setzen wollen, sind in Wirklichkeit Irrlichter ... Und weil diese Gruppen den Bedürfnissen des Systems entgegenkommen, alle sozialistische Politik zu kriminalisieren, sollten sie ihren aussichtslosen Kampf einstellen und ihre Niederlage offen eingestehen, um nicht noch andere, vor allem Jüngere, in selbstmörderische Abenteuer hineinzuziehen.«

Ein eindeutiger Appell an den Rest der »Rote Armee Fraktion«!

Am nächsten Tag rief mich Holger Meins' Vater an. Er hatte seinen Sohn im Krankenhaus besuchen dürfen und berichtete empört, dass dessen Körper voller Blutergüsse, Prellungen und

Schlagstellen gewesen sei. »Herr Klaus«, sagte er mit bebender Stimme, »ich habe im Fernsehen die Verhaftung verfolgt. Da war Holger ja fast nackt, und es war kein einziger Fleck an ihm zu sehen. Ich habe ihn gefragt, was passiert ist, da wollte mich der Bewacher rausschmeißen. Ich habe mich geweigert, und als der Mann dann hinausging, um seinen Vorgesetzten zu holen, hat mir Holger schnell berichtet. Unglaublich – es waren Polizeibeamte, die ihn auf der Wache so zusammengeschlagen und getreten haben. Acht gegen einen Wehrlosen! Das können Sie doch nicht zulassen!«

Ich war entsetzt. So etwas durfte nicht passieren! Ich entschuldigte mich für das Verhalten der Kollegen, versuchte aber Wilhelm Meins zu erklären, dass Polizisten auch nur Menschen seien und dass die Terroristen einige ihrer Kollegen erschossen hätten.

Zögernd stimmte er zu, und ich merkte, dass er mit den Tränen kämpfte. »Jedenfalls lebt der Junge noch«, sagte er und fügte hinzu: »Bitte melden Sie den Vorfall Ihrem Präsidenten. So etwas darf sich nicht wiederholen.«

Es war nicht die erste Beschwerde, die ich zu hören bekam. Zwei Monate zuvor hatte sich Astrid Proll mit einem Brief an mich gewandt und sich bitterlich über ihre Isolationshaft beklagt. Sie saß im sogenannten toten Trakt, dem unbelegten Lazarettflügel der Haftanstalt Köln-Ossendorf.

Unter anderem schrieb sie in zum Teil fehlerhaftem Deutsch: »… ich habe während meiner elfmonatigen Haftzeit weder eine Meuterei angezettelt noch mit Kampfparolen agitiert. Die Gefängnisleitung unterdessen hat mir durch ihre unreflektierten Ängste einen hohen Popularitätswert beigemessen. Mein jetziges Überleben ist häufig ein direktes Ergebnis wirksame, innere Widerstandsmethoden zu entwickeln. Im Widerstand mit der Gefängnisleitung wäre ich manches Mal gezwungen, ganz offen jene Gefängnisgesetze zu verletzen, die direkt oder indirekt meine Unterdrückung verstärken. Aber auch wenn ich meinen

Widerstand auf den Bereich der Legalität eingrenze, werde ich als Kriminelle gebrandmarkt und methodisch mittels dem gesetzmäßigen Apperats der Gefängnisinstitution verfolgt. Diese Zelle halte ich nicht aus. Nur in dem Gefängnis Köln ist eine derartige Einzelunterbringung möglich. Die Haftbedingungen meiner Genossen sind mir in diesem verschärften Stadium nicht bekannt.

Ich spreche Sie an, weil Sie flexibel sind (bis zu einem gewissen Grad) und genauer von den näheren Umständen meiner Person informiert sind.

Ich kann meine baldige Absicht, mich zu den Vorhaltungen der Ermittlungsbehörden zu äußern, unter diesen Bedingungen nicht einlösen. Ich bin nicht so einfältig, die Bedingung innerhalb der Anstalt verlegt zu werden, daran zu knüpfen, sondern diese Bedingung ist unabänderlich mit der gesetzlichen Betreuung meiner Person und der Konzentrationsfähigkeit meiner Verteidigungsarbeit verbunden.

Ich bitte um Ihren Besuch!«

Wenige Wochen zuvor hatte ich sie gemeinsam mit ihrem Vater besucht, und mir war aufgefallen, wie erschöpft sie wirkte. Keine Spur mehr von der Frau, die in einem Brief an den Kommunarden Dieter Kunzelmann geschrieben hatte, sie habe sich noch nie so frei gefühlt wie mit einer Waffe in der Hand. Sie hatte sich vage über die Gruppe und ihr Verhältnis zu den einzelnen Mitgliedern geäußert, so dass ich gehofft hatte, sie zu weiteren Aussagen bewegen zu können. Im Augenblick sah es wohl eher nicht danach aus. Ich beschloss, ihrer Bitte Folge zu leisten und mich persönlich über die Gründe für ihre Einzelhaft zu informieren.

In dem Gespräch, das in Gegenwart einer Soziologin stattfand, erklärte Astrid Proll, sie habe sich lediglich durchs geöffnete Fenster mit ihren Zellennachbarinnen unterhalten und dabei einem Mädchen auf deren Frage hin erklärt, was unter der »Roten Hilfe« zu verstehen sei. Dies sei gemeldet worden, weil man wohl politische Beeinflussung vermutet habe. Außerdem hätten sich ältere weibliche Häftlinge schriftlich über Ruhestörung beschwert. Dann erklärte sie eindringlich, dass sie die isolierte Unterbringung einfach nicht ertrage. Die absolute Stille treibe sie in den Wahnsinn. Das sei Psychoterror der Anstaltsleitung.

Ich konnte nicht umhin, ihr klarzumachen, dass sie die Anstaltsordnung verletzt hatte, dass die Maßnahme somit als gerechtfertigt zu betrachten sei, und fragte sie, was sie nun von mir erwarte.

Sie wolle in den bewohnten Gefängnistrakt zurückkehren oder in eine andere Anstalt, erwiderte sie. Dafür solle ich mich bitte beim Leiter, Herrn Bücker, einsetzen. Zugleich betonte sie, dass sie nicht gewillt sei, umfassend auszusagen oder Mitbeschuldigte zu belasten.

Ich wies sie darauf hin, dass sie sich selbst helfen könne, indem sie zu den ihr vorgeworfenen Taten Stellung nähme, und sogar Anspruch darauf habe, die gegen sie vorliegenden Verdachtsgründe zu entkräften.

Mein anschließendes Gespräch mit dem Anstaltsleiter mündete in dessen klare Aussage, man habe keinesfalls die Absicht, Astrid Proll in ihre alte Zelle zurückzuverlegen. Er bestand darauf, dass sie politisch agitiert hatte und dass sich junge Häftlinge seither ihrer Terminologie bedienten. Die Verlegung in eine andere Anstalt schien ihm sehr begrüßenswert.

Nun denn – darauf würde es wohl hinauslaufen. Andreas Baader sollte nach Schwalmstadt gebracht werden, Holger Meins saß in Wittlich und Jan-Carl Raspe in Köln. Sie hatten keine Chance mehr, miteinander zu kommunizieren. Was würden nun wohl die beiden Frauen, Ulrike Meinhof und Gudrun Ensslin, unternehmen? Eine Befreiungsaktion, wie sie seinerzeit in Berlin mit Baader geglückt war, konnte es nicht mehr geben. Ob sie am Ende ohne ihren Boss die Flinte ins Korn werfen würden? Wohl kaum. Aber vielleicht machten sie Fehler, die uns eine Festnahme erleichtern könnten.

Der nächste Coup

Eine Woche nach der Verhaftung von Baader, Meins und Raspe wurde am 7. Juni um die Mittagszeit Gudrun Ensslin in Hamburg festgenommen. Sie war der Geschäftsführerin einer Modeboutique – »Linette« am Jungfernstieg – schon beim Betreten des Ladens aufgefallen. Dünn und krank habe sie ausgesehen, gab sie zu Protokoll. Die Kundin hatte ihre Lederjacke auf ein Sofa geworfen und war dabei, in einer Kabine Pullover anzuprobieren. Die Geschäftsführerin wollte die Jacke beiseiteräumen, um Platz zu schaffen, und stellte dabei fest, dass sie sehr schwer war. Sie griff in die Tasche und zog eine Pistole hervor. Zutiefst erschrocken rief sie die Polizei und schaffte es mit einem Ablenkungsmanöver, die Verdächtige kurz in der Boutique aufzuhalten. Dann stürmten bereits zwei Streifenbeamte in den Laden. Die Kundin versuchte, sich an den Männern vorbei durch die Tür zu schieben, wurde aber festgehalten. Als sie daraufhin mit der Hand in die Jackentasche fuhr, riss einer der Polizisten ihr geistesgegenwärtig den Arm hoch, und beide hielten die sich heftig wehrende Frau fest. Erst nachdem eine weitere Streife eingetroffen war, gelang es, sie zu überwältigen. Es wurden zwei Schusswaffen sichergestellt. Nach Abnahme der Fingerabdrücke auf dem Revier war klar, dass man Gudrun Ensslin erwischt hatte.

Nun fehlte uns nur noch die Dritte im B/M-Kader: Ulrike Meinhof. Ich stellte mir vor, dass sie abtauchen und sich eine Weile versteckt halten würde. Wir rechneten nach: Von neununddreißig uns bekannten Mitgliedern der RAF waren inzwischen siebenundzwanzig verhaftet und zwei erschossen worden. Übrig blieben also zehn.

Zwei Tage später waren es nur noch acht: Brigitte Mohnhaupt und Bernhard Braun wurden in Berlin gefasst.

»Acht kleine Negerlein ...«, summte Gerd zufrieden. »Es geht jetzt Schlag auf Schlag. Ich sagte ja, wenn die Köpfe weg sind, dann bricht das System zusammen. Die Meinhof allein kann das nicht mehr steuern. Die war doch schon vor langer Zeit fertig, wie du sagtest, Fred.«

Vielleicht dachte sie auch an Flucht ins Ausland? Zumindest hatte sie zunächst genau das getan, was ich vermutet hatte: sich versteckt halten wollen. Doch das misslang.

In Hannover meldete sich am 14. Juni der Lehrer Fritz Rodewald und berichtete, dass ihn am Tag zuvor eine junge Frau um Unterkunft für zwei Freunde gebeten hatte. Er habe eingewilligt, sich dann jedoch Sorgen gemacht, dass man Baader/Meinhof-Leute bei ihm unterbringen wolle. Er sei, sagte Rodewald, der aus seiner linken politischen Überzeugung keinen Hehl machte, zu dem Schluss gekommen, dass er die RAF, die einen falschen Kurs eingeschlagen habe, keinesfalls unterstützen wolle.

Das Sympathisantennetz löste sich auf. So, wie ich es mir erhofft hatte.

Am nächsten Tag lagen die Beamten vor seiner Wohnung in Hannover-Langenhagen auf der Lauer, und am späten Nachmittag erschien dann endlich ein Pärchen, bepackt mit Taschen und einem Koffer. Als niemand öffnete, drückten sie das Fenster der Wohnungstür auf und verschafften sich auf diese Weise Einlass. Als kurze Zeit darauf der Mann die Wohnung verließ und in einer Telefonzelle verschwand, griffen die Beamten zu. Zwar hatte er noch versucht, eine Pistole zu ziehen, doch unsere Leute waren schneller und überwältigten Gerhard Müller, einen der an der Ermordung des Polizisten Norbert Schmid beteiligten Täter.

Anschließend klingelten die Beamten an der Wohnungstür des

Lehrers. Eine schwarz gekleidete Frau mit kurzem, struppigem Haar öffnete und wurde sofort in den Polizeigriff genommen. Sie schimpfte wie Andreas Baader, aber das half ihr nichts.

Die elend aussehende, abgemagerte Frau hatte kaum noch Ähnlichkeit mit der Ulrike Meinhof, wie wir sie von früheren Fotos kannten. Da uns keine Fingerabdrücke zur Verfügung standen, konnte ihre Identität erst durch eine Röntgenaufnahme des Kopfes festgestellt werden: Sie stimmte mit der, die 1962 nach ihrer Gehirnoperation gemacht worden war, überein.

»Sechs kleine Negerlein ...«, frohlockte Gerd, und schon wenige Tage später war er bei »drei« angelangt. Siegfried Hausner war in Stuttgart verhaftet worden, und Anfang Juli gingen uns in Offenbach auch Klaus Jünschke und Irmgard Möller ins Netz. Ein einstiger RAF-Sympathisant hatte ein Treffen mit den beiden an die Polizei verraten.

Mir gab inzwischen ein zweiseitiger, auf einer Schreibmaschine IBM Dualgotic getippter Kassiber von Gudrun Ensslin an Ulrike Meinhof Rätsel auf. Er war bei deren Verhaftung in ihrer Jacke gefunden worden. Wie war es möglich, dass Gudrun Ensslin, die in strenger Einzelhaft in der Justizvollzugsanstalt Essen einsaß, nur wenige Tage nach ihrer Verhaftung ein Schreiben hatte aus dem Gefängnis schmuggeln und abtippen lassen können? (Eine Schreibmaschine befand sich nicht in ihrer Zelle.)

Die einzige Möglichkeit, dieses Papier aus der Anstalt herauszubringen, hätte ihr Anwalt Otto Schily gehabt – der jedoch bestritt seine Beteiligung vehement. Wie aber sonst hätte der Kassiber aus dem Gefängnis gelangen können? Ich glaubte dem Anwalt nicht und bekam eine erste Ahnung davon, was in Zukunft auf uns zukommen könnte. Hatte der RAF-Kader vor, aus der Haft heraus zu agieren? Mit Hilfe willfähriger Anwälte?

Gudrun Ensslin erteilte in dem Kassiber klare Anweisungen, mit deren Entschlüsselung ich mich nun befasste:

»Liesel d -> Sack HUT – Befehl, mach die Fresse zu u. bleib i. Loch.«

Ich vermutete, dass dies die Aufforderung an Ulrike Meinhof, Deckname »Liesel«, war, sich zu verkriechen. Im Sack – gemeint war sicherlich eine konspirative Wohnung.

Ferner gab Gudrun Ensslin die Anweisung, sich um die Miete für eine konspirative Wohnung (»Laube«) zu kümmern: »dem Mieter der Laube ... jetzt schon 680. – i. Briefkasten zu werfen für Juli. ... Ha [Hardy = Gerhard Müller]: noch 2 # [Anschläge] davon 1 Mal Amerika (möglichst!) und einmal wie besprochen und wäre sinnvoll in Liesels Stadt; aber erst weg, sofort; vom Fass [eine andere Wohnung] aus ebenso machen ... Ferner: Laube räumen 2 Phasen: wichtiges wie gehabt (Sack) in d. Mühle ... 2. Phase auf jeden Fall Mitte [ein RAF-Helfer] = Reinigungsfirma, aber Vorhänge + vorcleanen selbst. Laube muss aufgegeben werden ...«

Dann beschrieb die Ensslin ihre Verhaftung: »... da war die Idee andere Klamotten, mit d. Taxi in die Innenstadt, Spur verwischen, Unsicherheit (die bei klarem Kopf nicht notwendig war) in Bezug auf Ortskenntnis. Dann i. d. Laden hab ich nur noch Scheiße im Hirn gehabt, erregt, verschwitzt etc. Sonst hätte ich ticken müssen, ich hab aber gepennt; ging auch irre schnell, ... ich gepennt, sonst wäre jetzt eine Verkäuferin tot (Geisel), ich und vielleicht zwei Bullen ...«

Ja, sie musste ziemlich durcheinander gewesen sein. Wie sonst hätte sie einfach ihre Jacke mit der Pistole darin im Laden liegen lassen können?

Anschließend beschrieb sie, wie man sie gegen ihren Willen fotografiert hatte: »4 Std später Fotos ... ich sah kein verdächtiges Loch in der Wand ... ich immer Kugel ... da entstanden Bilder, als sie raus waren und ich die Zigarette sah und eine rauchte usw.«

Sie hatte sich tatsächlich zusammengerollt, um Fotos von ihrem Gesicht zu verhindern. Doch dann waren die Beamten hinausgegangen und hatten Zigaretten liegen lassen. Während sie eine davon rauchte, war sie durch ein Loch in der Wand fotografiert worden. Anschließend hatte man sie sofort mit einem Hubschrauber der Hamburger Polizei in die Vollzugsanstalt Essen geflogen.

Im folgenden Textgewirr bemerkte ich das falsch geschriebene Wort Interview. »Intervieuw« stand da. Ich stutzte. Das war mir doch schon einmal in einem Text aufgefallen. Ich dachte eine Weile nach – dann fiel es mir ein: Das falsche »Intervieuw« hatte in einem Brief aus der Kanzlei des Berliner Rechtsanwalts Hans-Christian Ströbele, einem der RAF-Verteidiger, gestanden. Damit war für mich der Fall klar: Es musste der mit Ströbele in engem Kontakt stehende Anwalt Otto Schily gewesen sein, der Ensslins Kassiber hinausgeschmuggelt hatte. Er war in der Kanzlei getippt und weitergeleitet worden.

Ich überließ den Kassiber zur weiteren Entschlüsselung der kryptischen Botschaften Kollegen im BKA und sandte per Fernschreiben einen Bericht an die Bundesanwaltschaft, in dem ich ihr meinen dringenden Verdacht hinsichtlich der Person des Schmugglers mitteilte. Obwohl Otto Schily weiterhin nachdrücklich bestritt, etwas mit der Sache zu tun zu haben, wurde er von der weiteren Verteidigung ausgeschlossen. (Das Bundesverfassungsgericht hob diesen Beschluss allerdings im Februar 1973 wieder auf, weil es keine rechtliche Grundlage für einen Verteidigerausschluss gab.)

Kurz nachdem Ulrike Meinhof in die Anstalt Köln-Ossendorf eingeliefert worden war – sie saß in der Zelle von Astrid Proll, die man in den Männertrakt verlegt hatte –, überwachte ich einen Besuch ihrer Schwester Wienke.

Ulrike Meinhof reagierte feindselig und beschwerte sich über meine Anwesenheit als Mitglied der Sicherungsgruppe. Obwohl sie selbst die Frage nach der Identifizierung Baaders aufbrachte, behauptete sie später, *ich* hätte sie mit unzulässigen Fragen gequält. Ein unerfreuliches Zusammentreffen!

Ich erinnerte mich anschließend an den Besuch mit Wilhelm

Meins bei seinem Sohn Holger, kurz nachdem dieser in die Haftanstalt Koblenz eingewiesen worden war. Vater Meins kam nach Bonn, und wir fuhren hinauf zu der in einer alten Festung untergebrachten Anstalt. Die Begegnung zwischen Vater und Sohn empfand ich als ebenso berührend wie seinerzeit das Wiedersehen von Astrid und Konrad Proll. Über Holgers Äußeres verlor der Vater kein Wort. Dabei war der Sohn auffallend ungepflegt. Sein Haar hing in Strähnen herunter, und die ebenfalls langen Fingernägel waren dreckig. Ich hatte bei diesem ersten und letzten Mal, da ich ihn sah, schon den Eindruck, als habe er sich aufgegeben. Und das, obwohl er sich beim Vater nach seinen Freunden erkundigte und wissen wollte, was sie über sein Leben im Untergrund sagten. »Wer zu uns kommt, muss die Brücken zu seiner bürgerlichen Vergangenheit abbrechen«, fügte er hinzu und wirkte dabei zugleich so, als läge ihm viel an Freunden und Familie. (Und doch hat niemand aus seinem engeren Kreis ihn retten können.) Beide schienen sich nicht im Geringsten durch meine Anwesenheit gestört zu fühlen. Eine gänzlich andere Erfahrung als die während des Besuchs bei Ulrike Meinhof. Und dabei hatte ich mir doch gerade über *sie* so viele Gedanken gemacht.

Die kurz darauf folgende Visite galt wieder einer Besuchsüberwachung ihrer Schwester. Sie wurde von Justizinspektor Spicker darauf hingewiesen, dass sich Frau Meinhof seit drei Tagen im Hungerstreik befinde und ihr somit vom Arzt Zigaretten untersagt worden seien. Er bestand darauf, dass die eigens von Wienke aus dem Anstaltsautomaten beschafften zwei Packungen zunächst in Verwahrung genommen werden müssten.

Als Ulrike Meinhof den Raum betrat, bot ich ihr einen Stuhl an. Doch sie lehnte ihn brüsk ab und setzte sich stattdessen auf den Tisch. Sie wechselte nur wenige Worte mit ihrer Schwester – dann bat sie um Zigaretten.

Kaum auf das Rauchverbot hingewiesen, stürzte sie sich auf die am Boden liegende Handtasche der Besucherin und griff nach einer angebrochenen Schachtel. Spicker wollte sie ihr wegnehmen, doch sie leistete heftigen Widerstand. Was sollte ich tun? Ich war zur Amtshilfe verpflichtet, redete begütigend auf sie ein und hielt sie dabei von hinten an beiden Handgelenken fest. Es gelang Spicker, ihr die Schachtel zu entwenden, und ich ließ sie los. Daraufhin holte sie mit der Faust aus, und mich traf ein heftiger Schlag am Arm.

Aufgebracht erklärte Spicker den Besuch für beendet.

»Nicht doch«, wandte ich ein.

Er starrte mich fassungslos an. »Wollen Sie sich etwa von Frau Meinhof schlagen lassen?«

»Schon in Ordnung«, sagte ich und bot der Wütenden erneut den Stuhl an, aber die verabschiedete sich nur kurz von ihrer Schwester und verließ den Raum. Doch gleich darauf kehrte sie zurück. Sie weinte und sagte zu Wienke: »Bitte, bewerte mein Verhalten nicht falsch. Aber wenn ich diese Typen um mich herum sehe, werde ich einfach von Wut gepackt.«

Dann nahm sie erneut von der Besucherin Abschied und wurde in ihre Zelle zurückgeführt. Verwirrt verließ nun auch die Schwester den Raum, und Spicker tippte sich an den Kopf.

»Frau Meinhof macht auf mich einen körperlich und seelisch desolaten Eindruck«, sagte ich.

Er nickte. »Da haben Sie wohl recht.«

Sie befand sich in meinen Augen in einem heillosen Zustand. Umso erstaunter war ich bei meinem nächsten Besuch eine Woche später.

Als ich ihr in Gegenwart eines Diplompsychologen vom BKA und wiederum von Justizinspektor Spicker im Besucherraum gegenübersaß, wirkte sie auf mich erleichtert. Hatte sie sich mit ihrem Schicksal abgefunden? Für die seit zwei Jahren Gejagte hatte das zermürbende Spiel jedenfalls ein Ende gefunden. Wie aber würde sie auf das Leben im Gefängnis reagieren? Sie war noch niemals eingesperrt gewesen und saß nun auch noch in Einzelhaft. Den Hungerstreik hatte sie anscheinend abgebrochen. Zumindest begegnete sie mir an diesem Tag relativ aufgeschlossen und zeigte sich erfreut, weil ich ihr – Anlass des Besuches – zwei Brillen mitgebracht hatte. Sie seien von ihrem Optiker in Hamburg zur Verfügung gestellt worden, erklärte ich ihr, aber als sie die Empfangsbestätigung unterzeichnen sollte, zögerte sie. Das mache sie misstrauisch, gab sie als Begründung an.

Daraus entwickelte sich eine Unterhaltung, bei der ich ihr nahelegte, ihr Feindbild zu revidieren. Es sei doch besser, miteinander zu reden, als aufeinander zu schießen, sagte ich und schilderte ihr, wie ich im vergangenen Jahr durch Gespräche mit Angehörigen von Gruppenmitgliedern versucht hatte, deren fortschreitende Verstrickung in kriminelles Unrecht und weiteres Blutvergießen zu verhindern.

»Ach«, sagte sie, »dann sind Sie also der Familienbulle.«

Danach entschuldigte sie sich für ihr aggressives Verhalten bei meinem letzten Besuch und erklärte es mit Wasserentzug, der ihr arg zugesetzt habe. Außerdem habe sie sich beim ersten Mal von mir ausgehorcht gefühlt. Dann begann sie eine Diskussion über die Sicherungsgruppe als »Geheime Staatspolizei« und versuchte die Frage zu erörtern, ob die Verhältnismäßigkeit der Mittel oder die Effizienz ihrer Arbeit im Vordergrund stehe.

Darauf mochte ich mich nicht einlassen und fragte sie abschließend, ob ich ihr bei der Beschaffung von Büchern behilflich sein könne.

Sie zögerte und musterte mich irritiert. Dann wünschte sie sich den vierten Band der *Ausgewählten Werke* von Mao Zedong und *Die Gesellschaft und das Böse* von Arno Plack. Letzteres besaß ich selbst und schlug vor, es ihr zu leihen.

»Sie bringen mir Ihre privaten Bücher?«, fragte sie erstaunt.

»Nur geliehen«, erwiderte ich und erzählte ihr, dass ich vor Jahren einem eingesperrten Mitglied der verbotenen KPD zu Weihnachten Plätzchen und einen Tannenzweig mit einer Kerze ins Gefängnis gebracht hätte. In Begleitung meines kleinen Sohnes. Und wie unbändig der Mann sich darüber gefreut habe.

Sie schüttelte ungläubig den Kopf. Ich passte wohl nicht so recht ins Bild des »bösen Bullen«, auf den man sofort schießen konnte. Das freundliche Gespräch sollte sich niemals wiederholen. Binnen kurzem war Ulrike Meinhof umgeschwenkt, und ich war, wie alle anderen Kollegen, wieder nur ein »Schwein«, mit dem man nicht sprach. Die RAF-Gefangenen hatten sich mit Hilfe der »roten Anwälte« auf diese hasserfüllte Verhaltensweise als wichtigen Teil ihres Widerstands festgelegt.

Die zum Teil ausufernde Aggressivität der Gefangenen mussten allerdings hauptsächlich die JVA-Beamten und -Angestellten über sich ergehen lassen. Sie wurden entweder ignoriert oder mit höhnischer Verachtung behandelt, gelegentlich auch körperlich angegriffen und beschimpft. So schlug Ulrike Meinhof einer Beamtin mit einer Klobürste auf den Kopf, und Astrid Proll trat einer Wärterin in den Bauch. Eine andere Justizbeamtin musste zusehen, wie der Schnittlauch, den sie Margrit Schiller in einem Topf mitgebracht hatte, auf dem Flur vor deren Zelle vergammelte. Sie hatte Schnittlauch aus dem Gefängnisladen haben wollen. Da es dort keinen gab, hatte die Beamtin welchen aus ihrem Garten geholt. Die freundlich gemeinte Geste war offensichtlich als Test zur Kollaborationsbereitschaft missdeutet worden. (Was sich durch eine entsprechende Aussage später bestätigte.)

Die Beamten und Angestellten der verschiedenen Anstalten waren angesichts des Verhaltens dieser Häftlinge ratlos. Sie kannten so etwas nicht. Dass sie überdies entsetzt auf den Gossenjargon reagierten, den diese, wie sie sagten, »Leute aus gutem Haus« benutzten, war nur allzu verständlich. Warum verscherzten sich die Gefangenen auch hinter Gittern jeglichen Hauch von Verständnis? Sie waren keine Gruppe mehr – jeder von ihnen musste allein mit der Situation zurechtkommen.

In den frühen Morgenstunden des 5. September 1972 ereignete sich während der Olympischen Spiele in München ein neuer Anschlag: Ein Kommando der palästinensischen Terrororganisation »Schwarzer September« brach ins Quartier der israelischen Mannschaft im Olympischen Dorf ein und erschoss zwei Sportler. Neun andere wurden als Geiseln genommen. Die Kidnapper forderten die Freilassung palästinensischer Gefangener in Israel, aber auch die von Andreas Baader und Ulrike Meinhof. Das von Millionen Fernsehzuschauern in aller Welt verfolgte Drama, bei dem Bundesinnenminister Genscher vergeblich mit den Geiselnehmern zu verhandeln versuchte, endete schließlich mit siebzehn Toten: Elf Israelis, ein deutscher Polizist und fünf Terroristen kamen ums Leben. Organisator des Schreckens war – laut israelischem Geheimdienst – der Mann, der unter dem Namen Abu Hassan Mitglieder der Baader-Meinhof-Gruppe im jordanischen Palästinenserlager ausgebildet hatte.

Ich vermutete, dass die Terroraktion Triumphgefühle bei den RAF-Gefangenen ausgelöst hatte, und bekam die Bestätigung bald schwarz auf weiß. An diversen Universitäten lag eine Druckschrift aus. Der Titel: »Die Aktion des Schwarzen September in München – Zur Strategie des antiimperialistischen Kampfes«. Im Text wurde der Anschlag als beispielhaft gelobt, seine revolutionäre Strategie des antiimperialistischen Kampfes gewürdigt und festgestellt, dass die westdeutsche Linke hierin ihre Identität wiederfinden könne.

»Die Genossen vom Schwarzen September haben ihren eigenen Schwarzen September 1970 – als die jordanische Armee über 20 000 Palästinenser hingemetzelt hat – dahin zurückgetragen, wo dieses Massaker ursprünglich ausgeheckt worden ist: Westdeutschland – früher Nazideutschland – jetzt imperialistisches Zentrum. Dahin, von wo aus die Juden aus West- und Osteuropa nach Israel auszuwandern gezwungen worden sind – dahin, von wo Israel sein Wiedergutmachungskapital bezog und bis 1965 offiziell Waffen. Dahin, wo der Springerkonzern Israels

Blitzkrieg im Juni 67 als antikommunistische Orgie gefeiert hat.«

Die dritte RAF-Schrift!, war mein erster Gedanke, und als Verfasserin kam für mich niemand anderes infrage als diejenige, die schon die beiden ersten geschrieben hatte: Ulrike Meinhof. Wie war das Schreiben aus dem Gefängnis gelangt? Vermutlich auf demselben Weg wie wenige Monate zuvor der Kassiber von Gudrun Ensslin: durch einen Anwalt. Auf diese Weise, so kombinierte ich, wäre es ihnen möglich, untereinander zu kommunizieren und auch verbliebene Genossen in Freiheit zu dirigieren. Wie viele mochten es sein, von denen wir noch nichts wussten?

»Du denkst, du hast der Hydra den Kopf abgeschlagen«, sagte ich zu Gerd, »aber schon wachsen die nächsten nach.«

»Hydra?«

»Ein Ungeheuer aus der griechischen Mythologie. Die neunköpfige Wasserschlange, der für jeden Kopf, den man ihr abschlägt, zwei neue nachwachsen. Und der neunte ist unsterblich. Aber Herakles hat sie dennoch besiegt.«

»Dann könntest du doch zum Herakles mutieren«, witzelte er.

»Es sei denn, Herold macht dir die Rolle streitig.«

»Wir kämpfen alle zusammen, Gerd. Herakles hat's auch nicht allein geschafft.«

Zellenzirkulare

Frühjahr und Sommer 1973

Im Oktober 1972 hatte ich einen Vortrag vor Staatsanwälten gehalten und mit den Worten geschlossen: »Die Bomben der RAF haben zum Sieg der politischen Vernunft unter den Linken beigetragen. Es bleibt zu hoffen, dass bewaffnete Gewalt und Terror sich als Mittel der politischen Auseinandersetzung in unserem Lande nicht wiederholen. Ob diese Hoffnung sich erfüllt, hängt nicht von der Polizei, sondern von den Politikern ab.« Aber was taten die? Sie bewilligten die von Präsident Herold angemahnten Mittel zur Aufrüstung seiner Behörde und gingen dann in dem Glauben, damit sei ihre Aufgabe erfüllt, zur Tagesordnung über. In den folgenden Jahren durften *wir* uns weiter mit der RAF herumschlagen.

Ende 1972 musste Andreas Baader in Berlin als Zeuge in einem der Prozesse gegen Horst Mahler aussagen. Und er sollte, wie auch Ulrike Meinhof und Astrid Proll, auf Antrag der Verteidigung über Haftbedingungen Auskunft geben. »Ab heute«, erklärte er, »fresse ich nichts mehr, bis sich die Bedingungen geändert haben.« In der Folge begann am 17. Januar der erste von mehreren Hungerstreiks, der einen Monat dauern sollte.

Wer zum Abbruch geblasen hatte, erfuhren wir im Frühjahr durch ein Rundschreiben des Anwalts Hans-Christian Ströbele. Dass es in unsere Hände geriet, war allerdings wohl kaum erwünscht gewesen.

»Fasst man's denn?«, fragte Gerd kopfschüttelnd. »Da lassen die das Ding einfach auf die Straße flattern!«

Ja, so war es wohl gewesen. Hatten die Anwälte in Berlin auf dem Balkon gesessen und ihre Papiere davonwehen lassen? Eine Passantin hatte das Schreiben jedenfalls aufgefangen und zur Polizei gebracht. Es war unter anderem an die Kollegen Kurt Groenewold und Rupert von Plottnitz gerichtet sowie an die Häftlinge Baader, Ensslin, Grashof, Meinhof, Grundmann, Meins, Möller, Müller, Proll und Raspe und enthielt folgende Mitteilung:

»Liebe Genossen,
zurück von meiner Gewalttour fasse ich gesprächsskizzenhaft zusammen:
Zum Abbruch des Hungerstreiks.
Die Meinungen gehen von richtig, da Eindruck des Abbröckelns und Rausschälens eines ›harten Kerns‹ zu vermeiden war, bis zu weitermachen, auch wenn nur noch fünf bis sieben Leute sich beteiligen.
Unmöglich ist die Verdächtigung, wir hätten mit dem Abbruch eigene Interessen verfolgt. Das geht bis zu so einer Art Dolchstoßlegende.
Zu unserer Presserklärung.
Ein Teil richtig, Versprechungen und minimale Erfolge als Grund des Abbruchs aufzuführen; ein anderer Teil falsch, da keine wirklichen Erfolge, sondern nur Hinhaltetaktik der Bundesanwaltschaft; falsch auch, Gerüchte über die divergierenden Auffassungen bei der Bundesanwaltschaft selbst und festen Zeitpunkt der Wiederaufnahme des Hungerstreiks nicht in die Erklärung aufzunehmen.
Zum zukünftigen Hungerstreik.
Beginn Anfang April, wenn keine Änderungen in der Isoliersituation bei allen eintritt. Dauer bis zur tatsächlichen Änderung der Haftverhältnisse bei allen und wenn es viele Monate dauert. Hierüber gehen allerdings die Meinungen auseinander.
Einigkeit besteht wohl darin, kurz vor einer Zwangsernäh-

rung per Schlauch den Becher mit der Nährflüssigkeit zu trinken, um die Quälerei und Schlimmeres zu verhindern.«

Dann sprach Ströbele von einer beginnenden Solidarität linker Gruppen mit den politischen Gefangenen wegen ihrer Haftsituation und erwähnte Baaders Wunsch nach einer möglichst breit gestreuten Solidarität – von der KPD bis hin zu den Liberalen. Ferner hieß es:

»Einheitlich wird an den Anwälten kritisiert, dass sie drei Wochen lang nichts Wesentliches getan haben, um den Hungerstreik öffentlich zu machen; schlechte Kommunikation und Koordination unter den Anwälten.

Um Abhilfe zu schaffen, soll über das Büro der Hamburger Anwälte eine regelmäßige ständige Kommunikation in Form eines kurzen Rundschreibens mit entsprechenden Anlagen geschaffen werden. Außerdem soll verstärkt Kontakt mit linken Gruppen aufgenommen werden, um diese über die Situation der politischen Gefangenen besser zu informieren und Anstöße zu Aktivitäten zu geben.«

Auch mahnte er die Häftlinge, doch bitte einzusehen, dass ihre Anwälte nicht nur als Verteidiger der RAF-Mitglieder fungieren könnten. Die Hälfte der Zeit und Arbeitskraft müsse schließlich auch zur Finanzierung der Büros etc. eingesetzt werden. Abschließend mahnte er:

»Und sie vergessen, dass ›dem Volke dienen‹ für uns auch heißt, anderen Genossen oder sonst von der Justiz Verfolgten, die kein Geld, keinen Anwalt und oft auch keine Angehörigen haben, aus dem Schlimmsten herauszuhelfen oder Herrschaftsmechanismen den Betroffenen und anderen klarzumachen. Auch das ist keine karitative, sondern politische Arbeit.«

Er schlug ein Treffen der verschiedenen Anwälte zum Monatsende vor, das in der Tat Anfang April in Hannover stattfand.

»Eines ist klar«, sagte ich zu Gerd, »sie verständigen sich seit geraumer Zeit untereinander; in Hamburg soll die Groenewold-Kanzlei zur Infozentrale werden, und die Kontakte zu linken Gruppen sowie die Vorstellung von entsprechenden Anstößen sollen zu Kampagnen führen.«

»Wenn nicht noch zu mehr«, erwiderte Gerd beunruhigt. »Stell dir vor, dass sie neue Anschläge im Kopf haben. Vielleicht liegt noch jede Menge Bombenmaterial in bislang unentdeckten konspirativen Wohnungen herum.«

Ich stimmte ihm zu, und in meinem Kopf klingelten Alarmglocken. »Wir müssen gezielte Zellendurchsuchungen durchführen. Feststellen, wie gut ihr Kommunikationssystem bereits funktioniert.«

Das erste »Zellenzirkular«, das im Mai 1973 gefunden wurde, enthielt klare Anweisungen:

» 1. kein wort (wirklich kein einziges) zu den pigs, in welcher verkleidung sie auch immer ankommen, vor allem: ärzte. KEIN EINZIGES. Oder wie der genius des volkes sagt: kein sterbens-wörtchen ... oder fanon: und dieses VERNICH-TENDE SCHWEIGEN – der körper schreit natürlich – dieses schweigen, das den folterer vernichtet!
2. kein einzel-hof, kein einzel-bad.
3. kein besuch unter bullenbewachung (müsst ihr mal sagen, weiß ich nicht genau)
4. (natürlich auch keine einzige handreichung, keinen finger für sie krumm machen, nichts nur feindschaft und verachtung) (z.b. besuchsausziehen) [Damit war die Weigerung gemeint, das aus Sicherheitsgründen angeordnete Auskleiden vor und nach einem Besuch selbst vorzunehmen.]
5. keine provokationen, das ist wichtig. in der regel passiven wi-

derstand. Sich NIE zu irgendwas provozieren, hinreißen lassen. Das ist PURE DUMMHEIT. cool gelassen heiter. Aber sich unversöhnlich unerbittlich BIS ZUM ÄUSSERSTEN VERTEIDIGEN mit der methode MENSCH.«

Kein Besuch unter Bullenbewachung – das könnte euch so passen, dachte ich. Wer den Kassiber geschrieben hatte, blieb unklar.

Bundesanwalt Peter Zeis rief mich Ende Mai an und bat mich, in die Justizvollzugsanstalt Köln-Ossendorf zu fahren und mir eine Haftzelle zeigen zu lassen. Nach dem Ströbele-Rundbrief bestehe doch der Verdacht, dass sich die Gefangenen mit Hilfe ihrer Verteidiger ein Informationssystem aufbauten.

Das war mir doch längst klar!

Die JVA-Beamten erklärten, dass die Verteidigerpost unverhältnismäßig umfangreich sei. Außerdem sprenge die Anzahl ihrer Besuche den Rahmen.

Ich ging in die Zelle der gerade abwesenden Ulrike Meinhof und warf einen Blick auf und in die Schriftstücke. Wie ich schon vermutet hatte, handelte es sich keineswegs nur um Unterlagen, die mit ihrer Verteidigung zu tun hatten. Es fanden sich auch Rundbriefe von Anwälten, in denen diese die Meinungen der besuchten Gefangenen und die Instruktionen des Kaders niedergeschrieben hatten. Hinzu kamen Aufzeichnungen der RAF-Gefangenen – die Zellenzirkulare.

Nachdem ich den Bundesanwalt unverzüglich darüber informiert hatte, wurde die Zellendurchsuchung bei den wichtigsten RAF-Gefangenen einen Monat später richterlich angeordnet. Sie fand am 16. und 18. Juli statt und kam einer Großrazzia gleich. Ich selbst begab mich in Begleitung eines jungen Kollegen wieder in die Zelle von Ulrike Meinhof und entdeckte einen Kassiber, der aus der Gesäßtasche ihrer Jeans ragte.

»Würden Sie mir das bitte geben«, bat ich sie höflich, doch sie weigerte sich. Als ich versuchte, danach zu greifen, ließ sie sich aufs Bett fallen und trat mich mit beiden Beinen in den Bauch. Das tat verdammt weh, und eine Sekunde lang überlegte ich, wie ich darauf reagieren sollte. Ich hätte nicht übel Lust gehabt zurückzuschlagen. Aber ich unterdrückte den Impuls. Als »Misshandlung im Knast« wäre ein solcher Vorfall umgehend zum willkommenen Fressen für die Linkspresse geworden. So sagte ich nur: »Frau Meinhof, das war unvernünftig und unter Ihrem Niveau.«

Sie rückte den Kassiber nun wortlos heraus. Er stammte von Gudrun Ensslin. »Freiheit beraubt«, schrieb sie, »heißt nicht Kampf aufgehört. Ist nur 'ne andere Form von an die Gewehre ...«

Die Zellenzirkulare und Rundschreiben stapelten sich anschließend auf meinem Schreibtisch, und mir wurde immer klarer, dass die RAF-Köpfe vorhatten, ihren Kampf, ganz so wie im Kassiber formuliert, aus dem Knast heraus weiterzuführen. Ohne die Hilfe ihrer Anwälte wäre das unmöglich gewesen. Das machte ein weiterer Kassiber von Gudrun Ensslin deutlich: »Man muß 'ne Arbeitsteilung machen; sofort, dringend, planen, organisieren ... Eine rote Hilfe, die die erste der bürgerlich-liberalen Front ortet, sammelt, aufbaut. Ihr Bier ist die Öffentlichkeit, die so genannte, also das Menschenexperiment, die Übergriffe, die Auswüchse. Die Roten Anwälte sind dazu unentbehrlich, ohne ihre gebündelten und sortierten Informationen geht es nicht.«

Postboten waren sie, die Anwälte! Und die Kanzlei des Anwalts Groenewold vermutlich die Zentrale. Wie geplant. Durch die »Verteidigerpost« konnten sie sich nicht nur untereinander verständigen, sondern konnte auch der Kader die Mitgefangenen instruieren. Auch ein »Befehl« war dabei. Geschrieben auf einem Briefbogen der Kanzlei Groenewold: »Keiner spricht mit den bullen. Kein wort. Keiner spricht mit journalisten. Wenn sie sprechscheine haben, weigern wir uns, sie zu sehen.«

Im Folgenden wurde erläutert, dass alle Kommunikation nur über das »info« laufe. Die Fragen seien schriftlich zu stellen, würden herumgeschickt und schriftlich beantwortet, allerdings nur, wenn alle einverstanden seien. Ferner wurde angeordnet, dass keiner der Gefangenen an einem Prozess teilzunehmen habe. Wenn das von den Anwälten Vermittelte nicht genüge und man doch erscheinen müsse, dann sei keine Zeugenaussage zu machen. Im Notfall genüge ein »Satz vor dem Tisch«. »Zieht das unbeteiligt ab, es ist scheisse, denen das tier zu zeigen das sie vorführen wollen.«

Das Verhalten solcher Anwälte war schlicht gesetzeswidrig! Willfährig sorgten sie schließlich auch dafür, dass RAF-Genossen in Freiheit nicht nur um Unterstützung gebeten wurden, sondern auch detaillierte Anleitungen zum Bombenbasteln erhielten. So fanden Kollegen in konspirativen Wohnungen in Hamburg und Frankfurt ein sechs Seiten langes Schreiben von Andreas Baader, in dem er präzise Anweisungen zur Herstellung von Bomben gab und eindrücklich darauf hinwies, dass als oberstes Ziel von Aktionen die Gefangenenbefreiung zu gelten habe. Es sei erforderlich, »alle Kräfte auf diesen Job zu konzentrieren«.

Um das Maß voll zu machen, tauchten Auszüge aus Ermittlungsakten auf, die den Anwälten für ihre Verteidigung zur Verfügung gestellt worden waren. Es ergab sich folgende groteske Situation: Logistische und operative Unterlagen, zum Beispiel die Rezeptur der Sprengstoffgemische und die Funkfrequenzen nebst Anweisungen für den Funkbetrieb verschiedener Polizeibehörden, die man den Beschuldigten seinerzeit abgenommen hatte, gelangten auf diesem Wege nicht nur wieder in ihre Hände, sondern auch in die der sich in Freiheit befindlichen RAF-Mitglieder.

Es war ein Wahnsinn! Die einzigen Maßnahmen, die es ermöglicht hätten, das Info-System zu zerschlagen, wären eine Durchsuchung der Anwälte und die Kontrolle ihrer Post gewesen. Doch diese Schritte unterblieben. Auf lange Zeit. So verrichteten sie ihre Botendienste gewissermaßen mit Billigung von Politik und Polizei. Und besuchten ihre Schützlinge so oft es nur ging. Diejenigen, die sich über ihre »Folterhaft« beschwerten, wurden in den ersten neun Monaten so viel besucht, wie es sonst keinem Untersuchungsgefangenen erlaubt war. Baader zum Beispiel empfing viermal Angehörige und sechsundzwanzigmal Anwälte; Ulrike Meinhof bekam achtzehnmal von Angehörigen und dreißigmal von Anwälten Besuch. Über ihre Haftbedingungen beklagte sie sich dennoch via »info«: »Zum trakt (toter trakt/stille abteilung) kann ich nur noch mal sagen, dass das folter äußersten, viehischsten Grades ist – eine spurlose Folter ... durch die stille ... wird ein ganzer und zwar enormer sektor des psychisch/physischen apparats ... auf die dauer gelähmt. es findet dadrin – es ist so – eine exekution statt, langsam, aber mit tödlicher sicherheit.«

Sie übertrieb maßlos, fand ich. Sie und die anderen verfügten inzwischen über Radios, Schreibmaschinen, Zeitungen und Literatur. Aber in gewissem Sinne war es logisch, dass die Gefangenen aus ihrer vermeintlichen Folterung ein Agitationsthema machten. So warb man Gehilfen und Nachwuchs für den Untergrund!

Rührige Anwälte trugen dazu bei, dass in dreiundzwanzig Städten »Komitees gegen Isolationsfolter in den Gefängnissen der BRD« gegründet wurden. Als flammendes Fanal galt die Rede des Soziologie-Professors Christian Sigrist auf einer Veranstaltung in Frankfurt am 11. Mai: »Wir dürfen die Rechtsanwälte in ihrem Kampf um die minimalen Rechte für ihre Mandanten nicht allein lassen. Über die finanzielle Unterstützung dieses Kampfes hinaus müssen wir in kollektiver Anstrengung die Öffentlichkeit über den faschistischen Charakter der repressiven Maßnahmen unserer Justiz aufklären und unserer Forderung nach ihrer Aufhebung durch unmittelbare Aktionen Nachdruck verleihen.«

Es war ein Ziel der Komitees, bekannte Persönlichkeiten für ihre Zwecke einzuspannen. So versuchten sie auch den Berliner

Theologen Helmut Gollwitzer zu gewinnen, bekannt für seine Vermittlung von christlichem Humanismus in Verbindung mit marxistischer Gesellschafts- und Ideologiekritik. Doch Gollwitzer winkte ab. Er habe sich, sagte er mir später, geweigert, einen dieser Aufrufe zu unterschreiben, weil ihm das Wort Folter übertrieben vorgekommen sei. Das wunderte mich nicht. Schließlich war ich dabei gewesen, als er sich im Februar mit Gudrun Ensslin und im September mit Ulrike Meinhof im Gefängnis unterhalten hatte.

Gefängnisbesuche

Gudrun Ensslin, die ihn von früher kannte, hatte nichts gegen ein Gespräch mit dem »alten Antifaschisten«, wie sie sagte. Er selbst hatte darum gebeten und verband die Begegnung mit einem Besuch bei seinem Freund Gustav Heinemann, dem damaligen Bundespräsidenten. Es war ein Sonntag, und niemand von den Kollegen hatte sich bereitgefunden, einen Teil seines Wochenendes für die Visite im Gefängnis zu opfern. Außer mir! Ich verehrte den Professor, seit ich seine Erinnerungen an die Kriegsgefangenschaft, ... *und führen, wohin du nicht willst,* gelesen hatte. Ich freute mich, ihn nun persönlich kennenzulernen, und holte ihn bei Heinemanns ab.

Dass ich ein Zitat aus dem Buch auswendig wusste, rührte ihn. Es stehe doch sogar in einem gewissen Bezug zu dem bevorstehenden Besuch, sagte ich und legte los: »Mit dir will ich noch nicht ein Ende machen, aber züchtigen will ich dich in Maßen, dass du dich nicht für unschuldig hältst.«

»Ach ja«, sagte er versonnen. »Und sie hält sich wohl für unschuldig, die Gudrun?«

»Ja, das tun sie alle. Sie sehen sich als Opfer – nicht als Täter.«

Er informierte sich nun zunächst bei mir und anschließend beim Anstaltsleiter gründlich über die Haftbedingungen, bevor er im Gespräch Gudrun Ensslins Argumente über die angeblich menschenunwürdige Behandlung aus der Sicht seiner eigenen Hafterfahrungen widerlegte. In dem sich entwickelnden Streitgespräch bemühte er sich, ihr den von der RAF angerichteten Schaden vor Augen zu führen. Er billigte die Anwendung von Gewalt in gewissen politischen Extremsituationen, betonte jedoch, dass er als Christ und Theologe die Anschläge der RAF als von ungeheurer Menschenverachtung geprägt betrachte. Gudrun Ensslin räumte schließlich ein, dass die Frage der Gewalt vielleicht nicht gründlich genug durchdacht gewesen sei.

Der »Motor« der RAF – diese doch so intelligente Person – war der Diskussion am Ende nicht gewachsen und empfahl dem Professor die Schriften der RAF. Außerdem bat sie ihn darum, in der Öffentlichkeit für die »Verteidigung der Verteidiger« zu sorgen. Sie seien doch heftigen Angriffen ausgesetzt.

Zu Recht, dachte ich, und leider viel zu wenig. Doch insgesamt war ich über das Gespräch am Ende sehr zufrieden. Es zeigte immerhin Möglichkeiten auf, die Mauer aus Aggression und Widerstand der Häftlinge zu durchbrechen. Ich bat den Professor, doch auch Ulrike Meinhof zu besuchen, und er versprach, sich um die Erlaubnis zu bemühen. Auf dem Rückweg zu den Heinemanns genoss er den Anblick der Landschaft. »Schauen Sie sich das schöne Land an«, sagte er plötzlich. »Wann wird diese elende Mörderei ein Ende finden?«

»Vielleicht hat sie das schon«, antwortete ich hoffnungsvoll.

Also trafen wir uns anlässlich seines Besuches bei Ulrike Meinhof wieder. Zunächst mussten wir zwei Stunden warten, weil sich Rechtsanwalt Croissant bei ihr aufhielt. Ich nutzte die Zeit, um den Professor über die bislang gefundenen Zellenzirkulare und über meine letzte Begegnung mit Ulrike Meinhof zu informieren.

Gudrun Ensslins Kassiber, den ich ihr abgenommen hatte, enthielt nicht nur den Aufruf zum Kampf. Sie hatte sich, orientiert an Herman Melvilles Roman *Moby Dick*, Decknamen für die Gefangenen ausgesucht. Andreas Baader war Käpt'n Ahab, Holger Meins Starbuck, Erster Steuermann, Jan-Carl Raspe der Zimmermann, Gerhard Müller Quiqueg, der Harpunist, und sie selbst Smutje, der Schiffskoch. Der Grund? Smutje, schrieb sie an Ulrike Meinhof, »hält die Töpfe spiegelblank und predigt gegen die Haie«.

Käpt'n Ahabs irrwitzigen Kampf gegen den weißen Wal, den Leviathan, musste Gudrun Ensslin als Synonym für ihren eigenen gegen den Staat gesetzt haben. Aber im Buch geht die Mannschaft am Ende mit Mann und Maus unter. Hatte sie das auch bedacht? Die Rollenbesetzung jedenfalls passte gut. Der fanatische Käpt'n, dem der Koch im Buch als eine Art Offizier zur Seite steht. Der Erste Steuermann, der als »langer, ernster Mann« beschrieben wird, dem Willen Ahabs ausgeliefert. Der Zimmermann, der unablässig Särge für die Opfer baut und dem Käpt'n ein Bein aus Walfischknochen schnitzt. Ein nützlicher Mann. Quiqueg hingegen ist bei Melville ein »Götzendiener«, der sich in der Christenheit angesiedelt hat und sich müht, »in ihrem Kauderwelsch mitzuplappern«. Selbst Horst Mahler war noch mit der Rolle des Kapitäns Bildad bedacht, eines Walfängers im Ruhestand.

Charakterisierung und Seitenhiebe gegen Mahler, der sich die Verachtung des RAF-Kerns eingehandelt hatte.

»Aber welche Rolle hat Ulrike Meinhof?«, wollte Gollwitzer wissen.

»Keine aus dem Buch«, erwiderte ich. »Sie heißt in der Ensslin-Besetzung ›Theres‹. Denkt man dabei an die Heilige, an Therese von Jesu, ist ihr kein gutes Schicksal beschieden. Sie wurde von den Karmelitern verfolgt und als Ketzerin angeklagt.«

Er nickte. »Sie kennen sich mit Heiligen aus«, stellte er fest. »Und die Ensslin ebenfalls. Kein Wunder, sie stammt ja aus einem Pfarrhaus. Aber was hat sie sich dabei gedacht, die Meinhof in so eine Märtyrerrolle zu drängen?«

»Und als Außenseiterin zu brandmarken. Ich weiß es nicht. Noch nicht.«

»Und die so benannte Heilige hat Sie wirklich in den Bauch getreten?« Er schüttelte den Kopf und äußerte nun erhebliche Zweifel, ob ein politisches Gespräch mit Ulrike Meinhof überhaupt Sinn habe. Er hatte Gudrun Ensslin einen langen Brief geschrieben, erfuhr ich jetzt, und keine Antwort erhalten. Damit konnte ich wohl die Hoffnungen begraben, die ich mir nach dem Gespräch der beiden gemacht hatte.

Als wir mit Ulrike Meinhof zusammentrafen, musterte sie mich mit einem schrägen Seitenblick, begrüßte Gollwitzer jedoch sichtlich erfreut. Nach einem kurzen Gedankenaustausch über die ihm verliehene Buber-Rosenzweig-Medaille und das Verhältnis zwischen Israel und den arabischen Staaten kam es zu einer Debatte über ihre Ziehmutter Renate Riemeck. Ulrike Meinhof beschimpfte sie – bei öffentlichen Äußerungen über sie verhalte sie sich schäbig und eitel –, und die Stimmung verschlechterte sich. Den Vorstoß des Professors, dass unter Berücksichtigung einer an ihr vorzunehmenden psychiatrischen Untersuchung die strafrechtliche Verfolgung zu prüfen sei, wehrte sie vehement ab. »Das ist wohl ein Witz«, sagte sie brüsk. »Wenn man mich für verrückt erklärt, dann ist die politische Arbeit der RAF erledigt!«

Wenn man es doch bloß täte!, dachte ich.

Als es zum Thema »Folter« kam, provozierte sie Gollwitzer mit der These, man wolle die RAF-Gefangenen vernichten.

»Im Knast war es noch nie angenehm«, erwiderte er gelassen. »Im Übrigen haben Sie doch gewusst, worauf Sie sich einlassen. Da muss man anschließend nicht klagen. Die RAF-Anhänger sind schließlich nicht wegen ihrer politischen Überzeugung in Haft, sondern weil sie Straftaten begangen haben. Auf beiden Seiten ist genug Blut geflossen!«

Der Mann sprach mir aus tiefster Seele, und ich sah, dass er Ulrike Meinhof einen Moment lang verunsichert hatte. Dann ging sie erneut zum Angriff über, biss sich aber an seinen klaren Aussagen zum Thema »bewaffneter Widerstand« die Zähne aus. Ging der eloquenten Frau die Luft aus? So wie vor ihr der Ensslin? Nein – sie beschwerte sich nun erbittert darüber, dass man ihnen die Anwälte wegnehmen wolle.

Mich traf ein giftiger Seitenblick, bevor sie fortfuhr:»Weil bei einer Watergate-Aktion in den Zellen angeblich Belastungsmaterial gefunden worden ist.« Sie beugte sich vor und fixierte den Besucher.»Es kommt nicht allein darauf an, im Prozess zu widerlegen, dass eine Frau sich um sieben Uhr an einer bestimmten Straßenecke aufgehalten hat. Die Anwälte haben uns auch in politischer Hinsicht zu verteidigen.« Sie funkelte mich an.»Und es ist lächerlich«, trumpfte sie dann auf, »uns zu unterstellen, dass die RAF den bewaffneten Kampf aus dem Knast fortsetzt.« Für wie dumm hielt sie uns eigentlich? Der Professor und ich wechselten einen kurzen Blick. Dann sagte er ruhig:»Nach den Presseberichten ist das, was ihr mit den Anwälten gemacht habt, Sabotage an der Möglichkeit der Verteidiger, in den Prozessen politisch aufzuklären.«

Das schmeckte ihr nicht, und sie warf ihm vor, sich auf den Standpunkt des Bundesgerichtshofes zu stellen.

»Das muss ich doch, nicht wahr? Die geltenden Gesetze sind schließlich Realität, und es ist völlig widersinnig, in eine Hungerstreikerklärung hineinzuschreiben, man müsse die Schweine mit ihren eigenen Gesetzen konfrontieren.«

Sie sagte nichts, sondern rutschte angespannt auf ihrem Stuhl hin und her. Ich erwartete jeden Moment einen überstürzten Aufbruch wie damals beim Besuch ihrer Schwester. Aber es geschah nichts dergleichen. Im Gegenteil. Sie verabschiedete sich freundlich von Gollwitzer und nahm sein Angebot an, sie ein zweites Mal zu besuchen. Selbst mir nickte sie kurz zu.

Hatten Gollwitzers Worte doch etwas bewirkt? Ich bewunderte den Professor für seinen selbstlosen Einsatz im Sinne einer erhofften Einsicht bei den Beteiligten. Aber ich hegte Zweifel, dass er am Ende etwas bewegen würde.

»Werden die Verteidiger wirklich ausgetauscht?«, fragte er mich.

»Das wäre ein blanker Segen, aber ich glaube es nicht. Bei allem Unheil, das sie im Komplott mit ihren Klienten anrichten, haben die, laut Gesetz, noch immer die freie Anwaltswahl. Und sie werden sich niemanden vor die Nase setzen lassen.«

»Woher haben die eigentlich das Geld, um ihre Anwälte zu bezahlen?«

»Wahrscheinlich gebunkertes aus den diversen Banküberfällen. Oder sie arbeiten im Dienst der revolutionären Sache.«

Kurz darauf schickte mir Professor Gollwitzer sein Buch *Krummes Holz, aufrechter Gang – Zur Frage nach dem Sinn des Lebens*. Dazu schrieb er, Ulrike Meinhof habe ihm in einem Brief mitgeteilt, dass sie auf weitere Besuche von ihm keinen Wert mehr lege. Er sei ein Zionist.

Meine letzte Hoffnung auf ein inneres Umschwenken schwand dahin.

Knastgespräche

1973 bis August 1974

Ihren zweiten Hungerstreik brachen die Häftlinge nach gut sieben Wochen Ende Juni ab. Gudrun Ensslin erklärte über das »info«: »aus dem hungerstreik ist die Hefe raus ... aber scheiß drauf ... wir werden mit dem streik die Aufhebung der isolation nicht erreichen, und wies aussieht nicht mal das kz.« Dennoch hatten sie, wie schon bei dem ersten zu Beginn des Jahres, die gewünschte mediale Aufmerksamkeit erzielt, wenn auch dieses Mal die Anwälte nicht zu einer Hungerstreikdemonstration vor dem Bundesgerichtshof in Karlsruhe aufmarschiert waren. Die Theologin Dorothee Sölle hatte im Südwestfunk die Frage aufgeworfen, ob »Folter auch in der Bundesrepublik« praktiziert werde, und Rechtsanwalt Groenewold meldete den Gefangenen über das »info« vom Kirchentag ein »Ergebnis laut Zeitungsbericht: ›Gebet für Baader-Meinhof‹«. »Beten für die Mörder!«, sagte Gerd zynisch. »So weit ist es schon gekommen.«

Auch ich war erbost und konnte die ständigen Vergleiche ihrer Haftbedingungen mit den Zuständen in den Konzentrationslagern nicht mehr ertragen. Aber sie schienen ihr Schicksal tatsächlich dem von Millionen gefolterter und ermordeter Juden gleichsetzen zu wollen.

»der politische begriff für den toten Trakt, köln, sage ich ganz klar – ist: gas. meine auschwitz-phantasien darin waren realistisch.« Das schrieb Ulrike Meinhof in einem Kassiber, und Gudrun Ensslin antwortete: »unterschied toter trakt und isolation: auschwitz zu buchenwald. der unterschied ist einfach: buchenwald haben mehr überlebt als auschwitz ... wie wir drin ja, um das mal klar zu sagen, uns darüber wundern können, dass wir nicht abgespritzt werden. sonst über nichts ...«

Wundern konnten sie sich über das Privileg, nach wie vor ungestört via Anwälte zu kommunizieren und sich jedwede Literatur zu bestellen. Im Gegensatz zu anderen Untersuchungshäftlingen, denen nur sorgfältig gefilterte Lektüre erlaubt war, hatten die RAF-Gefangenen auch Zugang zu Kampfschriften und Arbeitsunterlagen, die sich durchaus dazu eigneten, das politische, logistische und operative Wissen zu erweitern. Sie konnten jeden Inhaftierten in die Lage versetzen, nach seiner Freilassung oder Befreiung selbständig Guerillatruppen aufzubauen und zu führen (oder Order an in Freiheit agierende Genossen zu geben). Titel wie: *Der bewaffnete Aufstand, Attentäter und Saboteure – Der moderne Terrorismus, Der verdeckte Kampf, Deutsches Waffenjournal, Wehrtechnik, Lehrmeister des kleinen Krieges, Stadtguerilla, Kriegstheorien, Die Polizei der BRD, Der Sprengmeister* ... gehörten zum Kernbestand der Zellenbibliotheken.

Um solche Zustände künftig zu unterbinden, wurde an neuen Gesetzesparagraphen gearbeitet, aber mit Gemütsruhe, wie üblich. Warum konnte der schwerfällige Apparat nicht in so einem Fall zügiger funktionieren? Wollte immer noch niemand sehen, welche Gefahr weiterhin von den Inhaftierten ausging? Von ihnen und ihren Kurieren, den Anwälten.

Ich kam mir langsam vor wie ein Archivar der gesammelten Kassiber. Las mit, war informiert, schrieb Berichte und heftete ab. Der Kampf wurde, wie Gudrun Ensslin geschrieben hatte – »handlungsfreiheit beraubt ist natürlich nicht identität beraubt, nicht kampf aufgehört« –, aus den Zellen fortgesetzt. Dreist und unbekümmert. Und der Staat schaute zu, als wär's ein Bühnenstück. Wenn der Vorhang gefallen ist, gehen alle nach Hause. Dies hier war aber keine Theatervorführung, auch wenn den Häftlingen gewisse Darstellerqualitäten nicht abzusprechen waren. Sie nahmen ihre Sache ernst – und hatten das zur Genüge unter Beweis gestellt.

Aber *wir* nahmen sie nicht ernst! Nicht so, wie es angemessen gewesen wäre. Was nützte es, dass nur ich es tat und von Anfang an getan hatte? Mir war schon zu Beginn meiner Arbeit in der Sicherungsgruppe klar gewesen, dass es wichtig ist, sich in ihre Denkweise hineinzuversetzen und ihre Beweggründe zu verstehen, um … ja, um sie besser bekämpfen zu können. Man muss mit dem »Katechismus der Gegenseite« vertraut sein, das hatte auch Horst Herold gesagt. Wir kannten ihre Motive und die Entschlossenheit, mit der sie sie nach wie vor umzusetzen versuchten.

Aufgrund eines von mir gefertigten Kurzberichts über das Ergebnis der Zellendurchsuchungen hatte der Dritte Strafsenat des Bundesgerichtshofes am 13. August die Beschwerde der Gefangenen Baader, Meinhof, Ensslin, Meins, Raspe, Möller und Müller über die Durchsuchung ihrer Zellen abschlägig beschieden und die von ihren Anwälten geforderte Herausgabe des beschlagnahmten Materials abgelehnt. Aber diese Entscheidung änderte nichts am gewohnten Ablauf: Anwälte kamen und gingen, und die Verteidigerpost traf weiterhin paketweise ein.

In einem Kassiber von Gudrun Ensslin an die Rote Hilfe hieß es: »der politische prozess findet auf der straße statt. Der kampf, den die RAF begonnen hat, ist attraktiv, und die konstellation ›RAF sitzt‹ und 'ne ganze menge draußen, die wissen <u>warum</u>. kampf und knast muß jedem strategen äußerst günstige aspekte zeigen … – den 24-stunden-tag auf den begriff <u>hass</u> bringen …«

Es waren die fanatische Unbedingtheit und Energie, die mich bei der Auswertung der Aufzeichnungen auch immer wieder faszinierten, obwohl die Lektüre der von den Gefangenen entwickelten Subsprache eine Zumutung bedeutete. Aber noch niemals zuvor war mir so klar geworden, welch ungeheure Kraftquelle Hass sein kann. Den hatten sie mir – uns – voraus, wie auch ihr mit Hilfe von Anwälten gut funktionierendes System, auf die angeblich KZ-ähnlichen Umstände ihrer Haft aufmerksam zu machen, Polizei und Justiz in der Öffentlichkeit zu diffamieren und eine, wie Ulrike Meinhof das nannte, Gegenöffentlichkeit herzustellen. In einem Zellenzirkular vom Juni 1973 erläuterte sie das Ziel dieser Strategie: »natürlich nicht anzeige, damit die ratten bestraft werden – quatsch – sondern damit was auf'm tisch ist für amnesty international, die komitees, gollwitzer pipapo, um den nächsten da schnell/sofort rauszuholen, damit er nicht quatscht und nicht verreckt.«

Glaubte sie tatsächlich, der »Zionist« Gollwitzer würde sich doch noch einspannen lassen? Er hatte sich bei seinen Besuchen deutlich genug ausgedrückt. Und weitere waren nicht erwünscht gewesen. Ich hingegen hätte ihn sehr gern wiedergesehen. Vielleicht …

Karl Schütz platzte in meine Gedanken, um mir eine Rüge vom Präsidenten Herold zu übermitteln. Dem hatte in meinem Kurzbericht für den Dritten Strafsenat eine Aufzählung der Anwaltsbesuche gefehlt.

Ich war wütend. Daten hatte ich dem Material aus den Zellen natürlich nicht entnehmen können. Aber ich äußerte mich nicht dazu, sondern arbeitete weiter an meinem großen Auswertungsbericht über die konfiszierten Dokumente.

Das nahm Monate in Anspruch, und eh ich mich versah, stand wieder einmal Weihnachten vor der Tür. Ulrike Meinhof hatte, wie ich erfuhr, übergangslos jeglichen Kontakt zu ihren Kindern abgebrochen. Warum das auch noch?, fragte ich mich am Tag vor Heiligabend. Die Mädchen hatten sie mehrfach besucht, und es hatte auch ein reger Briefwechsel stattgefunden. Warum tat sie ihren Zwillingen dies nun an? Und sich selbst? Jemand, der ständig von Isolation sprach und sich durch den Abbruch dieser letzten familiären Bindung noch mehr hineinbegab.

Ich verließ das Gebäude mit dem üblichen vorweihnachtlichen Unbehagen. Wie immer war meine Schwiegermutter zu Besuch, und es würde bald zu den sattsam bekannten Gesprächen über meine ständige Abwesenheit zu Hause kommen. Selbst in der Zeit, als ich im Herbst nach einem Unfall beim Faustballspielen mit gebrochenem Bein krankgeschrieben worden war, hatte ich an meinem Auswertungsbericht daheim weitergearbeitet. Wer außer mir hätte ihn denn schreiben sollen? Wenn ich tot wäre, müsste es ja auch jemand anderes übernehmen, hatte meine Frau giftig bemerkt.

Ich war aber nicht tot. Nur innerlich manchmal wie begraben. In den Augenblicken, in denen ich an Heilwig dachte und daran, dass sie – jetzt zurück in Hamburg – nicht mehr mit ihrem Ehemann, sondern mit dem Lindauer Begleiter zusammenlebte. Einem Lehrer, der Ulrike Meinhof nahegestanden, sich jedoch, laut Heilwigs Aussagen, aufgrund ihres Einflusses von der RAF distanziert hatte.

Das mochte stimmen oder auch nicht. Jedenfalls teilte sie mit ihm ihr Leben und nicht mit mir. Immer wieder schmerzte mich der Gedanke, zu Weihnachten ganz besonders. Wir hatten miteinander telefoniert, uns ein frohes Fest gewünscht wie gute alte Freunde. Doch nach wie vor liebte ich sie und hatte nach unserem Gespräch nicht den Eindruck gehabt, dass sie besonders glücklich war. Aber das redete ich mir vielleicht auch nur ein, um mich besser zu fühlen. Irgendwann, sagte ich mir, als ich das Dienstgebäude verließ und den Innenhof betrat, irgendwann wird vielleicht doch einmal der Tag kommen, der uns für immer zusammenbringt.

Aber wann? Wieder einmal dachte ich an ein Gedicht von Heinrich Heine:

»Unjung und nicht mehr ganz gesund,
wie ich es bin zu dieser Stund,
möcht ich noch einmal lieben, schwärmen
und glücklich sein, doch ohne Lärmen ...«

1973: »… glücklich sein, doch ohne Lärmen …«

Wie »unjung« und am Ende wirklich nicht mehr gesund würde ich sein, wenn es so weit wäre?

»Guten Abend«, tönte eine Stimme. Sie gehörte Horst Herold. Der kam mir gerade recht.

»Guten Abend«, erwiderte ich. »Und wo wir einander schon begegnen – wer immer an meiner Arbeit kritisiert haben mag, dass die Daten der Anwaltsbesuche fehlen, der ist von keiner Sachkenntnis getrübt.«

Das war frech, und ich wusste es. Seine Reaktion fiel entsprechend aus.

»Glauben Sie etwa, ich verstehe nichts davon?«, blaffte er, drehte sich auf dem Absatz um und ließ mich stehen. »Gesegnete Weihnachten«, rief ich ihm hinterher, und er hob die Hand zu einer matten Abschiedsgeste.

Zwischen uns, dachte ich, während ich in mein Auto stieg, herrschen wenigstens klare Verhältnisse: ein Fall von Hassliebe. Ließen sich doch andere Beziehungen auch so leicht auf den Punkt bringen!

Kurz bevor ich den großen Bericht über die Auswertung des Zellenmaterials im März 1974 abschloss, fertigte ich einen Kurzbericht zum Thema »Weiterarbeit der kriminellen Vereinigung RAF mit Hilfe einiger Verteidiger aus der U-Haft heraus« an. Als im Besonderen verdächtig führte ich neun Anwälte auf: Hans-Christian Ströbele, Kurt Groenewold, Eberhard Becker, Dieter Hoffmann, Klaus Croissant, Klaus Eschen, Wolf-Dieter Reinhardt, Jürgen Laubschläger und Jörg Lang. Ich äußerte die Vermutung, dass sie unter Missbrauch ihrer Rechte die Kommunikation der Gefangenen untereinander und mit der Außenwelt ermöglichten und den organisatorischen Zusammenhalt aufrechterhielten. Und dass ihnen die wahre Absicht, nämlich die Fortsetzung des bewaffneten Kampfes der RAF, bekannt sei. Dies legte ein Zellenzirkular nahe, in dem es hieß: »an die anwälte und gefangenen: konkrete jobs zur fortsetzung der kampagne.«

Einer der Verteidiger, der Rechtsanwalt Eberhard Becker, war im Sommer 1973 selbst in den Untergrund abgetaucht und Anführer einer Gruppe geworden, die in enger Verbindung mit dem inhaftierten Kader gestanden hatte. Monatelang waren die Genossen in Frankfurt und Hamburg observiert worden. Aufgrund in dieser Zeit gefundener Kassiber wussten wir, dass sie klare Anweisungen erhalten hatten, zwei Aktionen durchzuführen:

» 1. geiselnahme zur gefangenenbefreiung ...
typen, ... auf deren loyalität die regierung angewiesen ist ...
auf richter ...
2. anschläge ...
angreifen: so weit oben wie möglich ... baw [Bundesanwalt-
schaft], 3 [Dritter] strafsenat, die vollzugsadministration, län-
derjustizminister ...
die Kriterien bringen, die aktionen im mai 72. darunter läuft
nichts.«

Wir hatten außerdem den Hinweis auf einen geplanten Banküberfall erhalten, aber nach gründlicher Überlegung beschlossen, die
Täter mit Rücksicht auf Bankkunden und Passanten gewähren
zu lassen. So hatten sie unter den Augen des Verfassungsschut-
zes und der Polizei 150 000 Mark in einer Bank in Hamburg erbeutet.

Doch die Observanten waren ihnen auf der Spur geblieben,
und in der Nacht zum 4. Februar hatten die Beamten gleichzeitig in Hamburg und Frankfurt zugeschlagen und sie festgenommen. (Auf dieses Datum bezog sich ihr späterer Name: »RAF-
Gruppe 4.2.«) Sieben Mitglieder waren im Schlaf überwältigt
worden: Eberhard Becker, Ilse Stachowiak, Helmut Pohl, Christa
Eckes, Margrit Schiller, Wolfgang Beer und ein der Polizei bis
dahin unbekannter Exstudent.

Bei der Durchsuchung der konspirativen Wohnungen waren
weitere Kassiber von Andreas Baader gefunden worden. Sie
enthielten etliche klare Anleitungen – vom Kfz-Diebstahl bis
zur Herstellung und Anwendung von Sprengstoff –, Anweisungen für seine Befreiung sowie eine Namensliste möglicher
Entführungsopfer. Außerdem hatte die Polizei viele Waffen sichergestellt, dazu Perücken, Haarfärbemittel, Ausweise, Blanko-
formulare und Fälschungsutensilien. Offensichtlich waren sie
seit langer Zeit opulent für die laut Anordnung auszuführenden
Anschläge und Geiselnahmen ausgerüstet gewesen, hatten je-

doch, Glück für die Hamburger Verfassungsschützer unter Leitung von Christian Lochte, zu lange gezögert. Es war ein großartiger Erfolg für die Ermittler gewesen – und ein herber Rückschlag für die RAF. Zunächst – denn ihre dritte Generation wird sich durch die Festnahmen sicher beflügelt gefühlt haben, es fortan besser zu machen. (Was ihnen ja leider auch gelang. Christian Lochte sagte mir später, dass er, im Gegensatz zu manchen Kollegen, mit meinen Berichten, Analysen und Prognosen fast immer übereingestimmt habe. Wie oft habe ich mir gewünscht, ich hätte mich geirrt, oder andere hätten sie ebenso ernst genommen wie er.)

Weder mein Bericht über die Anwälte noch die Tatsache, dass der ehemalige Verteidiger Becker nun im Gefängnis saß, änderte etwas an den geduldeten Gepflogenheiten der Kollegen. Das geltende Strafprozessrecht, das gerade erst ein paar Jahre zuvor, 1965, liberalisiert worden war, trug dazu erheblich bei.

Meinen 238 Seiten langen Auswertungsbericht über die insgesamt 49 gefundenen Zellenzirkulare und 56 Anwaltsrundbriefe gab ich im April ab. Der Dritte Strafsenat des Bundesgerichtshofes hatte zwar schon in seinem Beschluss über die Beschlagnahmung des in den Zellen gefundenen Materials bestätigt, dass die Gefangenen mithilfe einiger Verteidiger ihr Ziel, die Aufhebung der bestehenden Ordnung mit Mitteln der Gewalt, aus dem Gefängnis heraus weiterverfolgten. Konsequenzen wurden jedoch auch nach Abgabe meines Berichts nicht gezogen.

Als ich vom Justizminister eingeladen wurde, am 27. Mai an der Verabschiedung von Generalbundesanwalt Ludwig Martin und der gleichzeitigen Einführung seines Nachfolgers Siegfried Buback teilzunehmen, schöpfte ich Hoffnung. Doch die Einladung hatte nichts mit meinem brisanten Bericht zu tun, ich verdankte sie vielmehr meiner bisherigen erfolgreichen Zusammenarbeit mit Buback.

Der Einzige, der sich lebhaft für meine Analysen interessierte, war Rechtsanwalt Dr. Klaus Croissant: Er hatte sich von der

Bundesanwaltschaft eine Kopie anfertigen lassen – und nichts Eiligeres zu tun gehabt, als ihn zwei Dutzend mal zu kopieren und an Kollegen und die Gefangenen weiterzuleiten.

Das erzählte er mir persönlich, als wir uns zufällig kurz darauf begegneten, nicht wie zuvor schon verschiedene Male bei Gericht, wo ich häufig als Zeuge geladen war, sondern in einer Autobahnraststätte in Baden-Württemberg, wo ich, unterwegs zu einem meiner Vorträge in Polizeischulen, haltgemacht hatte. Augenzwinkernd teilte er mir mit, auf welcher Seite in meinem Bericht ich seinen »Tatbeitrag« schilderte.

Als Anwalt kam er natürlich an alle Akten heran, und noch war er als solcher nicht ausgeschlossen worden. Dennoch ärgerte ich mich und fand es einigermaßen grotesk, dass sich ein von mir als suspekt beschriebener Verteidiger mit dem Bericht befasste – die Bundesanwaltschaft hingegen nicht. Vielleicht hatte er denselben Gedanken, denn er lächelte und schlug vor, dass wir zusammen zu Mittag essen sollten.

Eigentlich war er ein ganz sympathischer Mensch. Warum nur war er Handlanger von Terroristen geworden? Wir kämpften auf verschiedenen Seiten, aber er schien das recht sportlich zu sehen. Warum nicht auch ich?

Ich stimmte zu. Vielleicht, dachte ich, gelingt es mir ja sogar, Zweifel in ihm zu wecken.

Es gelang mir natürlich nicht. Die Idee war ja auch naiv gewesen. Ich hätte das vorher wissen müssen. Dasselbe hatte Gollwitzer während seiner Besuche bei Ulrike Meinhof und Gudrun Ensslin auch gehofft und war gescheitert.

Andererseits hatten auch sie es nicht geschafft, ihn von den Qualen ihrer »Isolationsfolter« zu überzeugen – und damals waren die beiden noch voneinander getrennt in Einzelhaft gewesen. Nachdem Ensslin nach Köln-Ossendorf verlegt worden war, hatten die Frauen miteinander kommunizieren, den Hofgang gemeinsam antreten und sich bis zu zwei Stunden täglich allein in einer Zelle unterhalten können.

Das war ein kurzes Zwischenspiel gewesen, denn im April waren beide im neuen Hochsicherheitstrakt der Vollzugsanstalt Stuttgart-Stammheim einquartiert worden. Sie bewohnten die Zellen 718 und 719 im siebten Stock, konnten sich Tag für Tag auf der überdachten Terrasse aufhalten und sich nun bis zu vier Stunden täglich sehen.

Trotz ständiger Zellendurchsuchungen, sogar Leibesvisitationen, funktionierte das »info« weiterhin reibungslos. Auch für uns. So waren wir darüber informiert, dass die Gefangenen einen dritten Hungerstreik planten. Und dass Ulrike Meinhof ein grundlegendes Werk über die Geschichte und das Revolutionskonzept der RAF schreiben wollte. »Über den antiimperialistischen Kampf« sollte es heißen. Innerhalb der Gruppe wurde es »Bassa« genannt, nach der Talsperre Cabora Bassa in Moçambique und einer Kampagne Heidelberger Studenten gegen den Staudamm.

Gudrun Ensslin schrieb dazu: »bassa sammelpunkt ist theres, kriegt Arbeit, ich seh das nicht in der dimension von jahren, aber doch von monaten bis ein jahr so ungefähr.« Doch die Arbeit von »Theres« kam ins Stocken, und Ensslin begann sie zu mahnen: »bassa wäre das, ist das, deshalb lässt man dir keine ruhe. Und jeder, außer natürlich dir, weiß, dass du die stimme warst, bist, sein wirst.«

Ulrike Meinhof antwortete, »Stimme« sei ein Wort, »dem man sowieso nur aus'm weg gehen kann«. Sie verfiel in diesem Sommer 1974, den Wochen vor dem Prozess wegen der Befreiung Baaders, in zunehmende Verzweiflung, die sich in erschütternden Zeugnissen von verblendetem Fanatismus, der Selbstzerstörung und des Durchhaltewillens, aber auch der Todesangst und des Selbstzweifels äußerten. Über ihre Beziehung zu Andreas Baader und Gudrun Ensslin schrieb sie:

»das wesentliche, mein gestörtes verhältnis zu euch und besonders zu a[ndreas] käme daher, dass ich nicht von der revolutionären gewalt durchdrungen sei, war einfach ne schamlose phrase, bezogen auf das, was hier bei mir sache ist: Meine sozialisation zum faschist, durch sadismus und religion, die mich eingeholt hat, weil ich mein verhältnis dazu, d. h. zur herrschenden klasse, mal ihr schoßkind gewesen zu sein, nie vollständig aufgelöst, restlos in mir abgetötet habe ... ich dachte dann, ihr müsstet mich doch kritisieren. im trakt hatte ich auch ne zeitlang gedacht, dass das eigentlich klar sein müsste dass die Niederlage 72 hauptsächlich durch meine Scheiße kam ... es war schon immer etwas faul. meine scheinheiligkeit psychorucksack, die falsche klasse, die psychische struktur einer kleinbürgerin, und wenn ich mir einbildete, dass ich nicht so ne sau sei, wie ich nach allem, biografie, sein musste, dann wegen idealismus im kopf, statt materialismus.«

Andreas Baader reagierte gereizt:»und hör jetzt auf, dich zu quälen und zu kriechen: Arbeite, wie es möglich ist. Du hast den falschen schluss aus der kritik gezogen. Sie soll dich nicht zu einem kriechenden köter regredieren, sondern dir endlich mal dazu verhelfen, dass du das, was du wissen kannst, auch bringst.« Eine Welle der Kritik und Selbstkritik breitete sich unter den Gefangenen aus. Klaus Jünschke zum Beispiel warf sich Opportunismus vor und klagte sich an, sich »wie'n konterrevolutionäres arschloch« verhalten zu haben. Doch bei allen Spannungen und Auseinandersetzungen behielt Andreas Baader die Oberhand, und Gudrun Ensslin stand ihm zur Seite, auch wenn sie selbst von ihm angegriffen wurde. So schrieb sie der frisch festgenommenen Margrit Schiller:»an andreas, über das, was er ist, konnten wir uns bestimmen, weil er das alte (erpressbar, korrupt usw.) nicht mehr war, sondern das neue: klar, stark, unversöhnlich, entschlossen ... weil er sich über die ziele bestimmt ...« Der gute Andi!, hätte dazu seine Großmutter gesagt.

Ich klappte die Akte zu. Für heute reichte es mir.

Wie auf Kommando steckte Gerd den Kopf zur Tür herein. »Klar, stark, unversöhnlich, entschlossen«, murmelte ich vor mich hin.

Gerd starrte mich an, und ich tippte auf die Akte. »Baader in den Augen der Ensslin.«

»Lass mal sehen.« Gerd studierte die letzten Kassiber. »Wieso fast alles in Kleinschreibung?«, fragte er.

»Inzwischen ja. Wenn sie schon ihre ureigene Diktion pflegen, gehört dazu auch eine passende Schreibweise. Und keine, derer sich die herrschende Klasse bedient.«

Gerd schüttelte den Kopf, legte die Schriftstücke in die Akte zurück. »Man könnte sich vorkommen wie in einem Lesezirkel«, sagte er. »Die schreiben und lesen. Wir lesen mit. Und dann lesen sie deine Beurteilung der Lage ... Warum schicken wir nicht noch ein paar Rundbriefe hinterher? Die Bullenpigs melden sich zu Wort. Zur bewaffneten Befreiungsaktion des Herrn Baader zum Beispiel.«

»Lesezirkel!« Ich musste lachen. »Da ist was dran, mein Lieber. Aber zur Baader-Befreiungsaktion kommen erst einmal die Beteiligten zu Wort. Im Berliner Prozess.«

Hungerstreik und Mord

Herbst 1974

Anfang September begann in Berlin der Prozess gegen Horst Mahler, Hans-Jürgen Bäcker und Ulrike Meinhof. Es ging um die Beteiligung an der Baader-Befreiung 1970. Am 13. September kündigte Ulrike Meinhof im Gerichtssaal den nächsten Hungerstreik an und formulierte auf elitäre Weise in einem »Aktionsprogramm für den Kampf um die politischen Rechte der gefangenen Arbeiter« Forderungen der Inhaftierten, unter anderem freie Selbstorganisation, den Anspruch auf Renten- und Sozialversicherung, Abschaffung der Hausstrafen, Ärzte eigener Wahl, Besuche ohne Kontrolle, Streikrecht, sexuelle Kontakte, Aufhebung der Briefzensur. Der Streik, erklärte sie, richte sich »gegen Sonderbehandlung, gegen die Vernichtungshaft« wie auch »gegen die Counterinsurgency-Programme« und sei »im Rahmen einer antiimperialistischen Befreiungs- und Einheitsfront in den Gefängnissen« zu verstehen.

Sie kämpfte auf verlorenem Posten, und wieder einmal konnte ich nicht umhin, Mitleid für sie zu empfinden. Mehr als mit allen anderen. Nicht ganz – auch für Holger Meins empfand ich es. Zwei irregeleitete Märtyrer.

Als am 2. Oktober die Generalbundesanwaltschaft offiziell Anklage gegen Andreas Baader, Gudrun Ensslin, Ulrike Meinhof, Holger Meins und Jan-Carl Raspe erhob, befanden sich seit dem 13. September über dreißig Häftlinge im Hungerstreik. In den verschiedenen Haftanstalten hatte man begonnen, die Gefangenen künstlich zu ernähren.

Die Anwälte Schily und Croissant erstatteten Strafanzeige gegen die Anstaltsärzte und hielten eine Pressekonferenz ab. Sie sprachen von der Zwangsernährung als bewusster Quälerei und sadistischer Folter. In der Tat musste es eine Tortur sein, festgeschnallt zu werden und die Magensonde durch den Mund oder die Nase eingeführt zu bekommen.

Im Oktober kam es zu ersten Ausfällen an der Streikfront. So gab Irene Goergens (Deckname »Peggy« = »pe«) auf und erhielt umgehend die Quittung von Gudrun Ensslin: »pe – das ist 'n irrtum – von wegen ›dem teufel vom messer gesprungen‹, dem lieben gott, dem doktor, der bourgeoisie an den hals. das ist die wahrheit.« Und Ulrike Meinhof und Ingrid Schubert (Deckname «Nina« = »ni«) mahnte sie wegen deren verständnisvollen Reaktionen auf Goergens' Abbruch: »kampf ohne konsequenzen. ni quatscht noch von ›hätte draufgehen können‹ – herzchen – wenn sie = jeder wie jeder = sie ist, kann sie wie jeder im kampf sterben. also das ist die liquidatorische linie, der feind in den reihen, der schacher, deal, DRECK – uns anzubieten + zu preisen was UNMÖGLICH ist: die prinzipien (also DEN KAMPF) deinen votzenbedürfnissen = dem überleben unterzuordnen.«

Auch Manfred Grashof brach Ende Oktober den Hungerstreik ab, woraufhin ihm Holger Meins unter anderem schrieb: »du blöder idiot, fängst sofort wieder an und machst weiter ... das muss dir klar gewesen sein, was das heißt für die pigs und gegen uns – mitten in der aktion. wenn du da mit vollem bewusstsein gefressen hast – als schritt raus – dann man guten appetit. dann ist hier ende. wenn's ein flipp war, break, mattscheibe – geschenkt. erstmal. sowas kommt vor ... sieg oder tod – sagen die typen überall, und das ist die sprache der guerilla – auch in der winzigen dimension hier: mit dem leben ist es nämlich wie mit dem sterben: menschen (also: wir), die sich weigern, den kampf zu beenden – sie gewinnen entweder oder sie sterben, anstatt zu verlieren und zu sterben ... bei aller liebe zum leben: den tod verachtend. das ist für mich: dem volke dienen – raf.«

Gudrun Ensslin hatte den Kassiber gelesen und kritisierte Holger Meins (Deckname »Jimmy« = »ji«) am 7. November: »das kriechen vor dem UNGEHEUER – ji, was soll das, mitten in der aktion die knarre wegschmeißen 'n flip – bist du ein werber für das schlechte gute oder was ...« Dann verlangte sie von Meins:»... konsequenz hat zwei Seiten. ji runter: ticken, dass es geschichte ist – materielle prozesse, deren spuren, so oder so, gewählt, dann leicht identifizierbar geworden sind. hör doch uff, nem typen [Grashof] in seinen soldatenarsch zu blasen – wozu? was hast du – was hat die guerilla davon? jedenfalls ist das nicht der totale krieg, sondern die totale defensive ... würd ich einfach mal lassen ... hm. ohne zu trauern. das – das ziel. du bestimmst, wann du stirbst. freiheit oder tod.«

Das »runter« bezog sich auf sein Gewicht, und die Botschaft war, er solle die historische Dimension der frei »gewählten« Selbstzerstörung in dem »totalen Krieg« der RAF zur Kenntnis nehmen (»ticken«). Die Guerilla habe nichts davon, einen Deserteur zurückzugewinnen. Das Ziel des Hungerstreiks sei für ihn, den Zeitpunkt seines Todes selbst zu bestimmen.

Zwei Tage später war Holger Meins tot. Ich erfuhr es aus dem Radio und war so getroffen, dass ich in meinem Büro wie ein Tiger im Käfig auf und ab lief. Der Anstaltsarzt hätte erkennen müssen, wie es um ihn stand, er hätte den Stuttgarter Strafsenat informieren und den Gefangenen in die Intensivstation eines Krankenhauses bringen lassen sollen. Stattdessen hatte der Doktor sich ins Wochenende begeben. Hier war eindeutig geschlampt worden.

Ich dachte an Holger Meins' Vater und unseren Besuch beim Sohn zwei Jahre zuvor. Schon damals war es mir ja so vorgekommen, als habe er sich aufgegeben. Und Gudrun Ensslins Worten folgend, hatte er nun tatsächlich bestimmt, wann er starb, seine Konsequenz war der Tod gewesen.

Ich rechnete mit einem Anruf seines Vaters. Der Tod des Sohnes musste dem leidgeprüften Mann doch das Herz gebrochen haben. Aber er rief nicht an, weder an diesem noch je an einem anderen Tag. Glaubte er daran, was sein Sohn quasi als Testament hinterlassen hatte?

Ich erfuhr den Inhalt wenig später. Er hatte die tödliche Gefahr eines Hungerstreiks sehr wohl erkannt, den einkalkulierten Tod jedoch im gleichen Atemzug als Mord ausgegeben: »So wie ich das seh, ist ein hs. 1. sehr gefährlich weil u. U. tödlich und 2. wenn, dann ist das der letzte, weil es dann kein Aufhören mehr gibt ... für den Fall, dass ich in der Haft vom Leben in den Tod komme, war's Mord. Gleich, was die Schweine behaupten werden. Glaubt den Lügen der Mörder nicht.«

Zu denen gehörte in den Augen seines Vaters jetzt wohl auch ich. Wir alle – die »Schweine«. Niemand machte sich klar, dass das Personal in den Gefängnissen seit langem mit dem Verhalten dieser Gefangenen überfordert war. Ich brauchte mir nur Gudrun Ensslins Worte zu vergegenwärtigen: »den 24-stunden-tag auf den begriff hass bringen.«

Holger Meins' lebensbedrohlicher Zustand war in der Wittlicher Anstalt falsch eingeschätzt worden, wenn auch gewiss nicht mit Absicht. Hinzu kam, dass er am Todestag Besuch von seinem Anwalt Siegfried Haag erhalten und von ihm, geschwächt auf einer Trage liegend, eine Zigarette bekommen hatte. Vielleicht war daraufhin sein Kreislauf zusammengebrochen. Eine Verkettung von Fehleinschätzung und unglücklichen Umständen.

Das sah die Sympathisantenszene anders. Als die Nachricht bekannt wurde, bildeten sich unter der Parole »Rache für Holger Meins« in mehreren deutschen Großstädten spontane Protestzüge.

Die Rache folgte auf dem Fuße und traf einen, der mit der RAF nicht das Geringste zu tun hatte: den Präsidenten des Kammergerichts und höchsten Richter in Berlin, Günter von Drenkmann. Einige junge Leute waren in seine Wohnung eingedrungen und hatten ihn erschossen, vermutlich bei dem Versuch, ihn – entsprechend den Worten im Kassiber – zu entführen. Günter von Drenkmann, ein SPD-Mitglied und liberaler Jurist, erlag, gerade vierundsechzig Jahre alt geworden, seinen Schussverletzungen im Krankenhaus.

Das »Kommando 2. Juni« bekannte sich später zu der Tat, die die Häftlinge in Stammheim – inzwischen waren auch Andreas Baader und Jan-Carl Raspe dorthin verlegt worden – zu einer teilweise in der Handschrift Ulrike Meinhofs verfassten öffentlichen Erklärung veranlasste: »Die Hinrichtung des Richters Drenkmann ist ein Teil der Solidarität mit dem Hungerstreik der RAF ... Wir weinen dem toten Drenkmann keine Träne nach. Wir freuen uns über eine solche Hinrichtung. Diese Aktion war notwendig, weil sie jedem Justiz- und Bullenschwein klargemacht hat, dass auch er – und zwar heute schon – zur Verantwortung gezogen werden kann ...«

Was für ein Menetekel! Sie drehten alles so, dass für sie mundgerechte RAF-Happen daraus wurden – Brocken, an denen man in Wirklichkeit nur noch würgen konnte –, und befanden sich offenbar im Hochgefühl des Erfolgserlebnisses einer sich ausbreitenden Öffentlichkeitskampagne mit dem Tenor »Justizmord an Holger Meins«. Andreas Baader jedenfalls setzte die durch den Hungerstreik langsam schwächer werdenden Gefangenen noch einmal unter Druck: »Worum es geht, ist für jeden, das Gewicht so weit runter zu bringen, dass er/alle bestimmen kann, wann das läuft: akute Lebensgefahr, Krise, Koma. Ich bin sicher, dass das einfach ist ... Klar ist auch, dass der Streik jetzt der Ebene, die den Mord an ji geplant und durchgezogen hat, entrissen ist: dem Staatsschutz. Wie wir gesagt haben: die Eskalation bis zur Regierungsebene ...«

Dass sich der RAF-Kader dabei nicht selbst »opfern« wollte, ging aus einem Kassiber von Gudrun Ensslin an Ulrike Meinhof hervor: »un[d] pe [Peggy = Irene Goergens] willste verklickern dass sie sterben soll damit du lebst? na warte. hm ist dir doch klar: du kriegst keinen befehl. weil wir keine gefangenen machen, keine opfer liquidieren. un[d] blickste bei dem ›welt‹-artikel durch? (: wenn stammheim die idylle – kann u. m. nur was sein? opfer, verrückt, macke = deine linie, seit weiß ich wann, aber jedenfalls wie's seit wochen ununterbrochen ganz ›eisern‹ von dir kommt gegen uns in diesem gefecht.« Da ich ihre Ausdrucksweise inzwischen nur zu gut verstand, war mir klar, dass Ulrike Meinhof (u. m.) keinen Befehl erhalten werde, sich »in diesem Gefecht« zu opfern, weil sie in den Augen der Öffentlichkeit schon ein Opfer beziehungsweise »verrückt« sei.

Allerdings dachten auch Baader und Ensslin nicht daran, sich zu opfern, und alle drei aßen, wie ich von Anstaltsbeamten in Stammheim erfuhr, hin und wieder heimlich Lebensmittel, die ihnen Anwälte mitbrachten. Nur Jan-Carl Raspe nicht. Er überlebte die Hungerstreiks dennoch.

Die Nerven, vor allem die der beiden Frauen, mussten trotzdem blank liegen. Das mochte auch auf den zeitweise gehandhabten Zusammenschluss von Gudrun Ensslin und Ulrike Meinhof zurückzuführen sein. Das Zerwürfnis zwischen ihnen spitzte sich zu, wie etwa aus einem vermutlich für Baader bestimmten Schreiben der Meinhof hervorging: »ich knalle an die decke, über ihre gemeinheit und hinterhältigkeit. und es kommt mir so vor, als wäre das längst ein deal, den ich aber nicht mitmache. g[udrun] weiss, dass ich nichts sage, wenn sie lügt, es bleibt auch dabei – aber – ich halte es nicht aus.«

Baader war auch Adressat von Klagen Gudrun Ensslins über die einstige Kampfgenossin: »u's 2maliges gelächter während der arbeit noch: nekrophil, hysterisch, wirklich absolut hässlich und eindeutig … gegen mich … obwohl ich immer noch sage, erst recht sage: im grunde nicht gegen mich, sondern gegen dich. Aber das ist es eben: deshalb auch gegen mich, weil gegen die revolution …«

Entnervt antwortete Baader, er verstehe die »wirren schlachten« der beiden Frauen nicht – »zwei wirklich groteske irre« –, und Ulrike Meinhof schrieb er: »das problem ist, dass du/ihr als die fürchterlichen desorientierten schweine die ihr seid ... inzwischen eine belastung geworden seid (wie was ihr selbstkritik nennt) mit der ich nichts zu tun haben will + dass ich es muss, glaub lieber nicht. Ihr seid es, die uns fertig machen – was die justiz nie könnte ... was aber soll das ganze noch? wie es jetzt ist, habe ich dir nichts mitzuteilen. also halt die fresse, bis du was verändert hast, oder geh endlich zum teufel.«

Die Mitglieder der RAF-Spitze begannen offensichtlich, sich gegenseitig zu zerfleischen. Nein – nicht gegenseitig. Das Opfer des Liebespaares Ensslin und Baader war eindeutig Ulrike Meinhof, auch wenn er Gudrun Ensslin in seine Beschimpfungen einbezog: »ihr seid wirklich die pest, die zofen ... Und was da ringt, ist natürlich ein schwein. das muss einfach nicht mehr erklärt werden; es ist in jedem schritt, jedem versuch von ulrike drin, und verrat ist dafür nur ein wort.«

Wie lange würde die ehemalige Star-Journalistin, einst »Schoßkind der Gesellschaft«, das noch verkraften? Mit ihrer Arbeit zur RAF-Geschichte kam sie offenbar auch weiterhin nicht voran, und die ehemals engsten Gefährten wandten sich in rüder Weise gegen sie. An die Gang- und Sprachart der beiden hätte sie sich allerdings in den vorangegangenen Jahren gewöhnen können, doch war ihr das wohl nicht gelungen, sofern es sie persönlich betraf. Sie blieb loyal, bat im Oktober sogar den französischen Philosophen Jean-Paul Sartre um einen Besuch bei Andreas Baader, weil »die Bullen« – also wir – ihn angeblich ermorden wollten! Rechtsanwalt Croissant fädelte den Besuch dann ein, begleitete Sartre nach Stammheim und sorgte für eine anschließende Pressekonferenz. Die Kommentare der Journalisten waren skeptisch, bisweilen bissig, aber Andreas Baader konnte sich wieder einmal im Licht der Öffentlichkeit sonnen. Wie sehr ihm das gefiel, wusste ich ja seit seiner Festnahme.

Er wurde mir immer unsympathischer in seiner Eitelkeit und selbstgefälligen Gangsterbossmanier. Und die Justiz, so glaubte er, bekäme ihn niemals klein. Ob er mit dieser Überzeugung recht behalten sollte, blieb abzuwarten. Jedenfalls hatten meine Hinweise auf das Verhalten gewisser Anwälte dazu beigetragen, dass endlich kurz vor Weihnachten zum Januar 1975 neue Gesetze verabschiedet wurden. Vermutlich war der letzte Anstoß dazu der Mord an Richter von Drenkmann gewesen, denn in den drei Wochen nach seinem Tod ging es rund. Plötzlich waren die staatlichen Autoritäten aufgeschreckt, und von einem Tag auf den anderen war ich mittendrin im Geschehen.

Es begann mit dem Auftrag, meinen Auswertungsbericht in sechsfacher Ausfertigung ins Bundesjustizministerium zu bringen. Dort empfing mich der sympathische Bundesanwalt Harms und erklärte, dem Ministerium seien weder meine Berichte noch meine Hinweise auf die Rolle der Verteidiger bekannt gewesen.

Ich war sprachlos. Offensichtlich hatte die Bundesanwaltschaft es nicht für nötig erachtet, übergeordnete Stellen von den Ergebnissen meiner Analysen zu unterrichten.

Kurz darauf fand im Bonner Innenministerium eine große Lagebesprechung statt. Höchste Repräsentanten des BMI und BMJ, der Justizminister von Nordrhein-Westfalen und BKA-Präsident Horst Herold beschäftigten sich mit einer Frage, die ich mir selbst längst mehrfach gestellt hatte: Warum hat die Bundesanwaltschaft nichts gegen das rechts- und standeswidrige Verhalten der Anwälte unternommen? Die Antwort erhoffte man sich von mir. Inzwischen hatte ich sie gefunden.

Das lasse sich nur damit erklären, sagte ich, dass die für den RAF-Komplex zuständigen Bundesanwälte unter Leitung von Dr. Wunder auch den leisesten Anschein von Eingriffen in die Verteidigerrechte hätten vermeiden wollen. Hinzu komme sicher auch, dass Heinrich Wunder sich aufgrund seiner Rolle als Gutachter des Bundesverteidigungsministeriums durch die *Spiegel*-Affäre als ein gebranntes Kind betrachte.

Das leuchtete den Herren ein, und sie beschlossen, dass der baden-württembergische Justizminister sich anschließend um einen Gesetzentwurf zur Einschränkung der Verteidigerrechte bemühen sollte.

Dann fand in Stuttgart eine Justizministerkonferenz statt, zu der ich gemeinsam mit Karl Schütz geladen wurde. Auch hier wollte man meine Meinung hören. Abends richtete die Landesregierung einen Empfang im Schloss Solitude aus, zu dem ich ebenfalls gebeten worden war. Bei Tisch wurde über einen Richter gesprochen, der seine Beförderung abgelehnt hatte, weil sie die Übernahme einer mit Prozessen gegen RAF-Terroristen betrauten Strafkammer bedeutet hätte. Mir wurde klar, wie schwer sich auch die Justiz mit dem RAF-Komplex tat, und ich erklärte den Anwesenden dann, dass es uns nicht besser gehe, aber dass am meisten die Vollzugsbeamten zu leiden hätten. Den von den Gefangenen auf den Begriff Hass gebrachten Vierundzwanzig-Stunden-Tag müssten *die* aushalten.

Während über Gesetzentwürfe gebrütet wurde, schritt nun auch unser Präsident Herold zur Tat und erarbeitete im Lauf des Dezembers ein Konzept zur »offensiven Bekämpfung anarchistischer Gewaltkriminalität«, gewissermaßen eine perfekte Weiterentwicklung der von mir angelegten Spurenakten. Für jede Bekämpfungsebene hatte er eine Auflistung aller denkbaren Möglichkeiten des Vorgehens ersonnen – ein Musterbeispiel kreativer kriminalistischer Phantasie, das auch Abhörmaßnahmen einschloss. Die verschiedenen Offensivmaßnahmen sollten die Landeskriminalämter zum großen Teil übernehmen. Doch deren Leiter wehrten sich während einer Tagung der AG Kripo, die in unserem Dienstgebäude stattfand. Sie seien ohnehin schon überlastet. Bitte nicht das auch noch!

Herold zog alle Register und argumentierte leidenschaftlich – es half nichts. Da ließ er schließlich den Kopf auf den Tisch sinken und rief verzweifelt aus: »Ich kann nicht mehr!«

Eine Paradevorstellung, die ihm im Hause den Spitznamen

»Staatsschauspieler« eintrug, die Leiter der Ämter jedoch völlig unberührt ließ. Vermutlich um deutlich zu machen, dass sie den ganzen Aufwand für übertrieben hielten, wurden anschließend etliche Baader-Meinhof-Sonderabteilungen aufgelöst.

Von Herolds großartigem Punkteprogramm blieb eine Maßnahme jedenfalls übrig: Fortan wurde jeder Anwaltsbesuch registriert.

Bei der Verabschiedung des ersten großen »Antiterrorgesetzespakets« im Dezember hatten sich die Beteiligten indes schnell geeinigt. Von nun an war die Zahl der für die Verteidigung eines Beschuldigten zuständigen Anwälte eingeschränkt. Von den zuvor gelegentlich bis zu fünfzehn für einen Mandanten tätigen Verteidigern blieben nur noch drei. Ferner bestimmte der neue Paragraph 138a der Strafprozessordnung, dass ein Verteidiger von der Mitwirkung in einem Verfahren auszuschließen sei, »wenn er dringend oder in einem die Eröffnung des Hauptverfahrens rechtfertigenden Grade verdächtig ist, dass er 1. an der Tat, die den Gegenstand der Untersuchung bildet, beteiligt ist, 2. den Verkehr mit dem nicht auf freiem Fuß befindlichen Beschuldigten dazu missbraucht, Straftaten zu begehen oder die Sicherheit einer Vollzugsanstalt erheblich zu gefährden, oder 3. eine Handlung begangen hat, die für den Fall der Verurteilung des Beschuldigten Begünstigung, Strafvereitelung oder Hehlerei wäre«.

Endlich der Lohn für meine Mühe!

Im Paragraph 231a hieß es, eine Hauptverhandlung könne auch in Abwesenheit des Angeklagten durchgeführt werden, wenn dieser sich »vorsätzlich und schuldhaft in einen seine Verhandlungsfähigkeit ausschließenden Zustand versetzt« habe.

Das war eine aus dem Hungerstreik und in Anbetracht des im Frühling des folgenden Jahres anstehenden Prozesses in Stammheim gezogene Konsequenz. Ein »einfall« von Gudrun Ensslin, den sie in einem später gefundenen Kassiber schildert, konnte die Regelung nur bestätigen: »wir können sagen: jede 3. woche (oder egal 2 4) wird sich einer von uns töten so lange, bis die isolation für alle aufgehoben ist.«

Natürlich – das war ja ein Teil ihres bewaffneten Kampfes. Und der war weder drinnen noch draußen beendet.

Unsere Soko B/M wurde aufgelöst, und für die neu gegründete Abteilung »Terrorismus« war fortan mein Kollege Gerhard Boeden verantwortlich. Ich übernahm die Position des Kommissarischen Leiters im Referat TE 13 für Berichte, Analysen, Prognosen.

Nun, das entsprach im Wesentlichen dem, was ich bislang auch getan hatte. Manche Kollegen glaubten, es gebe zwar etwas zu analysieren, aber nicht mehr sehr viel zu prognostizieren. Ich hingegen war davon überzeugt, dass sich im Untergrund längst eine starke Nachfolgergruppe zusammengefunden hatte, deren Ziel es nach wie vor sein würde, die Stammheim-Gefangenen freizupressen. Das bewies der missglückte Versuch, Günter von Drenkmann zu entführen, der so tragisch geendet hatte. Wir würden nicht lange warten müssen, bis ein weiteres Opfer ausgespäht war.

Nur: Wer würde es diesmal sein?

Geiselnahmen

Der dritte Hungerstreik dauerte einhundertvierzig Tage und endete am 5. Februar. Zuvor war es allerdings dem RAF-Kader in Stammheim gelungen, sich über die Vermittlung des Rechtsanwalts Dr. Klaus Croissant – trotz Verbots des zuständigen Gerichts – in einem *Spiegel*-Interview zu Fragen nach der Haftsituation zu äußern. Darin wurde mit einem Durststreik gedroht, dessen Beginn der Anwalt in einer Presseverlautbarung am 31. Januar für den 2. Februar ankündigte.

Interessanterweise ging genau an diesem Tag ein an Presse und Agenturen versandter »Befehl« zum Abbruch des Hungerstreiks ein:

»an die gefangenen aus der raf
  wir bitten euch, den streik jetzt abzubrechen, obwohl ... seine forderung, die aufhebung der isolation, nicht durchgesetzt werden konnte.
  versteht das als befehl ...
  wir nehmen euch diese waffe, weil der kampf um die gefangenen ... jetzt ... mit <u>unseren</u> waffen entschieden wird.
  wir werden siegen.
  raf (S)   2. Februar 1975«

Es sollte wohl der Eindruck erweckt werden, dass eine außerhalb der Haftanstalten existierende Führungszentrale den Befehl gegeben habe. Ich vermutete allerdings, dass »S« für Stab stand, als den sich Baader, Ensslin und Meinhof betrachteten.

Der Stammheimer Amtsinspektor Horst Bubeck, verantwortlich für die RAF-Gefangenen, bestätigte das. Andreas Baader hatte, nachdem ihm dies genehmigt worden war, telefonisch Anweisungen zum Abbruch an Genossen in anderen Haftanstalten gegeben. Sorgen bereitete mir allerdings die Frage, was für Waffen es wohl sein mochten, die nun zum Einsatz gebracht werden sollten. Von Sieg zu sprechen konnte nur bedeuten, dass eine Entführung geplant war, mit der sie ihre Freilassung erpressen wollten. Dafür sprach, dass der angekündigte Durststreik nicht stattfand. Sie waren durch den langen Hungerstreik geschwächt und wollten nicht noch mehr Kraft verlieren, spekulierte ich.

Gerd war anderer Ansicht.»Denen geht's doch prächtig«, meinte er.»Nach dem, was wir so hören. Zur Belohnung für den Abbruch des Hungerstreiks dürfen sie sich jetzt täglich mehrere Stunden zusammensetzen. Wo hat's denn das bislang gegeben? Und als Angeklagte in derselben Sache haben sie doch auch schon vorher den sonst strikt untersagten Kontakt halten können. Männlein und Weiblein zusammen, was normalerweise auch verboten ist.«

Er hatte recht, das war tatsächlich einmalig. Von Isolationsfolter zu sprechen war ohnehin lächerlich. Sie hatten Kontakt – und dass sie jegliche Kommunikation mit anderen Gefangenen ablehnten, war nicht nur ein Hinweis darauf, dass sie unter sich bleiben wollten, sondern auch Konsequenz ihres Wissens, dass sie dann nicht mehr medial mit ihrer angeblichen Isolationshaft hätten punkten können. Alles war Teil des Kampfes, und dazu gehörte die Erwartung, die Genossen draußen würden nun etwas zustande bringen. Die seit Mai 1973 gegründeten»Folterkomitees« hatten zusammen mit Anwälten und dem»info« immer wieder durch Protestaktionen für die Aufmerksamkeit der Medien gesorgt.

Mit von der Partie waren inzwischen auch die Angehörigen der Häftlinge. Gemessen an ihrer Betroffenheit bei meinen Besuchen im Frühjahr 1971, hatten sie inzwischen eine komplette

Kehrtwendung vollzogen. Politisiert und beeinflusst, sowohl von den besuchten Verwandten als auch von den »Folterkomitees«, nahm selbst die betagte Elterngeneration an Pressekonferenzen, Fernsehdiskussionen und Demonstrationen teil. Sogar Hungerstreikaktionen waren von ihnen organisiert worden. Darüber hinaus versuchten sie, durch Eingaben und Beschwerden, die sie an Vollzugsbehörden und Politiker richteten, die Haftbedingungen zu verändern. Diese Schreiben wurden vielfach veröffentlicht, um die Justiz unter Druck zu setzen.

Besonderes Aufsehen hatte die Besetzung der Räume von »amnesty international Hamburg« im Oktober erregt, eine Solidaritätsaktion für die im Hungerstreik befindlichen Gefangenen, die ohne Verwandtenbeteiligung zustande gekommen war. Ich vermutete, dass sich unter den mehreren Dutzend Menschen, die gegen »Vernichtungshaft« protestiert hatten, Nachwuchsmitglieder der RAF befanden, bislang vielleicht nur Sympathisanten, aber unter dem Eindruck des als »Justizmord« verstandenen Märtyrertodes von Holger Meins sicher leicht beeinflussbar. Wer wäre angesichts des ausgezehrten Leichnams – der *stern* hatte ein Foto veröffentlicht – nicht entsetzt gewesen? Die Version von »Folterhaft« ließ sich auf diese Weise jedenfalls eindrucksvoll vermitteln und dazu verwenden, junge, engagierte Menschen gegen die vermeintlichen Justizmörder aufzubringen. So schürte man zunächst Empörung – dann Hass. Und Gewaltbereitschaft. Das war der Nachwuchs, den sich Baader und Co. wünschen mussten, damit sich ihr Traum von einer Befreiung realisieren ließ. Doch dazu brauchten sie potente Anführer – die hatten sie zwar durch den Kader und dessen Anweisungen, aber wie waren sie ausgerüstet? Und wer von den übrig gebliebenen Genossen und deren neuen Anhängern konnte die gewünschten Aktionen realisieren? Wir wussten es nicht. Nicht einmal die Personalien der Protestler bei »amnesty« waren von der Polizei aufgenommen worden.

Die Anwälte Groenewold, Ströbele und Croissant waren inzwischen von der Verteidigung im Stammheimer Prozess ausgeschlossen worden. Croissants Kollege Jörg Lang war Anfang 1974 untergetaucht. Vielleicht gehörte er zu den Nachwuchsbetreuern in der Illegalität?

In Croissants Kanzlei in Stuttgart agierte die »Sektion BRD« des von ihm mitbegründeten »Internationalen Komitees zur Verteidigung politischer Gefangener in Westeuropa«, kurz IKV genannt. Sowohl bei ihm als auch bei Groenewold liefen die Fäden für das »info« zusammen, und wenn jemand etwas über geplante Aktionen zur Befreiung des Kaders in Stammheim wusste, dann die beiden. Croissant hatte eine ganz und gar herkömmliche Karriere als Anwalt durchlaufen, bevor er zum leidenschaftlichen Verteidiger der RAF wurde. Er und andere, die sich von ihren Mandanten auf nicht nachvollziehbare Weise manipulieren ließen. Oder hatten sie innerlich bereits gänzlich die Seiten gewechselt?

Die Angeklagten versuchten, ihre von ihnen so genannten Vertrauensanwälte »ganz nackt als Techniker zu instrumentalisieren«, wie es Baader in einem Kassiber über Otto Schily formulierte. »wir [müssen] darauf insistieren, dass die anwälte auf uns hören«, hieß es in einem Schreiben der Gefangenen an ihre Verteidiger, und in einem bei der Durchsuchung eines Anwaltsbüros gefundenen, mit »a« unterzeichneten Brief war unter anderem zu lesen:»die gefangenen bestimmen die prozessstrategie, und zwar kollektiv«. Wem das nicht passe, der könne ja gehen. Dann setzte der Verfasser – das »a« stand zweifellos für Baader – zu wüsten Beschimpfungen an, bei denen Wörter wie »intrigant« und »korrupt« noch zu den harmloseren Bezeichnungen gehörten. Über Schily hieß es:»ich denke dass der typ in jedem prozess stört ... also dann lieber pflichtverteidiger, die man als bullen in roben bezeichnen kann«.

Warum die Anwälte diesen rüden Umgangston über sich ergehen ließen und trotzdem weitermachten, war mir ein Rätsel.

Obwohl ich immer noch davon überzeugt war, dass Schily seinerzeit den Ensslin-Kassiber geschmuggelt hatte, genoss er meiner Meinung nach den besten Ruf unter den Anwälten. Baader würde im Zweifel seine Pflichtverteidiger bekommen und dann sehen, was er davon hätte. Nachdem ich erfahren hatte, dass er dreimal in der Woche Besuch von einem Masseur bekam, weil er sich über Rückenschmerzen beklagt hatte, war ich froh, dass ich mich nicht mehr mit ihm befassen musste. (Dachte ich.)

Gerd konnte es nicht glauben, als ich ihm von dem Masseur erzählte. Man solle, so meinte er, dem RAF-Nachwuchs, den von der »Folterhaft« Beeinflussten, mal ein Video aus Stammheim schicken. Dann könnten sie sehen, wie die bedauernswerten Mörder in ihren geräumigen Einzelzellen, die sich in anderen Stockwerken bis zu sechs Häftlinge teilen müssten, Platten hörten oder vor dem Fernseher säßen. Andere Gefangene dürften nur einmal pro Woche einen Spielfilm sehen.

»Ferner«, zählte er auf und redete sich dabei in Rage, »können sie sich nach stundenlangem Quatschen auf dem Flur gemeinsam in ihre gut bestückte Fresszelle begeben. Oder aber in die bibliotheksartige Bücherzelle und sich als Revolutionäre weiterbilden. Dann ab in die Prozesszelle, um sich in Akten zu suhlen, und wenn das alles erledigt ist, geht's in die Sportzelle ans Rudergerät oder an den Heimtrainer. Haben eine ganze Etage für sich und jede Menge Personal. Kein Wunder, dass sich die Gefangenenvertretung im Namen von immerhin achthundert Häftlingen über die Privilegien unserer sogenannten Revolutionäre beim Stuttgarter Justizministerium beschwert hat. Und ebenfalls kein Wunder, dass die vier keine Lust haben, den anderen zu begegnen. Die würden sie lynchen. Und das Personal tut mir leid. Ständig das unflätige Benehmen dieser Leute ertragen zu müssen!«

»Es ist vor allem Baader«, sagte ich. »Wann immer er kann, beleidigt er abwechselnd die Meinhof, das Personal oder Kollegen.«

»Hoffentlich kommt der nie mehr raus«, sagte er wütend.

»Oder aber er wird, wie du immer befürchtest, durch irgendeine

Aktion freigepresst und weiß der Teufel wohin abgeschoben. Er und die anderen. Das wäre eigentlich am besten. Keine Prozesskosten mehr. Keine Steuergelder für lebenslange Unterbringung, Masseur inklusive ...«
»Das meinst du nicht so, Gerd«, unterbrach ich ihn. »Willst Geiselnahmen schönreden? Günter von Drenkmann hat vor wenigen Monaten bei einem Entführungsversuch sein Leben eingebüßt. Das Risiko besteht doch immer. Rund um den Prozess wird es in den kommenden Monaten genug medialen Wirbel geben. Unser Stammheimer Quartett wird sicher versuchen, die Verhandlungen in ihre eigene, politische Propagandashow umzudrehen. Deshalb haben sie auch nicht mit einem neuen Hunger- oder Durststreik begonnen, der sie für ihre Auftritte zu sehr geschwächt hätte. Allerdings könnte es wirklich sein, dass sie mit einer Befreiungsaktion rechnen. Wer kann das schon wissen.«

Am Morgen des 27. Februar wurde in Berlin Peter Lorenz, Spitzenkandidat der CDU für das Amt des Regierenden Bürgermeisters, entführt. Einundsiebzig Stunden vor der Wahl und nur wenige Minuten nachdem er seine Wohnung in Zehlendorf verlassen hatte, wurde sein Auto von einem Lastwagen auf der Straße blockiert und dann von einem Fiat gerammt. Der Fahrer war mit einer Stange niedergeschlagen und Lorenz in ein bereitstehendes Fahrzeug gezerrt worden.

Vierundzwanzig Stunden später meldeten sich die Entführer. Kein RAF-Nachwuchs, sondern die Truppe von der »Konkurrenz«. Was beim Überfall auf Richter von Drenkmann nicht gelungen war, hatte sie mit Lorenz nun geschafft. Auf einem Polaroid-Foto war der Entführte mit einem um den Hals gehängten Pappschild zu sehen: »Peter Lorenz, Gefangener der Bewegung 2. Juni«. Gefordert wurde die Freilassung von sechs Inhaftierten: Horst Mahler, Verena Becker, Gabriele Kröcher-Tiedemann, Ingrid Siepmann, Rolf Heißler, Rolf Pohle. Alle, bis auf Mahler, Mitglieder der »Bewegung 2. Juni«. Vom RAF-Kader war nicht die Rede. Es gab nur eine kleine Entschuldigung, gerichtet »an die Genossen im Knast«: »Wir würden gern mehr … rausholen, sind aber dazu bei unserer jetzigen Stärke nicht in der Lage.«

In Bonn tagte ein eilends zusammengerufener Krisenstab auf höchster politischer Ebene. Wie würde er entscheiden? Keiner der Gefangenen aus der »Bewegung 2. Juni« stand im Verdacht, einen Mord begangen zu haben. Man könnte also …

Man tat es. Unbürokratisch, ohne Verfassungsgrundlage und aus dem von mir vermuteten Grund. Die Gefangenen sollten nach Aden im Jemen ausgeflogen werden, und die Entführer hatten verlangt, dass Pastor Heinrich Albertz sie als Geisel begleitete, der im September 1967 wegen Dissensen hinsichtlich des Umgangs mit den Studentenunruhen von seinem Amt als Regierender Bürgermeister von Berlin zurückgetreten war.

Es geschah, wie sie es verlangt hatten, doch nur fünf Häftlinge flogen mit – Horst Mahler hatte den Austausch abgelehnt.

Vier Tage nach der Entführung sprach der zurückgekehrte Albertz die verabredete Losung im Fernsehen: »So ein Tag, so wunderschön wie heute …« In der Nacht setzten die Kidnapper Peter Lorenz auf freien Fuß.

Es herrschte Erleichterung, aber auch großes Unbehagen. Nachdem die Aktion so problemlos geglückt war, konnte sie den Auftakt zu weiteren Entführungen bedeuten. Ich malte mir aus, wie Baader seine Genossen in Freiheit nun unter Druck setzen würde. Was der »Konkurrenz« gelungen war, müsste doch auch den RAF-Leuten möglich sein. Aber waren unter den übrig gebliebenen Gefolgsleuten solche Profis wie die in Berlin? Und wenn ja, konnte es sich die Regierung noch einmal erlauben, auf Austauschforderungen von Entführern einzugehen? Wenn sie den RAF-Kader beträfen, sicherlich nicht. Und nur um den würde es gehen. Eigentlich müssten potenzielle Täter das wissen, dachte ich, und so etwas nicht noch vor Beginn des Prozesses versuchen.

Oder gerade?

Gerade!

Am 25. April besetzte ein »Kommando Holger Meins« – fünf Männer und eine Frau – kurz vor zwölf Uhr mittags die Deutsche Botschaft in Stockholm, nahm zwölf Botschaftsangehörige als Geiseln und verschanzte sich mit ihnen im Obergeschoss. Als die Polizei ins untere Stockwerk eindrang, drohten die Maskierten, den Verteidigungsattaché Andreas Baron von Mirbach zu töten, wenn die Beamten das Gebäude nicht verließen. Mit vorgehaltener Waffe zwangen sie den vierundvierzigjährigen Mirbach, »über den Countdown seiner eigenen Erschießung zu verhandeln«, wie es seine Frau später formulierte. Der Einsatzleiter der schwedischen Kollegen dachte jedoch nicht daran, seine postierten Leute abzuziehen, woraufhin die Besetzer den Attaché etwa eine Stunde nach ihrer Morddrohung mit fünf Schüssen niederstreckten und den Besinnungslosen kurze Zeit später die Treppe hinabstießen. Nach weiteren langwierigen Verhandlungen durften zwei schwedische Polizisten, nur mit Unterhosen bekleidet, den Sterbenden bergen, und die Einsatzkräfte zogen sich in ein benachbartes Haus zurück.

Fassungslos vernahmen wir die Nachricht, auf die kurz darauf eine weitere folgte: Die Besetzer forderten die Freilassung von sechsundzwanzig RAF-Genossen, darunter Andreas Baader, Ulrike Meinhof, Gudrun Ensslin und Jan-Carl Raspe. Wenn die Bundesregierung dieser Forderung nicht unverzüglich nachkomme, hieß es in einem an die dpa in Stockholm übermittelten Schreiben des Kommandos, werde man jede Stunde eine Geisel erschießen und bei einem Angriff das Gebäude in die Luft sprengen.

Wie würden der Bundeskanzler und sein Krisenstab nun entscheiden? Es folgten bange Stunden.

»Die Täter machen rücksichtslos von der Waffe Gebrauch«, sagte Gerd bedrückt. »Sie werden alle ihre Gefangenen ermorden, wenn die Regierung nicht tut, was sie wollen. Ich hoffe, Schmidt geht darauf ein.«

Konnte er das? Es war genau die Situation eingetreten, die ich befürchtet hatte.

»Wenn er das nicht tut – und das kann er eigentlich nicht –, dann könnten die Täter ihre Opfer zwar umbringen, doch sie selbst kämen aus der Falle auch nicht mehr heraus«, erwiderte ich. »Aber das haben sie vermutlich einkalkuliert und deshalb auch den Sprengstoff mitgebracht. Baaders Jünger scheinen bereit zu sein, sich für die Sache zu opfern. Dem Hungerstreik folgt das Himmelfahrtskommando.«

Um acht Uhr abends hörten wir die Radionachrichten. Der Bundeskanzler hatte die Forderungen der Entführer strikt abgelehnt und dem schwedischen Ministerpräsidenten Olof Palme diese Entscheidung mitgeteilt.

»Jetzt haben die Kollegen im Norden den Schlamassel am Hals«, sagte Gerd. »Eigentlich eine Zumutung.«

»Zunächst einmal für den Justizminister. Vielleicht versucht er, mit den Geiselnehmern zu verhandeln. Aber ich begreife nicht, warum niemand aus *unserer* Regierung diesen Part übernimmt. Was haben die Schweden schließlich mit deutschen Terroristen zu tun?«

Ich verbrachte eine unruhige Nacht und erfuhr am nächsten Morgen, was sich abgespielt hatte. Tatsächlich hatte der schwedische Justizminister mehrere Versuche unternommen, die Besetzer umzustimmen. Er hatte ihnen freien Abzug zugesichert, wenn sie die Geiseln laufen ließen. Sein Angebot war abgelehnt worden. Entweder, so die Terroristen, würden die Forderungen erfüllt, oder sie erschössen jede Stunde eine Geisel. »Sieg oder Tod!«

Am späten Abend hatte es den nächsten Toten gegeben. Wie zuvor angekündigt. Man hatte den Wirtschaftsattaché Heinz Hillegaart ans offene Fenster gestellt, ihn aufgefordert, den Menschen draußen auf der Straße zuzurufen, und ihm dann in den Kopf geschossen. Eine Art öffentliche Hinrichtung.

Mir wurde übel bei dem Gedanken, und ich fragte mich, wie

sich Bundeskanzler Helmut Schmidt wohl fühlen mochte. Verdammt einfach, dachte ich, Forderungen per Telefon abzulehnen und offensichtlich zu hoffen, dass die Schweden das Problem schon in den Griff bekämen. Jemand aus unserer Regierung hätte vor Ort sein sollen, um mit den Tätern zu verhandeln. Auf Zeit hätte man spielen müssen und vielleicht auf diese Weise zwei Leben retten können oder doch zumindest eines der unschuldigen Opfer, die das Pech gehabt hatten, Repräsentanten eines »imperialistischen« Staates zu sein.

Die schwedischen Kollegen hatten nach dem Mord an Hillegaart zum Angriff mit Betäubungsgas übergehen wollen, doch dazu war es nicht mehr gekommen: Kurz vor Mitternacht war der Sprengstoff explodiert. Versehentlich, wie sich später herausstellte. Die Geiseln waren lebend geborgen worden, wenn sie auch zum Teil schwere Verbrennungen erlitten hatten. Die Bilanz des Dramas: zwei ermordete Botschaftsangehörige und ein toter Terrorist, Ulrich Wessel.

So schnell wie möglich wurden die überlebenden RAF-Mitglieder nach Deutschland ausgeflogen, auch Siegfried Hausner, obwohl schwedische Ärzte davon abrieten. Er hatte schwere Brandverletzungen erlitten, denen er dann einige Tage darauf in der Stammheimer Intensivstation erlag. Hausner hatte zum »Sozialistischen Patientenkollektiv«, dem SPK in Heidelberg, gehört. Ebenso Lutz Taufer und die gesuchte Hanna-Elise Krabbe. Karl-Heinz Dellwo war in der Hamburger Hausbesetzerszene aktiv gewesen, Bernhard-Maria Rössner und Wessel hatten zur RAF-Sympathisantenszene gehört.

Der neunundzwanzigjährige Ulrich Wessel, Sohn eines schwerreichen Hamburger Kaufmanns, war bei der Explosion im dritten Stock aus dem Botschaftsgebäude geschleudert worden. Vermutlich war die Geiselnahme seine erste Aktion für die RAF gewesen. Sieg oder Tod – für ihn hatte Letzteres gegolten.

Ich hoffte, das blutige Drama in Stockholm würde Baaders Traum von der Freipressung beenden. Die Besetzung war keine

Profiarbeit gewesen, sondern, im Gegenteil, eher dilettantisch angegangen worden. Wie viele RAF-Anhänger mochten es sein, die noch auf Baaders Kommando hörten und auch in der Lage waren, Anschläge professionell auszuführen? Wenn es sie gab, so hatten die Ereignisse in Stockholm zumindest eine abschreckende Wirkung gehabt.

Zunächst jedoch wurde das IKV medial tätig. In den schwedischen Medien fanden nach dem Überfall auf die Botschaft kritische Diskussionen statt, an denen sich auch Deutsche beteiligten. Rechtsanwalt Ströbele gab ein Fernsehinterview, und bei einem zusammen mit der linksextremistischen Organisation KRUM flugs organisierten »Teach-in« in Stockholm kamen Ende Mai Mitglieder der »Folterkomitees« ausführlich zu Wort:

»jetzt, in der reaktion auf die befreiungsaktion in stockholm, hat er erneut gezeigt, was sich hinter der maske des ›demokratischen rechtsstaats‹ verbirgt: ein imperialistischer staat, der entschlossen ist, mit allen mitteln revolutionäre zu vernichten, und der auch entschlossen ist, diese vernichtungsstrategie gegenüber anderen westeuropäischen ländern durchzusetzen ...

am 4. 5. ist siegfried gestorben. hausner ist planmäßig durch die brd-regierung und die schwedische regierung ermordet worden, jeder wusste, dass der transport das todesurteil für ihn war, die schädelbrüche hat ihm die schwedische polizei zugefügt ...

mit dem ausschluss von drei anwälten – groenewold, croissant, stroebele – aus dem verfahren in stuttgart ist die isolation der gefangenen perfektioniert worden.«

Sie agierten äußerst medienwirksam und suggerierten Angst vor einem wieder erstehenden Nazideutschland.

Den enttäuschten Gefangenen in Stammheim war das nicht genug. Es folgte ein an die Anwälte gerichteter Aufruf von Baader: »die internationale pressekonferenz zuerst hier, dann in paris, dann holland und rom und stockholm wenn es möglich ist in derselben besetzung ... ihr müsst ... die anwendung der genfer konvention fordern. Verdammt, macht es endlich klar ... und ihr müsst außerdem über die prominenz, die ihr kennt, die unterschriften von multiplikatoren sammeln.«

Zunächst einmal wurde am 9. Mai der Anwalt Siegfried Haag festgenommen, damals Verteidiger von Baader, Ensslin, Meinhof, Raspe und einst auch von Meins. Die Verhaftung war angeordnet worden, nachdem ein in Zürich inhaftierter Sympathisant, der der Unterstützung der RAF überführt worden war, ausgesagt hatte, Haag habe in der Schweiz die Waffen für die Botschaftsbesetzung beschafft. Die Durchsuchung seiner Wohnung und seiner Kanzlei in Heidelberg erbrachte jedoch keine stichhaltigen Beweise. So wurde er am nächsten Tag wieder freigelassen und verschwand daraufhin umgehend im Untergrund.

Er könnte der Mann sein, überlegte ich, der für den Aufbau einer neuen Kampftruppe sorgen würde, und seine vielfach zitierte Presseerklärung – ganz im Sinne des IKV – bestärkte mich in dem Gedanken: »In einem Staat, der politische Gefangene durch systematische Langzeitisolation foltert und ... dessen Funktionsträger Holger Meins und Siegfried Hausner hingerichtet haben«, könne er nicht länger als Rechtsanwalt arbeiten. »Es ist an der Zeit, im Kampf gegen den Imperialismus wichtigere Aufgaben in Angriff zu nehmen.«

Wieder einmal verdrehte RAF-Brocken! Siegfried Hausner war Mitglied eines »Kommandos« gewesen, das zwei Botschaftsangehörige kaltblütig ermordet hatte ... ach, warum regte ich mich schon wieder auf. Sicher war jedenfalls, dass Siegfried Haag im Untergrund Versprengte um sich scharen und eine neue Truppe aufbauen würde. Er hatte zuvor als Anwalt zur Befreiung der Gefangenen beitragen wollen. Nun würde er es auf andere Weise tun.

Entführung

Vorbeugende Maßnahmen und Verhaltensregeln

Vorwort

Bei allen Entführungen hat sich nachträglich herausgestellt, daß die Täter vorher, oft wochenlang, die Lebensgewohnheiten des Opfers beobachteten. Da es zum eigentlichen Entführungszeitpunkt kaum einen realen Schutz gibt und aktiver Widerstand meist sinnlos ist, muß man sich bemühen, eine solche drohende Gefahr vorher zu erkennen. Sie können dann der Gefahr ausweichen. Die Täter sehen aber auch, daß Sie gewarnt sind. Damit wird ihr Risiko bei Aktionen gegen Ihre Person größer.

Bemühen Sie sich intensiv, Ihre Regelmäßigkeit abzulegen

- Wechseln Sie Ihre Fahrstrecken von und zum Büro.
- Wechseln Sie Ihre Fahrzeiten, wenn auch nur geringfügig.
- Wechseln Sie das Fahrzeug und den Chauffeur.
- Benutzen Sie mitunter öffentliche Verkehrsmittel oder Taxis.
- Wechseln Sie laufend die Ein- und Ausgänge zu Ihrem Bürohaus.

Achten Sie auf vorbeugende Schutzmaßnahmen

- Vermeiden Sie wenig benutzte Fahrstrecken.
- Fahren Sie niemals, wenn möglich, uneinsehbare Waldstrecken.
- Achten Sie darauf, ob Ihr Fahrzeug von einem anderen Fahrzeug verfolgt wird.
- Halten Sie nicht auf Aufforderung Unbekannter und nehmen Sie keine unbekannten Personen in Ihrem Fahrzeug mit.
- Treffen Sie sich nicht mit fremden Personen an abgelegenen oder unbekannten Orten.
- Wechseln Sie die Orte Ihrer Erholungsspaziergänge.
- Fertigen Sie bei ungewöhnlichen Beobachtungen Notizen an, die für Nachprüfungen verwendbar sind.
- Schließen Sie Ihr Büro beim Verlassen grundsätzlich ab.
- Ihre Ehefrau oder Sekretärin sollte immer wissen, wo Sie sind.
- Informieren Sie bei allen Drohungen die Polizei.

b. w.

Panik im Lande und ein Versuch, ihrer Herr zu werden

Sicherheit im häuslichen Bereich

- Bringen Sie an nach außen führenden Türen und an den Fenstern elementarste Sicherheitsvorrichtungen an.
- Installieren Sie eine lichtstarke Außenbeleuchtung zur Ausleuchtung der Umgebung Ihres Hauses.
- Schaffen Sie sich eine lichtstarke Handleuchte an.
- Verwehren Sie durch Rolläden, etc. bei Dunkelheit den Einblick in Ihr Haus.
- Halten Sie Ihr Auto zu Hause unter Verschluß.
- Öffnen Sie Besuchern die Türe erst, nachdem Sie die Besucher identifiziert haben.
- Achten Sie auf fremde Personen, die sich ohne ersichtlichen Grund in der Nähe Ihres Hauses aufhalten.
- Lassen Sie sich nicht durch Anrufe aus dem Hause locken. Rufen Sie, wenn irgend möglich, zurück.
- Ersuchen Sie Ihre Familienangehörigen, Fremden gegenüber keine Angaben aus dem persönlichen Bereich zu machen.
- Sie sollten diese Empfehlungen mit Ihrer Frau und Ihren erwachsenen Kindern besprechen.

Richtiges Verhalten während und nach einer Entführung

- Leisten Sie und Ihr Chauffeur keinen Widerstand und bleiben Sie so gelassen wie möglich.
- Die Täter befinden sich auch in einer Ausnahmesituation. Gehen Sie zu deren Beruhigung erst einmal auf alles ein. Versuchen Sie Zeit zu gewinnen.
- Unterlassen Sie Fluchtversuche, wenn die Chance nicht 100 %ig ist.
- Merken Sie sich möglichst viele Einzelheiten: Wege / Fahrstrecken / Fahrzeiten / Brücken / Tunnels / Stockwerke / Lichtreklamen / Stimmen / Sprachsonderheiten / Gerüche / Geräusche.

Der Prozess in Stammheim und Ulrike Meinhofs Ende

1975/76

Am 21. Mai begann in der von hohen Zäunen und Mauern umgebenen Hochsicherheitsfestung Stuttgart-Stammheim das bei weitem kostspieligste und spektakulärste Verfahren vor einem bundesdeutschen Gericht. In einer eigens zu diesem Zweck auf einem ehemaligen Acker errichteten gepanzerten »Mehrzweckhalle«, über die Stahlnetze gespannt waren, sollte die Strafsache gegen Andreas Baader, Gudrun Ensslin, Ulrike Meinhof und Jan-Carl Raspe verhandelt werden.

Mir war bekannt, dass allein die Anklageschrift über dreihundert Seiten umfasste. Fast tausend Zeugen – ich war einer von ihnen –, ebenso viele Gutachten und mehrere zehntausend Beweisstücke waren aufgeboten. Die Anklage lautete auf vierfachen Mord, mehrere Dutzend Mordversuche, Bildung einer kriminellen Vereinigung, diverse Bankeinbrüche und Bombenanschläge.

Wie vorausgesehen, drängten sich Presse und Zuschauer bereits seit dem frühen Morgen vor dem Tor. In Erwartung eines Schauprozesses, den man im Nachhinein ebenso gut als Justizposse mit albtraumhaftem Verlauf hätte bezeichnen können. Das unter strengsten Kontrollmaßnahmen in den Verhandlungssaal eingelassene Publikum wurde nicht enttäuscht. War das Gerangel um Wahl- und Pflichtverteidiger auch vielleicht ermüdend, so bekamen die Zuschauer mit den Beschimpfungen der Angeklagten gegenüber den »Zwangsverteidigern« und Richtern, vor allem dem Senatsvorsitzenden Theodor Prinzing, einiges geboten und beteiligten sich auf ihre Weise durch Zwischenrufe, Klatschen und auch Gelächter am Geschehen.

Ich verfolgte die Berichterstattung im Fernsehen und in den Zeitungen. Die Frage, ob die Angeklagten für den Prozess zu geschwächt seien oder nicht, zog sich über zwei Monate als Dauerthema hin. Immer wieder bestritten die Angeklagten ihre Verhandlungsfähigkeit. Ebenso ihre Anwälte. Und dabei kam natürlich die Isolationshaft ins Spiel. So sprach zum Beispiel die Anwältin Marieluise Becker von »Sonderbehandlung«, die dadurch gekennzeichnet sei, »dass die Staatsschutzpolizei der BRD und der Generalbundesanwalt versuchen, die Identität der Gefangenen durch ein ausgeklügeltes Instrumentarium von Haftverschärfungen zu zerstören. Diese Vernichtungshaft besteht in der Institutionalisierung jahrelanger Isolation ...«

»Da haben wir es«, sagte Gerd, »die Polizei ist natürlich schuld. Ich frage mich, warum keine unabhängigen Gutachter bestellt werden.«

Das geschah schließlich, und vier unabhängige Mediziner kamen zu dem Ergebnis, der Gesundheitszustand der Gefangenen sei bedenklich. Von Untergewicht, Schwindelanfällen, Artikulations- und Sehstörungen war in ihren Berichten zu lesen. Sie befanden, dass die Angeklagten nur an drei Tagen in der Woche jeweils zwei bis vier Stunden als verhandlungsfähig zu betrachten seien.

Damit war das Gericht nicht einverstanden, und so kam ab Ende September der neue Paragraph 231a zur Anwendung: Die Angeklagten wurden von der Hauptverhandlung ausgeschlossen, es stand ihnen jedoch frei, daran teilzunehmen. Das war ein umstrittener Beschluss, der tumultartige Auseinandersetzungen hervorrief und den Versuchen, das Gericht wegen Befangenheit und Vorverurteilung abzulehnen, neue Nahrung gab. Prinzing hatte sich abwechselnd als »Arschloch«, »Sau« und »faschistisches Schwein« beschimpfen lassen müssen. An seiner Stelle hätte ich auch die Nase voll gehabt.

In der Folge hatten fast nur noch die Anwälte das Wort. Die plädierten auf Freispruch, was in dem Antrag des hessischen

Rechtsprofessors Axel Azzola gipfelte, der Ulrike Meinhof vertrat: Er verlangte, dass die Angeklagten als Kriegsgefangene anerkannt werden müssten und dass das Verfahren umgehend zu beenden sei. Die Haager Landkriegsordnung sehe vor, dass die in der Anklage bezeichneten Taten im Krieg nicht strafbare Handlungen seien.

Es ging um den Vietnamkrieg der Amerikaner und den Kampf gegen sie, auf deutschem Boden ausgetragen von der RAF als Soldaten im Sinne der gerechten Sache. Auch ich war ein Gegner des Kriegs in Vietnam. Doch er fand nicht in Deutschland statt. Dagegen zu protestieren war völlig legitim und auch angebracht – diese Meinung hatte ich immer vertreten. Aber *diese* Verbindung war an den Haaren herbeigezogen.

Das Gericht lehnte die Anträge ab.

Wäre mir bekannt gewesen, was am 28. Oktober 1975 im Stammheimer Prozess geschah, ich hätte mich sicher in den folgenden Monaten anders verhalten. An diesem einundvierzigsten Verhandlungstag war es wieder um die Isolationshaft gegangen. Ulrike Meinhof hatte sich zu Wort gemeldet: »Wie kann ein isolierter Gefangener den Justizbehörden zu erkennen geben, dass er sein Verhalten geändert hat? ... dem Gefangenen in der Isolation bleibt, um zu signalisieren, dass sich sein Verhalten geändert hat, überhaupt nur eine Möglichkeit, und das ist der Verrat ...«

Sie hatte versucht, das Thema weiter auszuführen, und wieder von Folter gesprochen. Richter Prinzing hatte ihr jedoch das Wort entzogen.

War ihm denn nichts aufgefallen? Sie hatte sich doch mit ihren Worten eindeutig von der Gruppe distanziert. Zweifel bedeuteten bereits Verrat. Das, worauf ich so lange gehofft hatte, nämlich sie aus dem fatalen Geflecht herauszulösen, hätte zu dem Zeitpunkt vielleicht noch funktioniert.

Ich hatte in jener Zeit überlegt, mich an Professor Gollwitzer

zu wenden und ihm einen Besuch bei Ulrike Meinhof vorzu-
schlagen, und auch daran gedacht, sie allein zu sprechen, mich
bei ihr als »Familienbulle« in Erinnerung zu bringen. Schließlich hatte sie mir den Namen gegeben. Dann aber waren mir
Zweifel gekommen, sie könnte vielleicht wegen meines Auftau-
chens, erführen es die anderen, Repressalien ausgesetzt sein.
Schon einmal hatte Gudrun Ensslin sie als »das Messer im Rücken der RAF« bezeichnet. Und dann tauchte jetzt ohne besonderen Grund ein Bulle auf? Ich hätte eine Zellendurchsuchung
vorschieben können – doch das erledigten damals andere. Am
Ende besuchte ich sie nicht. Vielleicht auch, weil ich mit den
Nachforschungen über die Aktivitäten des IKV, des »Internationalen Komitees zur Verteidigung politischer Gefangener in
Westeuropa«, zu beschäftigt war.

Schon im Juni 1975 hatten Ermittler die Räume der Kanzlei
Groenewold in Hamburg durchsucht und Material beschlag-
nahmt. Dadurch war das »info«-System empfindlich gestört worden. Nach einer weiteren Durchsuchung im Dezember kam die
Kommunikation vollends zum Erliegen, und seit Januar hatte
sich als neues Hauptquartier das Büro Croissant in Stuttgart
etabliert. Hier liefen nun die Fäden zusammen, und die Kanzlei
fungierte als eine Art Informations- und Agitationszentrale der
RAF. Mit Hilfe der Anwälte Arndt Müller, Achim Newerla und
etlicher Mitarbeiter nahm Croissant eine Doppelfunktion wahr:
Es galt, das Kommunikationssystem für die RAF-Gefangenen
aufrechtzuerhalten und gleichzeitig im Sinne des IKV für Agita-
tion im In- und Ausland zu sorgen. Ob die Kanzlei überhaupt
noch zu normaler anwaltlicher Tätigkeit in der Lage war, bezweifelte ich. Und es war mir unverständlich, warum die Bundesanwaltschaft bislang keine Durchsuchung der Räume angeordnet
hatte. Warum wieder einmal dieses Zaudern? Ich war überzeugt
davon, dass hier auch der Nachwuchs rekrutiert wurde, und
nannte das Büro für mich eine »legale Residentur« der RAF.

Am 4. Mai 1976, dem hundertsechsten Verhandlungstag, waren – zum ersten Mal seit geraumer Zeit – wieder alle Angeklagten gemeinsam erschienen. Ulrike Meinhof allerdings verließ den Saal nach einer halben Stunde zusammen mit Gudrun Ensslin. Diese kehrte kurz darauf zurück – Ulrike Meinhof nicht.

Nach einem weiteren Disput über den Vietnamkrieg und die revolutionäre Politik der Angeklagten gegen Völkerrechtsverbrechen der USA verlas Gudrun Ensslin eine Erklärung, in der sie auch im Namen von Andreas Baader und Jan-Carl Raspe die politische Verantwortung für die vier Jahre zuvor verübten Attentate auf die US-Hauptquartiere und alle anderen Ziele übernahm. Auch die für den Anschlag auf das Axel-Springer-Hochhaus am 19. Mai 1972. Sie seien darüber allerdings nicht informiert gewesen, könnten der Konzeption nicht zustimmen und hätten ihn in seinem Ablauf abgelehnt.

Den Bekennerbrief hatte seinerzeit Ulrike Meinhof geschrieben – nun schob ihr Ensslin die Aktion, bei der siebzehn Unschuldige Verletzungen erlitten hatten, vollends in die Schuhe. Und das öffentlich!

Deutlicher konnte der Bruch innerhalb der Gruppe nicht demonstriert werden. Wahrscheinlich hatte Gudrun Ensslin Ulrike Meinhof das zuvor mitgeteilt. Kein Wunder, dass sie nicht mehr erschienen war. Ihre Genossen hatten sich endgültig von ihr distanziert. Das war der definitive Liebesentzug.

Schon Jahre zuvor war mir anhand der Zellenzirkulare klar geworden, in welcher Isolation sich Ulrike Meinhof befand. Das Verhältnis zwischen ihr und Gudrun Ensslin war seit langem äußerst gespannt und das zu Andreas Baader wohl kaum besser. Und Jan-Carl Raspe? Von dem hatte ich gehört, dass er so etwas wie Baaders Laufbursche sei. Also auch keiner, auf den Ulrike Meinhof hätte zählen können. Man musste etwas tun, davon war ich jetzt überzeugt. Sie irgendwie aus der Gruppe herauslösen, ohne dass der Verdacht des Verrats auf sie fallen konnte.

Doch noch ehe ich den Gedanken dieses Mal in die Tat hätte umsetzen können, war Ulrike Meinhof tot. Sie hatte sich mit zusammengeknoteten Streifen ihres Anstaltshandtuchs am Fenster der Zelle erhängt. In der Nacht vom 8. auf den 9. Mai. Zum Muttertag!

Ich war tief betroffen und fühlte mich auch irgendwie schuldig. Warum hatte ich gezögert und war meiner Intuition nicht bereits im Jahr zuvor gefolgt?

Schon am Montag wurde die Verhandlung fortgesetzt – Richter Prinzing hatte eine Unterbrechung abgelehnt und nur lapidar erwähnt, dass das Verfahren gegen die Angeklagte Meinhof infolge ihres Todes beendet sei. Jan-Carl Raspe sprach, auch im Namen der anderen, die Überzeugung aus, Ulrike Meinhof sei hingerichtet worden. Das war zu erwarten gewesen. Dem »Mord« an Holger Meins war der an Ulrike Meinhof gefolgt. Allerdings ergaben zwei voneinander unabhängige Obduktionen – zum einen die amtliche und dann die von ihrer Schwester und den Verteidigern veranlasste – übereinstimmend: Tod durch Erhängen. Fremdeinwirkung ausgeschlossen.

Dass die Vertrauensanwälte und vor allem das IKV den Tod Ulrike Meinhofs für eine Agitationskampagne nutzen würden, war klar. So hatte ihre Schwester Wienke auf einer Pressekonferenz am 9. Mai erklärt, Ulrike habe ihr beim letzten Besuch versichert, sie würde sich niemals selbst töten. Wenn sie während der Haft ums Leben kommen sollte, dann sei sie ermordet worden. (So hatte sich auch Holger Meins ausgedrückt.) Der Bericht des Überwachungsbeamten enthielt keinerlei Hinweis auf eine derartige Äußerung. Aus ihm ging hervor, dass sich Ulrike Meinhof bei ihrer Schwester während deren letztem Besuch am 29. März über die Gruppenmitglieder beklagt hatte. Darüber, dass man ihr nur wenige und zumeist falsche Informationen zukommen ließ.

Für mich bestand kein Zweifel daran, dass sich die ehemalige »Stimme der RAF« in einem Anfall tiefer Depression und in Erkenntnis der Ausweglosigkeit ihrer Lage das Leben genommen hatte.

Die Anhänger der Mordtheorie wiesen nun vehement darauf hin, dass es keinen Abschiedsbrief gegeben habe. Vermutlich war sie dazu gar nicht mehr in der Lage gewesen. Und an wen hätte sie schreiben sollen? An ihre Ziehmutter? Von der hatte sie sich losgesagt. An ihre Schwester? Vielleicht. An ihre Töchter? Wie hätte sie den Teenagern, zu denen sie den Kontakt über drei Jahre zuvor abgebrochen hatte, nun auch noch erklären wollen, dass sie vorhabe, sich das Leben zu nehmen, und dass man einander niemals wiedersehen würde? Nein – ihr, der Händlerin der Worte, waren für diesen letzten Akt keine mehr eingefallen.

Erklärungen fanden sich vielmehr in den Zirkularen, die nach dem Suizid in ihrer und anderen Zellen gefunden worden waren und nun auf meinem Schreibtisch lagen. Sie sprachen für sich und bestätigten mich in meiner Überzeugung: Das Verhältnis zwischen ihr und Gudrun Ensslin war inzwischen von Hass geprägt gewesen. Was sich im Frühjahr zwischen ihnen abgespielt hatte, musste für Ulrike Meinhof unerträglich geworden sein.

Immer wieder las ich in ihren Aufzeichnungen den Satz »ich halte es nicht mehr aus«. Offenbar hatte Gudrun Ensslin alles von Ulrike Meinhof Geschriebene bemäkelt, korrigiert und auch, ohne es ihr noch einmal zu zeigen, über das »info« hinausgeschickt. Dazu teilte sie Baader mit: »hinterher zu ulrike, dass ich es getippt und was weggelassen habe. warum mache ich das? Der zweck meines erzählens [war,] ulrike zu quälen, indem ich ihr quälerei zurückgebe. auge um auge.« Und wieder an Ulrike Meinhof: »und verdammt – du wirst die bestell-liste durchgelesen haben – weil sonst ich vergessen habe (also die lust nicht hatte usw weil du so giftig + triefäugig an deinem tisch gesessen hast usw) dich drauf hinzuweisen: ob ich mit »sandelholz« deine seife richtig in erinnerung hatte oder nicht (+ überhaupt zu erzählen wie ich darauf komme – und fragen tust du ja so gut wie nicht: es geht dabei um nagellack).«

Ulrike Meinhof schrieb auch an die anderen, vielleicht in der Hoffnung auf Unterstützung, die sie nicht bekam. So heißt es in einem ihrer Briefe: »der mechanismus des ganzen ist, dass dem druck aus den fehlern, der unbegriffenen scheiße, die ich in den jahren laufen gelassen habe ... ich nicht gewachsen bin ...« Und auch Gudrun Ensslin berichtete den anderen von dem Konflikt: »da stand sie kochend auf und ging zur tür und ich hatte gebrüllt vor wut – gesagt ob sie denn nicht merken würde dass sie will dass ich kippe – mit dieser methode: hammer und dann die unschuld zu spielen ...« Darauf Ulrike Meinhof: »ich wollte dich nie bestrafen, knicken kippen demütigen usw ... ich weiß nicht, warum du das machst, dich auf fehler von mir zu stürzen und davon immer wieder anfangen, ich halte das nicht aus. ich will das nicht. es ist auch ziellos. So – kommen wir nie zusammen ...« Nein, das gelang ihnen nicht. An Baader schrieb sie noch: »wie soll ich je zu mir kommen, wenn ich gleichzeitig gezwungen bin, mit dem schweinebild, das sie von mir im kopf hat, zu koexistieren?«

Trotz aller Feindschaft – die letzten Zeilen machten deutlich, wie sehr Ulrike Meinhof doch immer wieder um Anerkennung gerungen hatte, auch um die der Widersacherin. Aber bekommen hatte sie sie nicht, schon lange nicht mehr.

Aus Stammheim erfuhr ich, wie Ulrike Meinhof von ihren einstigen Kampfgefährten behandelt worden war. So hatte Andreas Baader zum Beispiel ihre Texte zerrissen und mit einer abfälligen Bemerkung auf den Boden geworfen. Auch als »fette Kuh« soll er sie beschimpft haben. Und Amtsinspektor Bubeck erzählte, dass weder Baader noch Ensslin noch Raspe in irgendeiner Weise betroffen auf die Todesnachricht reagiert hätten. Überrascht – ja – aber auch nicht mehr.

Doch ihr tragischer Tod kam nun vielen gelegen. Es gab ein neues Justizopfer. Ein Mordopfer! An dieser Version wurde unverdrossen festgehalten.

Nein, dachte ich traurig. Sie war ein Opfer fehlgesteuerter

Ideale gewesen und hatte das Unglück gehabt, auf zwei Fanatiker zu treffen. Sie hatte sich aus der Gruppe nicht lösen wollen und am Ende nicht die Kraft gehabt, sich gegen das dominante Duo durchzusetzen. Aber wer hätte das auch in ihrer Lage noch geschafft? Dazu hätte sie aus anderem Holz geschnitzt sein müssen, und ihr einstiger Schlachtruf »Auf Bullen kann geschossen werden« schien mir schon lange nicht mehr zu ihr zu passen. Sie war eine Papierrevolutionärin gewesen – und hätte daran festhalten sollen. Und nicht einmal das war ihr am Ende geblieben: Die »Stimme der RAF« war von den »Genossen« systematisch demontiert worden. Wer waren hier eigentlich die Mörder?

Ich schrieb meinen Bericht zu ihrem Suizid. Dabei kam mir der Gedanke, der Legendenbildung um Ulrike Meinhofs Tod entgegenzuwirken und die hasserfüllte Korrespondenz an die Presse zu geben. Leider befürwortete Generalbundesanwalt Siegfried Buback meinen Vorschlag nicht. Man solle die Intimsphäre der Frauen bewahren, meinte er.

An Ulrike Meinhofs Grab sollte Professor Helmut Gollwitzer sprechen. Wenn es jemanden gab, der die richtigen Worte für sie zu finden vermochte, so war er es. Ich wäre gern hingefahren, aber das hätte keinen guten Eindruck gemacht. Der Fahnder kommt zum Begräbnis der RAF-Ikone! Welch gefundenes Fressen für die Presse.

Die Beerdigung fand eine Woche nach ihrem Tod auf dem evangelischen Friedhof der Dreifaltigkeitsgemeinde in Berlin statt. Tausende von Menschen folgten ihrem Sarg, und das Fernsehen übertrug das Geschehen live. Auf Transparenten war von »Trauer und Wut« die Rede und wieder einmal von »Rache«.

Dagegen standen die Worte Gollwitzers. Er sei gebeten worden, als Christ zu sprechen, sagte er und wies darauf hin, dass Ulrike Meinhof seine Haltung abgelehnt habe. So wie er den von ihr eingeschlagenen Weg. Aber er rufe nun dennoch allen bürgerlichen und christlichen Leuten, die sie verdammen, zu, dass sie – »Gott sei Dank!« – in den »Frieden der Liebe Gottes«

eingegangen sei. Dass ihr Leben und Kampf eine Frage an uns alle bleibe, »eine Frage nach dem, was wir versäumt haben«. Wenn sich mehr Menschen bereitgefunden hätten, für eine menschenfreundlichere Gesellschaft mitzukämpfen, und nicht darauf bedacht gewesen wären, die eigene Haut zu retten, dann hätte Ulrike Meinhof vielleicht mit uns eine Strategie zur Befreiung gesucht, die nicht von Hass und Gegenhass bestimmt gewesen wäre, und einen anderen Weg gefunden als den von ihr gewählten. Einen, auf dem keine Menschenleben lägen – und am Ende ihr eigenes.

Ein Jahr später schrieb Gollwitzer in seinem Buch *Nachrufe*: »Weil ich von ihr ... im Indikativ als von dem Kinde Gottes, das in die Arme der ewigen Liebe hinübergegangen ist, sprach, antwortete darauf nicht nur dort ... ein Gegeneinander von Buhrufen und Händeklatschen. (Das ›Gott sei Dank!‹ ... war mein Gegenruf auf diese Buhrufe.) Auch fromme christliche Blätter fragten verwundert und entrüstet, wer mir bei einem solchen Menschen zu solchem Indikativ das Recht gegeben habe. Von den Bedingungen, an die sie dieses Recht zu knüpfen scheinen, hatte ich meinerseits, dank der Bedingungslosigkeit des Evangeliums, nichts. Gustav Heinemann, schon sterbenskrank, flüsterte auf die Nachricht vom Tode Ulrike Meinhofs: ›Sie ist jetzt in Gottes gnädiger Hand – und mit allem, was sie getan hat, so unverständlich es für uns war, hat sie uns gemeint.‹«

Mordpläne

Ein halbes Jahr lang geschah nichts. Die letzte RAF-Gewalttat, der Mord an dem jungen Polizeimeister Fritz Sippel, war bei einer Personenkontrolle zwei Tage vor dem Selbstmord von Ulrike Meinhof verübt worden. Die Täter waren entkommen. Der angekündigte Racheakt für den »Mord« an Ulrike Meinhof hatte bislang nicht stattgefunden.

»Im Westen nichts Neues«, sagte Gerd, aber ich traute dem Frieden nicht.

»Der untergetauchte Exrechtsanwalt Haag ist mit Sicherheit nicht untätig«, spekulierte ich. »Er hat sich Zeit genommen, um Versprengte um sich zu scharen. Wer weiß, ob nicht einer aus seinem Umfeld für den Tod von Sippel verantwortlich ist.«

»Und frei herumläuft«, knurrte Gerd. »Fritz Sippel war erst zweiundzwanzig Jahre alt. Und sein Tod ist im Rummel um die Meinhof völlig untergegangen. Du warst ja auch völlig durcheinander.« Er bedachte mich mit einem schrägen Blick.

»Stimmt«, gab ich zu. »Das heißt aber nicht, dass mich der Tod des jungen Mannes nicht berührt. Und er hat wieder einmal verdeutlicht, dass die zweite RAF-Generation nicht lange fackelt. An Zulauf scheint es jedenfalls nicht zu fehlen.«

»Das ist wie mit der Schlange, von der du mal gesprochen hast. Der mit den neun Köpfen, die immer wieder nachwachsen.«

»Die Hydra. Ganz recht, genauso ist es. Und wir haben keine Ahnung, wo sie sich gerade versteckt. Warum, zum Teufel, ist uns seit so langer Zeit niemand ins Netz gegangen?«

»Weil der Baader vielleicht keinen Druck gemacht hat, um

befreit zu werden«, mutmaßte Gerd. »Vielleicht üben die beiden Neuen in Stammheim einen beruhigenden Einfluss auf ihn aus.«

Die »Neuen« waren zwei Frauen, die man Anfang Juni, kurz nach Ulrike Meinhofs Tod, in die siebte Etage der Stuttgarter JVA verlegt hatte: Brigitte Mohnhaupt und Ingrid Schubert. (Im Januar 1977 kam noch Irmgard Möller dazu.) Die Justizverwaltung hatte, so war mir erzählt worden, die Belegschaft vergrößern wollen, um den ständigen Vorwürfen der Isolationsfolter entgegenzuwirken.

»Beruhigender Einfluss?« Ich musste lachen. »Das ganz gewiss nicht. Ich könnte mir eher vorstellen, dass sie gemeinsam über Unrat brüten. Die Mohnhaupt wird im Februar entlassen – leider. Ich halte sie für eine ganz besonders Harte. Und ich könnte mir vorstellen, dass sie sich des Nachwuchses annehmen und Haag oder Croissant unterstützen soll.«

Der Rechtsanwalt Siegfried Haag sollte keine Unterstützung mehr bekommen. Am 30. November wurden er und sein Adlatus Robert Mayer auf der Autobahn zwischen Kassel und Frankfurt gefasst. Ihr Opel Admiral war aufmerksamen Polizisten aufgefallen. Trotz eines Fluchtversuchs konnte der – gestohlene – Wagen gestoppt werden, und die Insassen ließen sich ohne Gegenwehr festnehmen.

Kollegen, die häufiger in Stammheim waren, erzählten mir, Andreas Baader habe anschließend getobt und seinen einstigen Vertrauensanwalt als »Oberbullen« beschimpft, weil der nicht versucht hatte zu schießen. Meine Theorie, dass Baader zusammen mit Brigitte Mohnhaupt »Unrat« ausbrütete, erhärtete sich dadurch, und die Tatsache, dass die Gruppe täglich beim sogenannten Umschluss zusammenhockte, sprach auch für sich. Sollte die Mohnhaupt nach ihrer Freilassung die Rolle von Haag übernehmen? Als wie gefährlich mussten wir sie einstufen? Sie war die Statthalterin der RAF in Berlin gewesen, bevor sie fast zur gleichen Zeit wie Gudrun Ensslin verhaftet worden war.

Verurteilt hatte man sie allerdings nur wegen unerlaubten Waffenbesitzes, Urkundenfälschung und Beteiligung an einer kriminellen Vereinigung. Zu vier Jahren und sechs Monaten. Sie war mir als außerordentlich uneinsichtig und gewalttätig beschrieben worden – und nun lauschte sie Baader. Dies deutete nicht darauf hin, dass sie sich von der RAF distanziert hatte. Wahrscheinlich wurde über neue Geiselnahmen diskutiert.

Die Bestätigung meiner Vermutungen folgte auf dem Fuße. Im Auto von Siegfried Haag wurde eine Mappe mit 132 Seiten voller handschriftlicher Notizen gefunden. Dem Schriftstück konnte ich entnehmen, dass der Anwalt neue RAF-Aktionen geplant hatte – sehr präzise und unter Einbeziehung von rund einem Dutzend Personen. Sie hatten Tarnnamen, und für alle lag ein verschlüsselter Arbeitsplan vor. So hatte zum Beispiel »Tim« zusammen mit »Inge« am 26. November einen »Schießplatz abklären« und »Anton« »rübergehen« sollen. Vermutlich ins Ausland.

Haag und Mayer hatten über zweihunderttausend Mark Bargeld bei sich – es stammte aus zwei jüngst verübten Banküberfällen in Hamburg und Köln. Ein weiterer, so reimte ich mir aus den Papieren zusammen, schien in Vorbereitung zu sein. Wo er stattfinden sollte, wurde mir aber nicht klar. Zwei Wochen später wussten wir es: In Wien erbeuteten am 13. Dezember drei Mitglieder der »Haag-Mayer-Bande« – so nannten wir sie intern – umgerechnet dreihunderttausend Mark in einer Bank in der Kärntner Straße. Die Räuber entkamen bis auf die damals mit Peter-Jürgen Boock verheiratete Waltraud Boock, die nach einem Schusswechsel verhaftet wurde. Dass sie auf den Tarnnamen »Inge« hörte, hatten wir inzwischen entschlüsselt. Auch dass »Egon« für Siegfried Haag stand und »Michael« für Roland Mayer. Bei den anderen tappten wir im Dunkeln.

Ich überließ es meinen Kollegen, sich damit zu beschäftigen, und widmete mich dem härtesten Brocken aus den »Haag-Mayer-Papieren«, einem Dokument, in dem von drei offensichtlich geplanten Aktionen die Rede war:

»Margarine …
operationelle Planung
spontane Operation möglich? Beim Checken …
fortlaufende Arbeit
   a) Big Money → H. M. auschecken
     mit <u>Marie</u> diskutieren, wo den
     Typen bunkern → vorbereiten a
   b) Raushole: mit W + P diskutieren
     Druck machen …
     Big Raushole – Rache«

Nur bei »Big Raushole« war ich mir sicher, was damit gemeint war: die Befreiung der RAF-Gefangenen. Hinter der Operation »Margarine« vermutete ich eine Aktion von politischer Brisanz und schloss aus den Notizen, dass der Plan bestand, eine prominente Persönlichkeit zu ermorden oder als Geisel zu nehmen und dies gegebenenfalls schon bei der Abklärung der Lebensumstände zu tun. Nur – wer mochte »Margarine« sein?

Mit »Big Money« und »H. M.« war entweder eine weitere Geisel aus der Hochfinanz mit den Initialen H. M. gemeint. Oder es handelte sich um einen H. M., der Geld beschaffen sollte. Und wer war »Marie«?

Ich zerbrach mir den Kopf – ohne Ergebnis. Auch den Kollegen kam kein erleuchtender Gedanke. Mein Auswertungsbericht war zwei Wochen später fertig und umfasste vierundneunzig Seiten. Ich war völlig erschöpft und sehr unzufrieden. Immer wieder kreisten in meinem Kopf die Bezeichnungen »Margarine« und »Big Money«. Wer zum Teufel war das?

Ich solle mich nicht verrückt machen, sagte Generalbundesanwalt Siegfried Buback, als wir kurz vor Weihnachten 1976 über meinen Auswertungsbericht sprachen. Er tue das auch nicht, obwohl er wisse, dass er für die RAF eine prima Zielscheibe abgebe. Angst könne er sich aber nicht leisten. Für ihn funktioniere das nicht, sein Leben so einzurichten, dass ein Attentat auf seine Person unmöglich sei. Er brauche einen besseren Personenschutz, hielt ich dagegen, ausgebildete Leibwächter und keine einfachen Polizisten. Und das gelte nicht nur für ihn, sondern auch für diverse andere gefährdete Personen.

Er lächelte und winkte ab.

Ich nannte ihn einen Fatalisten und erinnerte ihn daran, dass er nach seinem Amtsantritt vor zwei Jahren mit mir am selben Strang gezogen und vor weiteren Anschlägen gewarnt hatte. Auch gab ich ihm zu bedenken, dass die Stammheimer ihn im *Spiegel* öffentlich attackiert und von der »Vernichtungsstrategie der Bundesanwaltschaft« gesprochen hatten. Er sei die Galionsfigur! Der verhasste Chef einer verhassten Behörde, der die Anklageschrift gegen Baader, Meinhof, Ensslin und Raspe unterzeichnet habe.

Das sei ihm klar, gab er zu. Aber sich in Spekulationen über ein Attentat auf ihn zu ergehen lehne er rundweg ab, sagte er und verwickelte mich daraufhin in ein Gespräch über unseren langsam nahenden Ruhestand – wir waren fast gleich alt. Die RAF wäre bis dahin hoffentlich Geschichte. Eine schlimme, vergleiche man sie mit anderen, die wir ja auch gemeinsam erlebt hätten. »Sie haben ganze Arbeit geleistet mit Ihrem Auswertungsbericht«, sagte er dann. »Aber nun vergessen Sie mal Margarine und Big Money für ein Weilchen. Genießen Sie die Festtage. Frohe Weihnachten.«

Er lächelte mir auf die ihm eigene verschmitzte Art zu. Ich sollte ihn niemals wiedersehen.

Das Osterfest erlebte Siegfried Buback nicht mehr. Am Gründonnerstag 1977 wurden er und sein Fahrer Wolfgang Göbel auf dem Weg ins Büro im Dienstwagen erschossen. Ein weiterer Insasse, der Leiter der Fahrbereitschaft der Bundesanwaltschaft, Georg Wurster, starb wenig später im Krankenhaus. Die Mörder hatten an einer Ampel mit einem Motorrad neben dem Auto gestoppt, und der Sozius hatte aus nächster Nähe mehrere Male gezielt durch die Scheibe auf der Beifahrerseite gefeuert. Dann waren sie geflüchtet und nicht weit vom Tatort entfernt in einen von einem dritten Täter gelenkten Sportwagen umgestiegen. Ein Kinderspiel!

Ich war zutiefst erschüttert. Warum nur hatte er sich nicht besser schützen lassen wollen? Ihm war doch klar gewesen, dass er gefährdet war.

Plötzlich fiel es mir wie Schuppen von den Augen. »Margarine«! Eine bekannte Marke hieß »SB« – die Initialen von Siegfried Buback. Warum, verflucht noch mal, war ich darauf nicht gekommen!

»Man hätte sein Leben retten können«, sagte ich aufgebracht zu Gerd. »Ihm Begleitschutz aufzwingen müssen, ein sichereres Auto ...«

»Nach dem, was du über euer Gespräch erzählt hast«, unterbrach er mich, »hätte Buback den Schutz auch in dem Wissen um SB nicht akzeptiert. Vielleicht ist ihm das sogar klar gewesen, und er hat nichts gesagt. Ich frage mich nur: Was sollte diese Hinrichtung überhaupt? Geiselnahme – ja, das ergäbe einen Sinn. Doch das haben die ja offenbar überhaupt nicht versucht.«

Nein, das hatten sie nicht. Und die Erklärung dafür bekamen wir eine Woche später in Form eines Schreibens. Dass dieser an mehrere Zeitungsredaktionen versandte Brief so verzögert eintraf, erklärte ich mir mit der nach dem Buback-Mord angeordneten Trennung des Führungskaders in der Vollzugsanstalt Stammheim. Das »Kommando Ulrike Meinhof Rote Armee Fraktion« hatte offenbar grünes Licht aus dem siebten Stock für sein Bekennerschreiben abgewartet. Und das hatte ein paar Tage gedauert.

Dem Schreiben war ein Mietvertrag für das Motorrad beigefügt. Dann hieß es: »für ›akteure des systems‹ selbst wie Buback findet die geschichte immer einen weg.« Damit nahmen die

Schreiber Bezug auf eine angebliche Äußerung Bubacks: »Herold und ich finden immer einen Weg.« Dann hieß es wörtlich: »am 7.4.77 hat das KOMMANDO ULRIKE MEINHOF generalbundesanwalt siegfried buback hingerichtet. Buback war direkt verantwortlich für die ermordung von holger meins, siegfried hausner und ulrike meinhof. er hat in seiner funktion als generalbundesanwalt ... ihre ermordung inszeniert und geleitet.« Zu Holger Meins' Tod hatten sich Baader und Co. zwei Jahre zuvor im *Spiegel* ähnlich geäußert und sowohl Buback als auch die Sicherungsgruppe – an erster Stelle Präsident Herold – der »Hinrichtung« bezichtigt.

Es folgten Begründungen, die sich nur noch als Ausdruck der krankhaften Phantasie der Verfasser verstehen ließen:

»was revolutionärer krieg ist – und das werden bullen wie buback nie begreifen – ist die kontinuität, die solidarität, die liebe, die aktion der guerilla ist;

wir werden verhindern, dass unsere fighter in westdeutschen gefängnissen ermordet werden, weil die bundesanwaltschaft das problem, dass die gefangenen nicht aufhören zu kämpfen, nicht anders als durch ihre liquidierung lösen kann ...

Wir werden verhindern, dass die bundesanwaltschaft den vierten kollektiven hungerstreik der gefangenen um die minimalen menschenrechte benutzt, um andreas, gudrun und jan zu ermorden, wie es die psychologische kriegsführung seit ulrikes tod offen propagiert.«

Die Buback-Mörder endeten – der Strategie der Internationalisierung des Terrors entsprechend – mit dem Schlachtruf:

»DEN BEWAFFNETEN WIDERSTAND UND DIE ANTIIMPERIALISTISCHE FRONT IN WESTEUROPA ORGANISIEREN

DEN KRIEG IN DEN METROPOLEN IM RAHMEN DES INTERNATIONALEN BEFREIUNGSKAMPFES FÜHREN«.

Generalbundesanwalt Siegfried Buback, der sympathische Fata-
list, erhielt in Karlsruhe ein Staatsbegräbnis. Bundeskanzler
Helmut Schmidt sprach in seiner Rede davon, dass die Schüsse
nicht nur Buback, sondern dem Rechtsstaat überhaupt hätten
gelten sollen und die Mörder bezweckt hätten, ein allgemeines
Gefühl der Ohnmacht zu erzeugen. Horst Herold hatte anschließend den ihm gemäßen Auftritt als »Staatsschauspieler«.
Er trat ans offene Grab und rief: »Ich bringe sie dir alle.«

Bubacks Amt übernahm Kurt Rebmann, der sich selbst als
Hardliner bezeichnete und auch unter Beweis stellen sollte, dass
er das bitterernst meinte.

Auf die Trauerzeremonie folgte ein »Nachruf« in den *Göttin-
ger Nachrichten*, der für öffentliche Debatten ohne Ende sorgte.
In der Zeitung, einem Organ des AStA, äußerte ein unbekannter
Student, der sich Mescalero nannte, seine »klammheimliche
Freude« über den »Abschuss von Buback« und fuhr ein paar
Absätze später fort: »Ich habe auch über eine Zeit hinweg (wie
so viele von uns) die Aktionen der bewaffneten Kämpfer gou-
tiert ... Ich habe mich schon ein bisschen dran aufgegeilt, wenn
mal wieder was hochging und die ganze kapitalistische Schicke-
ria samt ihren Schergen in Aufruhr versetzt war.« Aber dann,
räumte der Verfasser ein, habe er begonnen, sein »inneres Hän-
dereiben zu stoppen«. »Unser Zweck«, schrieb er weiter, »eine
Gesellschaft ohne Terror und Gewalt (wenn auch nicht ohne
Aggression und Militanz), eine Gesellschaft ohne Zwangsarbeit
(wenn auch nicht ohne Plackerei), eine Gesellschaft ohne Justiz,
Knast und Anstalten (wenn auch nicht ohne Regeln ...), dieser
Zweck heiligt eben nicht jedes Mittel, sondern nur manches.
Unser Weg zum Sozialismus (wegen mir: Anarchie) kann nicht
mit Leichen gepflastert werden. ... Unsere Gewalt endlich kann
nicht die Al Capones sein, eine Kopie des offiziellen Straßen-
terrors und des täglichen Terrors ... Damit die Linken, die
so handeln, nicht die gleichen Killervisagen wie die Bubacks
kriegen.«

Ich war schockiert – wie zahllose andere. Aber immerhin: Der Verfasser lehnte letztlich Terror und Mord und damit auch das Karlsruher Attentat ab, was kaum in den Medien erwähnt wurde. Peter Glotz, Berliner Wissenschaftssenator, befand besorgt, dieser Artikel gebe einen tiefen Einblick in die psychologische Situation von Tausenden von Studenten. Und er forderte, dass derjenige, der Gewaltanwendung ablehne, dies nicht in einer Sprache tun dürfe, in der das Gesicht des politischen Gegners zur »Verbrechervisage« gemacht würde.

Enno von Loewenstern kommentierte die »unheimliche Freude am Mord« in der *Welt* mit den Worten: »Wer Terroristen unterstützt, gehört an keine deutsche Hochschule.«

Geradezu makaber kam es mir vor, dass die Fülle von Zeitungsartikeln, die sich mit dem »Nachruf« beschäftigten, die Berichterstattung über Siegfried Bubacks Leben und gewaltsames Ende völlig in den Schatten stellte. Das gipfelte in einer Dokumentation, die von dreiundvierzig Professoren herausgegeben wurde. In dem Band *Buback – ein Nachruf* wurde der Text des »Mescalero« abgedruckt und als Diskussionsgrundlage angeboten.

Gegen die Verbreiter der Schrift wurden Disziplinar- und Strafverfahren eingeleitet, die unendlich viel Zeit und Geld kosteten und in fast allen Fällen mit Freispruch endeten. Den Aufwand hätte ich mir für eine verschärfte Suche nach Bubacks Mördern gewünscht. So aber rätselten die Kollegen und ich weiterhin in einsamer Mission über Tarnnamen und geplante Aktionen. Wer war »Marie«? Und war mit »H. M.« und »Big Money« dieselbe Person, vielleicht Hanns Martin Schleyer gemeint?

Immer wieder verfolgte mich der Gedanke an die Tatsache, dass ich das Kürzel »SB« nicht hatte entschlüsseln können. Nicht auf Siegfried Buback gekommen war. Unser letztes Gespräch und seine fast launige Abwehr gegen besonderen Personenschutz waren mir so präsent, als sei es gestern gewesen. Und dazwischen schoben sich Erinnerungen an unsere gute Zusammenarbeit vor Jahren, zu der launische Äußerungen besser gepasst hätten. Da war es »nur« zum Beispiel um eine gestohlene Rakete gegangen. Bubenstreiche im Vergleich zu dem, womit wir es heute zu tun hatten und was dem von mir so hochgeschätzten Mann zum Verhängnis geworden war.

Big Money – ein Verrat

Frühjahr und Sommer 1977

Am 28. April verurteilte das Oberlandesgericht Stuttgart Andreas Baader, Gudrun Ensslin und Jan-Carl Raspe zu lebenslanger Haft. Urteilsbegründung: Allen drei Angeklagten seien vier ausgeführte und vierunddreißig versuchte Morde sowie die Bildung einer kriminellen Vereinigung nachgewiesen worden. Hinzu kamen drei Mordversuche, von denen zwei Baader und Raspe und einer Gudrun Ensslin zur Last gelegt wurden. Das Trio, das in seinen vierten Hungerstreik getreten war, hatte darauf verzichtet, zur Urteilsverkündung zu erscheinen.

Kurz darauf begannen aufwändige Umbauarbeiten im Hochsicherheitstrakt Stammheim. Zu den drei Verurteilten waren, wie erwähnt, bereits Ingrid Schubert, Irmgard Möller und die inzwischen entlassene Brigitte Mohnhaupt verlegt worden. Nun sollten aus Hamburg Wolfgang Beer, Werner Hoppe und Helmut Pohl hinzukommen. Das »sicherste Gefängnis der Welt« sollte es werden. Seltsam fand ich, dass die Arbeiten von anderen Häftlingen aus der Anstalt durchgeführt wurden. Da das Baumaterial von außerhalb kam, hätte damit auch alles mögliche andere hineingeschmuggelt werden können. Aber angeblich wurden die Lieferungen überprüft und die Arbeiten streng überwacht. Die Gefangenen, deren Zellen im Rahmen der Umbaumaßnahmen neu gestrichen wurden, hatten jedenfalls genügend Kontakt zu den Arbeitern, machten sogar Vorschläge für die Farbgestaltung.

Es sehe so aus, als richteten sie sich immer häuslicher ein, mutmaßte Gerd. Vielleicht rechneten sie mit keinem Befreiungsversuch mehr.

Das habe er schon einmal gedacht, hielt ich dagegen. Nein – sie rechneten sehr wohl damit, und ich vermutete, dass Brigitte Mohnhaupt an den nächsten Aktionen beteiligt sein würde. War sie vielleicht »Marie«?

In der Nähe von Singen hatte es einen Mordversuch an Polizeibeamten gegeben. Ein verdächtiges Pärchen war aus einem Café gemeldet worden. Als zwei Beamte die Personalien überprüfen wollten, hatte der Mann die beiden auf den Parkplatz zu seinem Wagen gebeten, nach einer Pistole im Kofferraum gegriffen und sofort auf einen der Polizisten geschossen. Und nicht nur einmal. Der zweite Schuss auf den verletzten, am Boden liegenden Mann kam einer Hinrichtung gleich – der junge Polizist überlebte Gott sei Dank. Das Pärchen – Günter Sonnenberg und Verena Becker – war auf der anschließenden Flucht gefasst und Sonnenberg dabei selbst schwer verletzt worden. Dass er dann auf der Intensivstation der Singener Klinik Bettnachbar seines Opfers wurde, fand ich grotesk. Für den behandelnden Arzt waren es jedoch nur zwei Patienten, die er unterbringen musste.

Am 1. Juli fand dann in Frankfurt ein Überfall auf ein Waffengeschäft statt, bei dem zwei Männer etliche Schusswaffen erbeuteten. In diesem Fall entkamen die Täter unerkannt. Hatte die Gruppe erneut Zuwachs erhalten, der mit Waffen versorgt werden musste?

Einen Monat lang geschah nichts – doch am 30. Juli erschütterte ein neuer Mord, diesmal in Oberursel im Taunus, die Republik, und für mich war das Geheimnis um »Big Money« gelöst: Jürgen Ponto, Vorstandssprecher der Dresdner Bank und einer der mächtigsten Manager im Land, war in seinem Wohnzimmer vor den Augen seiner Frau erschossen worden. Er hatte entführt werden sollen und sich gewehrt. Sein Todesurteil.

In diesem Fall konnte zweifelsfrei einer der drei Täter identifiziert werden: Es war Susanne Albrecht, die Tochter eines von Pontos besten Freunden. Für sie war es kein Problem gewesen, sich bei »Onkel Jürgen«, dem Patenonkel ihrer jüngeren Schwester, Zutritt zu verschaffen. Sie genoss das volle Vertrauen der Familie.

Das war hinterhältiger Verrat, und ich fragte mich, ob diese uns bislang als Sympathisantin bekannte Susanne Albrecht von ihren Genossen massiv unter Druck gesetzt worden war, »Onkel Jürgen« heimtückisch in die Falle zu locken. Wir waren entsetzt. Einen aus Kindertagen wohlbekannten, quasi zur Familie gehörenden Menschen auf die Liste der Opfer zu setzen war für uns nicht mehr nachvollziehbar. Vielleicht hatte die junge Frau geglaubt, dass ihm nichts passieren würde. Kurz entführt, und schwupp – die RAF-Gefangenen kommen im Austausch frei. So hatte man ihr das vermutlich geschildert. Aber sie konnte nicht so naiv gewesen sein zu glauben, dass im Bedarfsfall nicht auch jederzeit geschossen würde.

Susanne Albrecht hatte sich geraume Zeit nicht bei der Familie Ponto blicken lassen, war allerdings in den Wochen vor dem letzten Besuch häufiger in Oberursel aufgetaucht. Dabei hatte sie sich einmal bei Pontos Tochter Corinna scheinbar besorgt nach den Sicherheitsvorkehrungen im Haus erkundigt.

Am späten Nachmittag des 30. Juli war sie mit einem Blumenstrauß und in Begleitung eines Pärchens erschienen. Nach dem missglückten Versuch, den sich wehrenden Bankchef zu entführen, hatte der Mann einmal, die Frau mehrfach auf Ponto geschossen. Dann hatten sie die Flucht ergriffen. Die Beschreibung der unbekannten Begleiterin von Susanne Albrecht legte die Vermutung nahe, dass es Brigitte Mohnhaupt gewesen war. Offenbar hatten sie und der Mann auf die sonst üblichen Verkleidungen verzichtet, waren vielmehr im Dress junger Leute aus behütetem Haus erschienen, so, wie es der Herkunft der meisten Terroristen ja eigentlich auch entsprach.

Im Zuge der Fahndung stießen wir auf Willy Peter Stoll. Sein Foto wurde in der *Tagesschau* ausgestrahlt, woraufhin sich umgehend eine Mitarbeiterin aus dem Hamburger Welt-Wirtschafts-Archiv meldete. Der Mann habe, berichtete sie, eine Akte über Ponto fotokopiert. Er sei in Begleitung gewesen, und der andere Mann, den sie als Knut Folkerts identifizierte, hatte auch die Akte von Arbeitgeberpräsident Schleyer verlangt.

Der nächste »Big Money« für die »Big Raushole«? Wir hatten das ja bereits in Erwägung gezogen, und Schleyer erhielt nun auf der Stelle Personenschutz, den er, im Gegensatz zu Buback, nicht ablehnte.

Zwei Wochen später traf das Bekennerschreiben bei mehreren Redaktionen ein, das Original bei der dpa Hamburg, weitere beim NDR, der *Bild*-Zeitung, bei der Agence France Press in Bonn und der *Frankfurter Rundschau*. Es war – ein Novum – von Susanne Albrecht »aus einem kommando der RAF« persönlich unterzeichnet.

»wir haben«, hieß es in diesem Brief, »in der situation, in der bundesanwaltschaft und staatsschutz zum massaker an den gefangenen ausgeholt haben, nichts für lange erklärungen übrig … zu ponto und den schüssen, die ihn jetzt in oberursel trafen, sagen wir, dass uns nicht klar genug war, dass diese typen, die in der dritten welt kriege auslösen und völker ausrotten, vor der gewalt, wenn sie ihnen im eigenen haus gegenübertritt, fassungslos stehen. Das staatsschutzgeschmier vom ›big money‹ ist dreck wie alles, was zu der aktion gesagt worden ist. Es geht natürlich immer zuerst darum, das neue gegen das alte zu stellen und das heißt hier: den kampf, für den es keine gefängnisse gibt, gegen das universum der kohle, in dem alles gefängnis ist.«

Massaker gegen Gefangene … was für eine zynische Begründung für einen Mord! In Stammheim kommunizierte die Gruppe längst schon wieder ungehindert – die drei erst vor kurzem zu ihnen verlegten Genossen waren allerdings zurückverfrachtet worden, nachdem sie sich Anfang August an einer Schlägerei zwischen Gefangenen und Vollzugsbeamten beteiligt hatten. War es etwa diese Prügelei gewesen, die als Massaker bezeichnet wurde? Hatten die Ponto-Mörder von ihr über die üblichen

Kanäle erfahren und gaben sie nun im Bekennerschreiben flugs als Grund für die tödlichen Schüsse an? Das passte in ihr Konzept. Die von den Häftlingen angefertigten Protokolle über das ruppige Handgemenge widersprachen denen der Beamten natürlich diametral. Die Schuld daran trug die jeweils andere Gruppe. Es stand außer Frage, dass die Gefangenen übel zugerichtet worden waren. Hatten sie wirklich derartigen Widerstand gegen die Anordnungen geleistet, wie die Beamten behaupteten? Ich wusste nur mit Sicherheit, dass der RAF-Kader mit unflätigen Beschimpfungen gegenüber dem Personal nie gespart hatte. Aber als korrekt konnte man dessen Verhalten sicher nicht bezeichnen und im günstigsten Fall als Ausbruch angestauter Wut betrachten. Ich musste wieder an den von Polizisten verprügelten Holger Meins denken. Auch das war ein klarer Verstoß gegen die Dienstvorschriften gewesen.

Die Stimmung im Hochsicherheitstrakt jedenfalls musste zum Zerreißen gespannt sein – zumal die Aussicht auf erpresste Freilassung durch den missglückten Versuch, Jürgen Ponto zu entführen, erst einmal wieder in weite Ferne gerückt war. Ich baute darauf, dass die vermutlich geplante Entführung des Arbeitgeberpräsidenten Hanns Martin Schleyer durch den Schutz von drei Leibwächtern verhindert würde. Die Tatsache, dass seine Akte gleich der von Ponto kopiert worden war, bestärkte mich in meiner Gewissheit, dass er ganz oben auf der Liste der RAF stand. Die Initialen H. M. in den Haag-Mayer-Papieren hatten ja schon darauf hingedeutet. Der »Boss der Bosse«, wie er genannt wurde, war nicht nur ein mächtiger Mann im sogenannten imperialistischen System – durch seine ehemalige Mitgliedschaft in der SS und der NSDAP lieferte er einen weiteren Grund für die Terroristen, ihn abgrundtief zu hassen. Er war in jeder Hinsicht ein Paradeopfer.

Die in den Papieren angedrohte »Rache« kam mir wieder in den Sinn. Auf Ponto konnte sich diese Drohung nicht bezogen haben. Auf Schleyer? Schon eher. Oder wer kam sonst noch für einen Anschlag infrage?

Ich musste mich mit dieser Überlegung nicht lange beschäftigen. Am 25. August hatte eine Raketenwerferanlage das Gebäude der Bundesanwaltschaft in Karlsruhe beschießen sollen. Sie war in der Wohnung eines Rentnerehepaares im gegenüberliegenden Haus installiert worden.

Er habe geglaubt, das sei das Ende, berichtete der noch unter Schock stehende achtundsechzigjährige Kunstmaler Theodor Sand. Ein Ehepaar Ellwanger hatte sich angekündigt, angeblich, weil es sich für seine Bilder interessierte. In seinem Atelier angekommen, hatte das Paar plötzlich Pistolen gezogen und Sand und seine sechs Jahre ältere Ehefrau ins Wohnzimmer getrieben. Dort hatte es die beiden an Sessel gefesselt und zudem aneinander gebunden, so dass sie sich nicht bewegen konnten. Sie wurden darüber informiert, dass es sich um eine gegen die Bundesanwaltschaft gerichtete Aktion der RAF handle. Dann, so der Kunstmaler, seien mehrere Leute in die Wohnung gekommen und hätten sich im Atelier zu schaffen gemacht. Irgendwann seien sie verschwunden, hätten ihnen aber zuvor noch den Mund mit Klebstreifen verschlossen und die Wohnungstür verriegelt. Stundenlang hatten die beiden zitternd in den Sesseln ausgeharrt – geschehen war nichts. Schließlich hatten sie sich befreien können und die Polizei gerufen.

Die Beamten entdeckten eine am Fenster im Atelier aufgebaute Raketenabschussanlage, eine regelrechte Stalinorgel, und benachrichtigten umgehend Sprengstoffexperten. Die stellten fest, dass der Höllenapparat aufgrund einer Schlamperei der Täter nicht funktioniert hatte: Es war vergessen worden, den Wecker aufzuziehen, der die Zündung auslösen sollte. Was für eine segensreiche Nachlässigkeit! Etliche Bundesanwälte und Angestellte wären bei dem geplanten Beschuss ums Leben gekommen. Die Splittergeschosse zielten direkt auf die nur wenige Meter entfernten Räume der Bundesanwaltschaft. (Der Hauptakteur bei diesem Unternehmen, Peter-Jürgen Boock, behauptete später in seinem Prozess, er habe den Wecker absichtlich nicht aufgezogen, was die Richter ihm nicht glaubten.) Durch ein Telefongespräch erfuhr ich von einem Stuttgarter LKA-Kollegen, dass Andreas Baader einen Tobsuchtsanfall bekommen hatte. Mich wunderte das nicht. Seine »Jünger« fabrizierten aus seiner Sicht eine Pleite nach der anderen. Der unsinnige Mord an Jürgen Ponto und ein verpatzter Anschlag hatten ihn der ersehnten Befreiung nicht ein Stückchen näher gebracht. Zehn Tage später trafen Bekennerschreiben in verschiedenen Redaktionen ein. Auch das Ehepaar Sand erhielt einen Brief mit dem Text, dem drei von den Tätern konfiszierte Wohnungsschlüssel beigefügt waren. Unterschrieben war die Erklärung mit »RAF – am 3.9.1977«, und das Schlusswort lautete: »Die Solidarität der Menschen gründet in der Revolte.«

Die langatmigen Erklärungen waren vom Stil her nicht einer bestimmten Person zuzuordnen. Ich hielt es für möglich, dass sowohl der RAF-Kader als auch das Büro Croissant zu den Verfassern gehören könnten, zumal bestimmte Argumente in IKV-Presseerklärungen zum Thema »Isolationshaft« wiederzufinden waren.

Im Schreiben wurde behauptet, dass »alle interpretationen der maschine« falsch seien. Die Bundesanwälte hätten nur daran gehindert werden sollen, »im komfort ihrer büros weiter darüber zu grübeln, wie sie den nächsten mord an einem politischen gefangenen arrangieren, oder die menschenjagd, die schauprozesse, die razzien auf bürger und anwälte, denen wir sympathischer sind, die lügen und die hetze der ›offensiven information‹ zu planen«. Es sei nicht um irgendein »blutbad – in diesem nest der reaktionären gewalt« gegangen, und »es ging auch nicht um einen anschlag auf rebmann, obwohl es so aussieht, als sei er noch skrupelloser, noch brutaler und ein noch infamerer demagoge als buback. Es ging ganz einfach um eine warnung in der situation, in der über 40 politische gefangene im hungerstreik waren, weil rebmann die zusage, sie in gruppen zu 15 zu konzentrieren, die er als ministerialdirigent ... ausgesprochen hat, als generalbundesanwalt bricht und hintertreibt.«

Nach dieser Verniedlichung des groß angelegten Mordversuchs, der, wäre er gelungen, ein Blutbad unter den Mitarbeitern der Bundesanwaltschaft angerichtet hätte, ging es weiter gegen Rebmann zur Sache:»wir gehen davon aus, dass mit der totalen isolation der gefangenen der hungerstreik provoziert werden sollte, den rebmann, der es nötig hat, sich nach bubacks amtsenthebung wegen der morde an holger, ulrike und siegfried zu profilieren, dazu benutzen wollte, um jetzt andreas, gudrun und jan hinzurichten.«

Dies passte wieder zu einer im Mai herausgegebenen Presseerklärung des IKV aus dem Büro Croissant, in der ebenfalls von der Absicht staatlicher Stellen die Rede war, die Gefangenen »hinzurichten«. Langsam konnte ich das ständige Gefasel über Hinrichtungen nicht mehr ertragen, und die Bezeichnung »Amtsenthebung« für einen Mord war mehr als zynisch – sie war makaber.

Dass die Gefangenen ihren Hungerstreik abgebrochen hatten, wurde von den Schreibern als richtige Entscheidung begrüßt, und sie baten darum, ihn auch nicht wieder aufzunehmen, »bis wir wissen, ob das mörderkartell aus justizministern, richtern, staatsanwälten und bullen gegenüber den mitteln, die wir haben und einsetzen können, so arrogant bleiben kann wie gegenüber den waffen von gefangenen.«

Dann ging es um den faschistoiden Staat und »seine verfetteten eliten«, die nur eine Sprache verstünden, nämlich die der Gewalt. Schleyer war ein korpulenter Mann – konnte somit als Synonym für die »verfetteten Eliten« gelten. Sie hatten ihn im Visier – das war eindeutig. H. M. sollte für die »Big Raushole« sorgen. Doch warum wurde dann immer von Mord gesprochen?

»sollten andreas, gudrun und jan ermordet werden, werden die apologeten der harten haltung spüren, dass das, was sie in ihren arsenalen haben, nicht nur ihnen nützt, dass wir viele sind und das wir genug liebe – also hass und phantasie haben, um unsere und ihre waffen so gegen sie einzusetzen, dass ihr schmerz unserem entsprechen wird.«

Die Ankündigungen konnten eine Tarnfunktion haben, denn schließlich lebten die Gefangenen und hatten den Hungerstreik abgebrochen.»Big Raushole« hätte für tote Häftlinge ja auch wenig Sinn ergeben. Woher aber nahmen sie die Gewissheit, dass eine Entführung Schleyers gelingen würde? Für ihn galt inzwischen die Sicherheitsstufe 1. Er war von Begleitfahrzeugen und geschulten Leibwächtern umgeben und saß selbst sicherlich in einem gepanzerten Dienstwagen. Sein Haus in Stuttgart wurde ebenso bewacht wie die Dienstwohnung in Köln und sein Feriendomizil in Meersburg.

»An den kommt niemand ran«, sagte Gerd,»und das werden die Terroristen ausgecheckt haben, wie sie sich auszudrücken beliebten. Vielleicht haben sie längst ein anderes passendes Opfer ausgespäht. Ein weniger bewachtes. Es gibt genug Wirtschaftsgrößen, die infrage kämen. Und wir dürfen jetzt wieder rätseln, wer als Ersatz ausgesucht wurde. Baader drängt vehement auf Befreiung, und die Genossen *müssen* tätig werden. Am Ende sind sie so tollkühn, dass sie es trotzdem mit Schleyer versuchen. Im Schreiben steht doch was von Arsenalen, und du sagtest, dass sie möglicherweise an Waffensysteme gelangt sind, die bisher nicht eingesetzt wurden.«

Das befürchtete ich in der Tat und hatte eine Überprüfung sämtlicher Waffendiebstähle während der letzten zwölf Monate vorgeschlagen, vor allem in Bundeswehrdepots.

»Auch wenn sie so tollkühn wären – sie müssten Schleyers geschulten Begleitschutz ausschalten, um ihn lebend zu bekommen«, sagte ich, auch um mich selbst zu beruhigen.»Und das halte ich doch für ausgeschlossen.«

Die Entführung

Es passierte am frühen Abend des 5. September, gegen halb sechs: Arbeitgeberpräsident Hanns Martin Schleyer wurde in Köln von einem RAF-Kommando entführt. Seine vier Begleiter kamen bei dem Anschlag ums Leben.

»Sicherheitsstufe 1«, sagte Gerd sarkastisch. »Du hieltest es für ausgeschlossen. Wie du siehst ...«

Ja, ich hatte mich geirrt. Schleyers Dienstwagen war nicht gepanzert gewesen, und die als Begleitschutz abgestellten Kollegen vom Landeskriminalamt in Stuttgart waren beileibe nicht so gut geschult gewesen, wie ich angenommen hatte. Polizeihauptmeister Reinhold Brändle, einundvierzig, Polizeimeister Helmut Ulmer, vierundzwanzig, und der gerade mal zwanzig Jahre alte Polizeimeister Roland Pieler waren im Schnellverfahren auf ihre neue Aufgabe als Schleyers Bodyguards vorbereitet worden.

In der Vincenz-Statz-Straße, einer schmalen Einbahnstraße, blockierte plötzlich ein von rechts kommender Mercedes die Fahrspur. Schleyers Fahrer Heinz Marcicz bremste scharf, und das Begleitfahrzeug hinter ihm krachte in den Dienstwagen, der somit eingekeilt war. Im selben Augenblick eröffneten, laut Zeugenaussagen, drei Männer und eine Frau das Feuer. Zwar versuchten die Polizisten noch, zurückzuschießen, aber sie hatten keine Chance. Es blieb unklar, ob ein am Tatort gefundener Kinderwagen ebenfalls als Hindernis oder als Versteck für Schusswaffen gedient hatte.

Ein Spaziergänger berichtete hinterher von etwa zwanzig Schüssen, »die klangen wie Raketenschläge. Dann folgte ein bellendes Geräusch, das kannte ich aus dem Krieg. Das waren Maschinenpistolenschüsse, die Garben kamen kurz hintereinander ... Dann folgte eine Totenstille, darauf ein fürchterliches Reifenquietschen. Und dann sah ich zwei Männer auf dem Boden liegen, über und über mit Blut befleckt, das Gesicht unkenntlich.«

»Die haben sie regelrecht durchlöchert«, sagte Gerd mit erstickter Stimme. »Nur der unbewaffnete Fahrer hat weniger abgekriegt. Aber das hat auch gereicht. Ob Schleyer wohl verletzt wurde?«

Wir wussten es noch nicht. Er war aus dem Auto gezogen und in einen hellen VW-Bus verfrachtet worden, den jemand rückwärts in die Straße gefahren hatte. Gut zwei Stunden später wurde das Fahrzeug nicht weit vom Tatort entfernt in der Tiefgarage eines Wohnblocks entdeckt, in dem sich, wie sich dann herausstellte, auch die konspirative Wohnung der Entführer befand. Sie schienen genau das beabsichtigt zu haben, denn im Bus war ein Schreiben »an die bundesregierung« deponiert worden: »sie werden dafür sorgen, dass alle öffentlichen fahndungsmaßnahmen unterbleiben oder wir erschießen schleyer sofort ohne dass es zu verhandlungen über seine freilassung kommt. raf.«

Obwohl uns diese »Order« zu dem Zeitpunkt noch nicht bekannt war, wurden in den späteren Abendstunden doch schon klare Zeichen gesetzt, wie der Bundeskanzler auf sie zu reagieren gedachte. Helmut Schmidt hielt im Fernsehen eine Ansprache, die an Deutlichkeit nichts zu wünschen übrig ließ. Sie begann mit den Worten: »Uns alle erfüllt nicht bloß tiefe Betroffenheit angesichts der Toten, uns erfüllt auch tiefer Zorn über die Brutalität, mit der die Terroristen in ihrem verbrecherischen Wahn vorgehen.« Und endete mit dem Satz: »Der Staat muss darauf mit aller notwendigen Härte antworten.«

Unser Präsident Horst Herold hatte seinen Urlaub in Bayern umgehend abgebrochen und sich nach der Rückkehr noch nachts mit Schmidt getroffen. Sie waren sich, wie ich später erfuhr, einig gewesen, dass ein Nachgeben nicht infrage kam, und Herold ordnete entgegen der Forderung der Entführer an, den im VW-Bus hinterlegten Zettel nicht zu veröffentlichen. Sie meldeten sich einen Tag später erneut. Diesmal wurde das Schreiben im Briefkasten eines Dekans in Wiesbaden eingeworfen und der Mann, als er es gerade zu lesen begann, von einer Unbekannten, die sich als RAF-Mitglied ausgab, telefonisch darüber informiert. Der Umschlag wurde umgehend an die nahe gelegene BKA-Zentrale weitergeleitet. Er enthielt außer einem zweiseitigen getippten Brief eine kurze Erklärung in Schleyers Handschrift und zwei Fotos von ihm – eines davon das wohl schockierendste in diesem »Deutschen Herbst«: der Arbeitgeberpräsident mit geöffneter Trainingsjacke, hinter ihm das RAF-Emblem, vor ihm ein Schild mit der Aufschrift »6.9.1977 Gefangener der RAF«. Die von ihm geschriebenen Zeilen lauteten: »Mir wird erklärt, dass die Fortführung der Fahndung mein Leben gefährde. Das Gleiche gelte, wenn die Forderungen nicht erfüllt und die Ultimaten nicht eingehalten würden. Mir geht es soweit gut, ich bin unverletzt und glaube, dass ich freigelassen werde, wenn die Forderungen erfüllt werden. Das ist jedoch nicht meine Entscheidung.«

Dass die Täter es ernst meinten, bezweifelte ich keine Sekunde. »Big Raushole« war allem Anschein nach sorgfältig vorbereitet worden und der Mord an vier Menschen eine zuvor beschlossene Sache gewesen. Sie hatten alles auf eine Karte gesetzt, um ihr Ziel zu erreichen. Würden die Forderungen nicht erfüllt, käme es ihnen auf eine fünfte Hinrichtung auch nicht mehr an. Ihre Drohung wiederholten sie in dem Schreiben:

»Am Montag, den 5.8.77 hat das kommando siegfried hausner den präsidenten des arbeitgeberverbandes und des bundesverbandes der deutschen industrie, hanns martin schleyer, gefangen genommen.

Zu den bedingungen seiner freilassung wiederholen wir noch

mal unsere erste mitteilung an die bundesregierung, die seit gestern von den sicherheitsstäben wie wir das inzwischen kennen unterschlagen wird ...«

Die Forderung, sämtliche Fahndungsmaßnahmen einzustellen, wurde wiederholt, dann folgten die Bedingungen für die Freilassung:

»1. die gefangenen aus der raf –
andreas baader, gudrun ensslin, jan carl raspe, verena becker, werner hoppe, karl-heinz dellwo, hanna krabbe, bernd rößner, ingrid schubert, irmgard möller
werden im austausch gegen schleyer freigelassen und reisen aus in ein land ihrer wahl. günter sonnenberg, der seit seiner festnahme wegen seiner schussverletzung haftunfähig ist, wird sofort freigelassen. sein haftbefehl wird aufgehoben. günter wird zusammen mit den 10 gefangenen, mit denen er sofort zusammengebracht wird und sprechen kann, ausreisen.

2. die gefangenen sind bis mittwoch, 8 uhr früh, auf dem flughafen frankfurt zusammenzubringen, sie haben bis zu ihrem abflug um 12 uhr mittags jederzeit und uneingeschränkt die möglichkeit, miteinander zu sprechen, zum 10 uhr vormittags wird einer der gefangenen das kommando in direktübertragung durch das deutsche fernsehen über den korrekten ablauf ihres abflugs informieren.

3. in der funktion öffentlicher kontrolle und garantie für das leben der gefangenen während des transports bis zur landung und aufnahme sollen die gefangenen – wie wir vorschlagen würden – von payot, dem generalsekretär der internationalen föderation für menschenrechte bei der uno, und pfarrer niemöller begleitet werden. wir bitten sie, sich in dieser funktion dafür einzusetzen, dass die gefangenen dort, wo sie hinwollen, lebend ankommen. natürlich sind wir auch mit alternativvorschlägen der gefangenen einverstanden.

4. jedem gefangenen werden 100 000 dm mitgegeben.
5. die erklärung, die durch schleyers foto und seinen brief als authentisch identifizierbar ist, wird heute abend um 20.00 uhr in der tagesschau veröffentlicht, und zwar ungekürzt und unverfälscht.
6. den konkreten ablauf von schleyers freilassung legen wir fest sowie wir die bestätigung der freigelassenen gefangenen haben, dass sie nicht ausgeliefert werden, und die erklärung der bundesregierung vorliegt, dass sie keine auslieferung betreiben wird.

wir gehen davon aus, dass schmidt, nachdem er in stockholm demonstriert hat, wie schnell er seine entscheidungen fällt, sich bemühen wird, sein verhältnis zu diesem fetten magnaten der nationalen wirtschaftscreme ebenso schnell zu erklären.

am 6. 9. 77

KOMMANDO
SIEGFRIED HAUSNER
RAF«

Noch in derselben Nacht traf Helmut Schmidt seine Entscheidung: Der Erpressung sollte nicht nachgegeben werden. Kurz vor Mitternacht war der Krisenstab zusammengetreten. Mit dabei: die Vorsitzenden der im Bundestag vertretenen Parteien und die Vertreter der Bundesländer, in deren Gefängnissen RAF-Häftlinge einsaßen. Auch BKA-Präsident Herold saß in dieser Runde. Alle waren sich einig, nicht auf die Forderungen einzugehen. Für das Procedere hatte der Psychologe Wolfgang Salewski, Berater des BKA, die Idee, auf Zeit zu spielen nach dem Motto: Solange kommuniziert wird, passiert nichts. Und um das Leben der Geisel zu retten, argumentierte er, müsse man die Täter stabilisieren, damit sie »nicht irgendeinen Scheiß« machten.

Auf Zeit spielen – das war auch Herolds Devise. Es begann mit der geforderten Erklärung in der *Tagesschau*. Nicht Schleyers Worte wurden vom *Tagesschau*-Sprecher verlesen, sondern eine Mitteilung des BKA an die Entführer:

»Ihr Brief ist der örtlichen Polizei erst am späten Nachmittag zugegangen. Von dort wurde er dem Bundeskriminalamt übergeben. Das Bundeskriminalamt hat den Brief unverzüglich an die Bundesregierung weitergeleitet. Bei der Bundesregierung wird der Brief erst am späten Abend vorliegen. Der Termin für die von Ihnen gewünschte Veröffentlichung kann deshalb nicht eingehalten werden.«

Und dann rollte die größte Fahndungsaktion aller Zeiten an, und mit ihr schlug die Stunde unseres Präsidenten. Wie kein anderer verstand er es, auf der Klaviatur des Polizeiapparates zu spielen. Die Landeskriminalämter hatte er trotz mancher Widerstände schon lange vorher auf seine Linie eingestimmt. Dank seiner Eloquenz gelang es ihm, auch die Politiker von der Notwendigkeit aller von ihm eingeleiteten und im Verlauf der folgenden Wochen ausufernden Fahndungsmaßnahmen zu überzeugen. Und mit Unterstützung des Psychologen Salewski auch vom quälenden Zeitgewinnspiel. Der Computerfreak Herold baute auf die Effizienz des von ihm eingeführten elektronischen Datensystems. Den Faktor »menschliches Versagen« hatte er jedoch anscheinend nicht eingeplant.

Mitsamt seinem engsten Stab zog Herold von Wiesbaden nach Bad Godesberg um, und während er sich im Dienstzimmer des Abteilungsleiters Gerhard Boeden einrichtete, gab ein aufmerksamer Polizeimeister aus Erftstadt-Liblar ein Fernschreiben auf, das auf dem Dienstweg »hängen« blieb und die Zentrale Einsatzleitung, ZEL 1, unter Herold nicht erreichte. Vielmehr zu spät. Als der entscheidende Hinweis auf eine Wohnung im Hochhaus Am Renngraben 8 endlich eintraf, war das Nest leer. Wäre sie sofort überprüft worden, hätte Hanns Martin Schleyer zwei Tage nach seiner Entführung befreit werden können.

Die verwirrende Trennung der Zuständigkeiten für die Bearbeitung nach lokalen (auf Nordrhein-Westfalen beschränkten) und überörtlichen Indizien hatte verhindert, dass der entscheidende Hinweis auf die Mieterin der Wohnung durch Eingabe in den Zentralcomputer des BKA überprüft wurde. Das komme dabei heraus, schimpfte Gerd, wenn die Nachrichtenwege von heute auf morgen verändert würden. Und überhaupt – bei uns sehe es inzwischen aus wie in einem Feldlager. Das stimmte. Schlafpritschen, Schreibtische und Telefone auf dem Flur. Und alle Hinweise waren mit Stecknadeln an den Vorhängen befestigt, weil es an Pinnwänden mangelte. Natürlich konnte da auch mal etwas verloren gehen. In diesem Fall war allerdings gar nichts angekommen, was vom Vorhang hätte fallen können. Der Beamte, der mir später das Fernschreiben zeigte, war zutiefst zerknirscht. Er hatte geglaubt, dass die lokalen Hinweise von der Einsatzleitung in Köln überprüft worden seien.

Was mit einer verhängnisvollen Schlamperei begonnen hatte, setzte sich in einer Kette aus Pleiten, Pech und Pannen fort.

Die Entführer stellten weitere Ultimaten, und die in der *Tagesschau* verlesenen Erklärungen der Regierung begründeten deren Nichterfüllung stets mit zu spätem Erhalt der Forderungen. Und verlangten weitere Lebenszeichen von Schleyer. Der Krisenstab ging auf die Forderung der Entführer ein, den Genfer Anwalt Denis Payot als Vermittler einzuschalten. Allerdings lief es etwas anders, als es sich die RAF-Genossen wohl vorgestellt hatten: Fortan wurden sämtliche Anrufe abgehört und konnten zurückverfolgt werden.

Eine gute Idee – nur brachte sie die Fahndung nicht voran. Sowohl die Entführer als auch ihre Geisel hatten die Verzögerungstaktik durchschaut. Es folgten Briefe von Schleyer an seinen Sohn und seinen Freund Eberhard von Brauchitsch, in denen er auf eine schnelle Entscheidung drängte.

Schließlich traf eine von ihm besprochene Tonbandkassette ein. Sie befand sich mitsamt Brief an die Bundesregierung in einem wiederum an Brauchitsch adressierten Umschlag, der im Düsseldorfer Hotel Breidenbacher Hof abgegeben worden war. Ein Anrufer informierte kurz darauf das Sekretariat des Flick-Managers über die Dringlichkeit des Schreibens in der Sache »Schleyer«. Als Lebenszeichen enthielt es die Bemerkung der Geisel: »heute wäre der geburtstag meiner cousine anni mueller; sie ist 1904 in würzburg geboren« sowie ein Ultimatum der Entführer. Sie verlängerten es auf vierundzwanzig Uhr und bestimmten: »die möglichen zielländer können der bundesregierung nur von den gefangenen selbst mitgeteilt werden.«

Das war das Stichwort für den Krisenstab. Man müsse im Zeitgewinnspiel Aktivitäten demonstrieren, lautete die Devise. So tun, als ginge man nun auf die Forderungen ein. Die Gefangenen sollten nach den Ländern ihrer Wahl zur Ausreise befragt werden.

Und wer kam für den Stammheimer Kader an vorderster Front infrage? Natürlich ich, der »Familienbulle«.

Herold wirkte mitgenommen, als er mir das mitteilte. Was Schleyer auf das an Helmut Kohl gerichtete Tonband gesprochen hatte, war dem Präsidenten sichtlich unter die Haut gegangen.

Schleyer hatte die Situation, in der er sich befand, als »politisch nicht mehr verständlich« bezeichnet, scharfe Kritik an den stümperhaften Sicherheitsmaßnahmen geübt und darauf hingewiesen, wie wenig die Verantwortlichen über Terrorismus wüssten. Dann war er fortgefahren:

«Man kann sich nicht auf Computer verlassen, man muss den Computer durch menschliche Gehirne speisen, wenn man von ihm richtige Erkenntnisse erwartet. Ich habe nie um mein Leben gewinselt. Ich habe immer die Entscheidung der Bundesregierung, wie ich ausdrücklich schriftlich mitgeteilt habe, anerkannt. Was sich aber seit Tagen abspielt, ist Menschenquälerei ohne

Sinn. Es sei denn, man versucht, mit naiven Tricks meine Entführer zu fangen. Das wäre zugleich mein sicherer Tod, und ich kann mir nicht vorstellen, dass man zwar die offizielle Ablehnung der Forderungen scheut, aber Vorbereitungen trifft, um mich still um die Ecke zu bringen, was man dann vielleicht als technische Panne ausgeben könnte ...

Ich bin nicht bereit, lautlos aus diesem Leben abzutreten, um die Fehler der Regierung, der sie tragenden Parteien und die Unzulänglichkeiten des von ihnen hochgejubelten BKA-Chefs zu decken ...«

Das saß! Auch wenn man Schleyer zu dem Text in der Form gezwungen haben mochte – es traf doch den Kern der Sache und wird Herold nicht ungerührt gelassen haben. An seiner Taktik änderte sich jedoch nichts, und auch die Regierung zog es nicht in Erwägung, ihren Beschluss zu revidieren. Die Forderung, die Gefangenen nun zu ihrer Länderwahl zu befragen, verschaffte allerdings den Zeitgewinn, auf den der Krisenstab setzte – vorausgesetzt, sie hatten sich nicht schon über die Anwälte hinsichtlich der Länder abgesprochen.

Jetzt jedenfalls war ihnen dies nicht mehr möglich. Sie befanden sich seit Schleyers Entführung tatsächlich in der zuvor stets angeprangerten Isolationshaft, hatten keinen Kontakt mehr miteinander und durften auch ihre Anwälte nicht mehr sehen. Zwar hatte man ihnen die am ersten Tag konfiszierten und überprüften Plattenspieler und Radios zurückgegeben – aber sie konnten sich nicht mehr austauschen.

(Dachten wir. Dass die Gefangenen mittels Radios, Plattenspielern und Lautsprechern ein perfekt funktionierendes Kommunikationssystem über zwei miteinander verbundene Kabelnetze installiert hatten, wusste zu dem Zeitpunkt niemand. Später fragte ich mich, wieso den Technikern, die die Geräte untersucht hatten, nichts aufgefallen war.)

Ich möge mich unverzüglich nach Stammheim begeben, sagte

Herold. Und so flog ich frühmorgens am 13. September, acht Tage nach der Entführung des Arbeitgeberpräsidenten, mit einem BGS-Hubschrauber zur Justizvollzugsanstalt. In meiner Mappe steckten Fragebögen zu den infrage kommenden Ausreiseländern.

Stammheim und mein Alternativvorschlag

September 1977

Als ich morgens um viertel vor acht in der JVA Stammheim eintraf, erklärte mir der Anstaltsleiter Hans Nusser, Andreas Baader habe am Abend zuvor dringend um ein Gespräch mit einem Verantwortlichen gebeten, da eine schwerwiegende Entscheidung anstehe, die nicht rückgängig zu machen sei. Bundesanwalt Löchner, sagte Nusser, werde in einer Stunde eintreffen.

Man bot mir ein Frühstück an, das ich freudig akzeptierte. Schließlich war ich schon seit drei Stunden auf den Beinen.

Ich erkundigte mich nach der Stimmung der Gefangenen, die ich mir angespannt vorstellte. Schließlich konnten sie nicht mehr miteinander kommunizieren. Sie seien nervös und gereizt, bestätigte mir Horst Bubeck.

Eine Stunde später saßen wir zusammen mit Bundesanwalt Löchner im Besucherzimmer des siebten Stocks. Andreas Baader wurde hereingeführt. Er war sehr nervös und versuchte, uns nach Informationen auszufragen. Ich ließ mich nicht aus der Reserve locken, was ihn sichtbar verunsicherte. Von seiner ehedem anmaßenden Haltung war nichts mehr zu spüren, und ich vermutete, dass die Entführung Schleyers und die daran geknüpften Bedingungen mit den Gefangenen nicht abgestimmt waren, zumindest nicht im Detail. Nachdem er merkte, dass er nichts aus mir herausbekam, wollte er eine Erklärung abgeben. Die Bundesregierung, so betonte er, könne im Falle eines Austauschs damit rechnen, dass die Freigelassenen nicht in die Bundesrepublik zurückkehren würden und eine Wiederauffüllung des Potenzials – damit meinte er das terroristische – nicht beabsichtigt sei.

»Ich kann jedoch nur für diejenigen sprechen, die in Stammheim inhaftiert sind oder waren. Und diese Versicherung gilt auch nicht für den Fall, dass das Urteil aufgehoben wird oder eine signifikante politische Veränderung eintreten sollte.«

Er zog heftig an seiner Zigarette, dann fuhr er fort: »Die Bundesregierung hat nur die Wahl, die Gefangenen umzubringen oder sie irgendwann zu entlassen!«

Er fixierte erst mich, dann Löchner.

»Umzubringen …«, wiederholte ich gedehnt.

»Durch die tödlichen Haftbedingungen«, erwiderte er und verzog das Gesicht zu einer zerquälten Miene. »Und entlassen natürlich wegen Haftunfähigkeit. Uns auszufliegen würde eine Entspannung für längere Zeit bedeuten. Es liegt doch sicherlich im Interesse der Bundesregierung, eine weitere Eskalation zu vermeiden, oder?«

Er warf mir einen lauernden Blick zu, dem ich gelassen begegnete.

»Daher soll sich die Regierung um ein Aufnahmeland für diejenigen Gefangenen bemühen, deren Freilassung gefordert wird«, sagte er dann entschieden.

Ich kommentierte nichts, sondern erläuterte ihm meinen Auftrag und legte ihm den Fragebogen vor. Die erste Frage, »Sind Sie bereit, sich ausfliegen zu lassen?«, beantwortete er erwartungsgemäß mit »ja«. Auf die zweite nach den möglichen Zielländern, die, so die Entführer, nur von den Gefangenen selbst genannt werden sollten, wollte er zunächst nicht eingehen, weil er fürchtete, damit Informationen preiszugeben. Dann ließ es sich aber doch dazu überreden, die Länder seiner Wahl schriftlich zu fixieren: »Vietnam und Algerien«, schrieb er, fügte dann »Libyen, Volksrepublik Jemen und Irak« hinzu und notierte ferner: »Wir meinen, dass die Bundesregierung die Länder, die infrage kommen, um die Aufnahme ersuchen muss. Ja.«

Als er unterschrieb, betonte er noch, dass ihm die Reihenfolge der von ihm genannten Länder wichtig sei.

Gudrun Ensslin und Irmgard Möller wollten natürlich ebenfalls ausgeflogen werden, nannten jedoch keine Ziele. Vielmehr schrieben sie auf, dass sie sich mit den anderen darüber besprechen wollten. Gudrun Ensslin verlangte außerdem, ihren Anwalt Otto Schily zu sehen. Auch Jan-Carl Raspe machte keine Angaben über Wunschländer und verlangte Kontakt mit den anderen.

Präsident Herold war über das Ergebnis meines Besuches höchst erfreut. Bis sich die Beteiligten für Ziele entschieden hätten, würde Zeit vergehen, sagte er. Und bis man geklärt habe, welches Land bereit sei, die Gefangenen aufzunehmen, ebenfalls. Zeit genug, Schleyer zu finden.

Zwei Wochen später hatte sich am Status quo nichts geändert, und ich fand die Hängepartie langsam unerträglich. Herold schien ähnlich zu empfinden. Er wirkte ziemlich verzweifelt, als er mich überraschend zu sich rief.

»Stellen Sie sich den armen Schleyer vor!«, klagte er. »Angekettet, in irgendeinem Verließ. Was können wir denn noch tun?«

Ich wusste es auch nicht, versprach ihm aber, weiterhin intensiv darüber nachzudenken.

Es war höchste Zeit, dass dieses Drama ein unblutiges Ende fand. Ich glaubte nicht mehr daran, dass man Schleyer jetzt noch finden würde. Vermutlich war er längst außer Landes geschafft worden. Die Fahndung lief, mittlerweile auch in Frankreich und Holland, auf Hochtouren, natürlich verdeckt. Darüber waren sich die Entführer sicherlich im Klaren.

Das Läuten des Telefons unterbrach meine Gedanken. Am Apparat meldete sich Bubeck aus der JVA Stammheim. Er teilte mir mit, Jan-Carl Raspe habe vor einer Stunde um meinen Besuch und den von Bundesanwalt Löchner gebeten. Er wolle eine Erklärung abgeben und uns ein Schriftstück überreichen.

Wieder flog ich mit dem Hubschrauber nach Stammheim, wo ich am Abend eintraf. Allein. Löchner hatte mir am Telefon eröffnet, er beabsichtige, nur dann zu kommen, wenn es unumgänglich sei.

Er brauchte sich nicht zu bemühen, denn Raspe fragte nicht einmal nach ihm. Er betrat das Besucherzimmer und legte ein DIN-A4-Blatt auf den Tisch. Dann verkündete er ohne Umschweife, dass den bereits genannten Ausreiseländern noch einige hinzugefügt worden seien.

Merkwürdig – außer Baader hatte keiner von ihnen Ziele genannt. Ich griff nach der maschinenschriftlichen Erklärung und las:

»Für den Fall, dass die Bundesregierung wirklich den Austausch versucht, und vorausgesetzt, die bereits genannten Länder – Algerien, Libyen, Vietnam, Irak und Südjemen – lehnen die Aufnahme ab, nennen wir noch eine Reihe weiterer Länder:
– Angola
– Mozambique
– Guinea-Bissau
– Äthiopien
27.9.77 Raspe«

»Tja!«, sagte ich. »Sie haben sich wohl untereinander verständigt, denn Sie sprechen von ›wir‹ und zählen die von Baader genannten Länder auf.«

Er wurde ziemlich verlegen, antwortete aber nicht, sondern unterschrieb seine Erklärung und eine Kopie des Schriftstücks.

»Haben Sie sonst noch etwas zu sagen?«, fragte ich.

Er hatte: »Die lange Dauer der Entführungsaktion lässt darauf schließen, dass es eine polizeiliche Lösung geben soll. Damit ist eine politische Katastrophe programmiert. Nämlich tote Gefangene.«

Dann beklagte er die Isolation und forderte, dass wenigstens den Gefangenen innerhalb einer Anstalt die Kommunikation erlaubt werde.

Ich entschloss mich, ihm meine persönliche Auffassung mitzuteilen: »Der Zustand würde sich doch ändern, wenn die Entführer eine Botschaft der Gefangenen erhielten. Des Inhalts, die Aktion zu beenden.«

Er sah mich fassungslos an, stand auf und erwiderte nur, dass die Aufnahme in einem der genannten Länder von der Intensität abhänge, mit der sich die Bundesregierung darum bemühe.

Was hatte ich erwartet? Dass der RAF-Kader auf die »Big Raushole« verzichtete? Das wäre nur mit entsprechenden Verhandlungen zu erreichen. Zum Beispiel mittels Anwälten wie Otto Schily. Gudrun Ensslin und er waren sehr vertraut miteinander. Man müsste es versuchen! Herold hatte mich schließlich um einen Vorschlag zur Lösung des Problems gebeten.

Bevor ich die Anstalt verließ, sprach ich Bubeck auf die Verständigungsmöglichkeiten der Gefangenen an. Sie mussten miteinander kommuniziert haben – sonst hätte Raspe nichts über die von Baader genannten Länder wissen können.

Sie brüllten einander etwas durch die Luftschlitze ihrer Zellentüren zu, sagte Bubeck. Man lasse aber schon laute Musik spielen, um die Verständigung zu erschweren. Und abends würden die Türen mit Holzplatten abgedeckt, an deren oberem Ende eine Schaumgummiauflage zur Abdichtung angebracht sei.

Gelungen war es ihnen trotz Musik und Schaumstoff. Aber vielleicht, überlegte ich, gäbe es bald eine andere Lösung, vielleicht …

»Der Hubschrauber musste ja abfliegen, wie Sie wissen«, sagte Bubeck. »Aber leider fährt jetzt kein Zug mehr von Stuttgart nach Bonn. Wenn es Ihnen recht ist, fährt ein Kollege Sie zum Bahnhof nach Karlsruhe.«

Ich nahm das liebenswürdige Angebot an und hatte dann während der Zugfahrt genügend Zeit, meine Gedanken um das

Thema »Verhandlung zwischen Gefangenen und der Regierung« kreisen zu lassen. Dass nach Baader inzwischen auch Raspe von »toten Gefangenen« sprach, gab mir zu denken. Solche Äußerungen waren eindeutige Hinweise auf eine beabsichtigte Selbsttötung. Auf welchem Wege auch immer. Holger Meins hatte es geschafft. Ulrike Meinhof auch. Und in der Tat wäre Selbstmord eine Katastrophe. Wenn man aber mit Schilys Hilfe den RAF-Kader mit den eigenen Waffen zu schlagen versuchte? Sie an den politisch-moralischen Anspruch erinnerte, unter dem sie angetreten waren. Wenn Mitglieder des Krisenstabs bereit wären, mit ihnen zu verhandeln …

Irgendwann schlief ich über meinen Gedanken ein und wachte erst kurz vor der Ankunft in Bonn wieder auf.

Der Bahnhof war um diese mitternächtliche Zeit wie ausgestorben – nur ein Mann begegnete mir: Conrad Ahlers. Staatssekretär a. D. und ehemaliger *Spiegel*-Redakteur. Seinerzeit die zentrale Figur in der peinlichen Affäre um angeblich verratene Staatsgeheimnisse.

»Meine Güte, Herr Klaus!«, grüßte er mich. »Wie schön, Sie nach all den Jahren einmal wiederzusehen.«

Auch ich freute mich über die Begegnung. Wir schüttelten einander die Hand, und ich schlug ihm vor, ihn in meinem vor dem Bahnhof geparkten Dienstwagen nach Hause zu fahren.

Er nahm mein Angebot dankend an. Als wir im Auto saßen, fragte er mich, woher ich käme. Ich erzählte ihm kurz von meinem Besuch in Stammheim und meiner Tätigkeit in der Terrorismusabteilung.

»Eine schlimme Geschichte. In der Haut vom Bundeskanzler möchte ich nicht stecken. In der vom armen Schleyer schon gar nicht. Es muss doch aber Möglichkeiten geben, das Drama zu beenden?«

Ich dächte gerade über eine nach, erklärte ich ihm. Davon wisse allerdings noch niemand.

»Immer noch der Mann, der voller Überraschungen steckt,

was? Genauso wie vor fünfzehn Jahren bei der *Spiegel*-Affäre. Was hätte ich damals nur ohne Sie gemacht.«

»Aber auch ich konnte Ihre Nacht in der Zelle nicht verhindern«, wehrte ich ab.

»Natürlich nicht«, sagte er. »Aber Sie sind mit mir am nächsten Morgen zum Frühstück in den Kaiserhof gegangen. Wenn ich an die Gesichter und das Gezeter Ihrer Kollegen denke, muss ich selbst heute noch lachen. Die wollten mir unbedingt Handschellen anlegen und konnten es nicht fassen, dass Sie das abgelehnt haben. Und ohne Fesselung mit mir durch die Straßen spaziert sind.«

»Schlimm genug, dass man Sie während des Urlaubs in Spanien aus dem Bett geholt und verhaftet hat«, sagte ich.

»Den vermeintlichen Verräter von Staatsgeheimnissen!« Ahlers musste lachen. »Die Sache war eine unheimliche Blamage für die Bundesanwaltschaft.«

»Für das BKA auch«, fügte ich hinzu und dachte im Stillen, dass das unselige Zeitgewinnspiel in der augenblicklichen Situation auch nichts anderes war. Aus »Big Raushole« war »Big Hinhalte« geworden …

Als hätte Ahlers meine Gedanken erraten, sagte er plötzlich sehr ernst: »Bedenkt man die augenblickliche Situation von Schleyer, kommt einem die Affäre von damals wie eine Jahrmarktsposse vor. Und meine Verhaftung und die Verdächtigungen erscheinen im Vergleich geradezu lächerlich. Ich hoffe sehr, dass die mögliche Lösung, die Sie erwähnten, erfolgreich sein wird.«

Oh ja, das hoffte ich auch.

Wir waren bei ihm zu Hause angekommen und verabschiedeten uns herzlich voneinander. Jetzt dürften keine fünfzehn Jahre mehr vergehen, bis wir einander zufällig wieder begegneten, sagte er und lud mich für die kommende Woche zum Essen ein. Vielleicht würden sich die Dinge bis dahin so entwickeln, dass wir einen guten Grund hätten anzustoßen.

Wir hatten keinen. Aber in dem Augenblick teilte ich seine Hoffnung noch und entwarf am nächsten Tag meine Alternative zum Zeitgewinnspiel.

»Als Ultima Ratio rege ich folgende Überlegungen zur unblutigen Beendigung der Entführungssache Schleyer an:

a) Die Gefangenen, deren Freilassung gefordert wird, sind als Tauschobjekte in die Verhandlungen einzubeziehen, das gilt insbesondere für den RAF-Kader (Baader, Raspe, Ensslin)

b) Sie müssen damit vertraut gemacht werden, dass ein Austausch in keinem Fall infrage kommt. Ihnen ist anheimzustellen, unter Aufgabe ihrer persönlichen Interessen den Entführern die bedingungslose Freilassung Schleyers zu empfehlen. Die RAF könnte damit einen propagandistischen Erfolg erzielen und verloren gegangene Sympathien zurückgewinnen.

c) Bei einem Scheitern dieser Gespräche sollte RA Schily, der Vertraute von Gudrun Ensslin, als Mittelsmann gewonnen werden. Er dürfte vernünftigen Argumenten zugänglich sein.

d) Falls eine bedingungslose Freilassung der Geisel so nicht zu erreichen ist, sollten Alternativvorschläge erörtert werden. Über diese könnte mit den Gefangenen, ggf. unter Beteiligung der Entführer, verhandelt werden.

e) Für die Dauer dieser Verhandlungen sollte seitens der Entführer die Unversehrtheit Schleyers sowie der Verzicht auf weitere kriminelle Aktivitäten und seitens der Behörden die Einstellung der Fahndung zugesichert werden.
Die auszuhandelnden Bedingungen könnten sich u. a. erstrecken auf

– Hafterleichterungen
– Einstellung von Verfahren, z. B. gegen Croissant u. a. Anwälte
– Zahlung eines Geldbetrages.

g) Das Gespräch mit den Gefangenen sollte sofort aufgenommen werden. Angesichts ihrer gegenwärtigen Abschirmung wäre es vorerst geheim zu halten.

Nach Ausschöpfung der Verhandlungsmöglichkeiten mit den Entführern (spätestens) könnten die Gefangenen ins Spiel gebracht werden.«

Die Antwort erfolgte umgehend. Nicht von Herold persönlich, der mich schließlich um eine Lösung gebeten hatte, sondern übermittelt durch den Abteilungsleiter Gerhard Boeden. Mein Vorschlag sei abgelehnt worden, sagte er. Ich solle stattdessen eine fingierte Mitteilung der Entführer entwerfen – so, als sei der Kompromissvorschlag zur Freilassung Schleyers von ihnen ausgegangen. Als Legitimation solle ich 1.»Papst« und 2.»Margot Hielscher« benutzen. Vom Empfang beim Papst und der Bekanntschaft mit Margot Hielscher wisse nur Schleyer. Das würde mir sicher gut gelingen. Schließlich sei ich ja so etwas wie ein Intimkenner der RAF-Sprache.

Das war ich zwar – aber was sollte dieses Konfusionsschreiben? Wollte Herold es an die Presse verschicken?

Ich ärgerte mich über die unkommentierte Ablehnung meines Vorschlags, machte mich aber an die gewünschte Arbeit.

»Unsere Legitimation   1. Papst
                           2. Margot Hielscher

Unsere Geduld ist erschöpft. Die Bundesregierung will uns durch ihre infame Hinhaltetaktik nur darüber hinwegtäuschen, dass sie einen Austausch der Gefangenen nie ernsthaft erwogen hat. Die Verhandlungen Wischnewskis mit den in Betracht kommenden Ländern sind ein Manöver zur Irreführung der Öffentlichkeit. Er soll seine Lustreisen beenden, die doch nur den Zweck haben, die Regierungen von ihrer Bereitschaft zur Aufnahme der Gefangenen abzubringen.

Der Bundesregierung ist die Vernichtung der Gefangenen aus der RAF offenbar wichtiger als das Leben Schleyers, dieses fetten Repräsentanten des Großkapitals in der BRD. Wir lassen uns nicht zu einer Hinrichtung provozieren und als brutale Killer diffamieren. Dieser Staat kann seine beliebig auswechselbare Charaktermaske unter folgenden Bedingungen wiederhaben:

1. Überweisung von 29 Millionen DM auf ein Schweizer Bankkonto, das von Klaus Croissant treuhänderisch mit der Garantie der jederzeitigen Verfügbarkeit verwaltet wird.

2. Einstellung der Verfahren gegen Croissant und alle anderen Vertrauensanwälte der Gefangenen aus der RAF.

3. Wiederherstellung der Haftbedingungen für die Gefangenen, wie sie am 5.9.77 in Stammheim gegolten haben.

4. Zustimmung der Gefangenen, deren Freilassung von uns gefordert wurde.

5. Einstellung der Fahndung für die Dauer der Verhandlungen.

30.9.1977 Kommando Siegfried Hausner
RAF«

Gerd steckte den Kopf zur Tür herein und wollte wissen, was Herold zu meinem Alternativvorschlag gesagt habe.

»Er hat ihn abgelehnt. Aber schau mal – hier ist ein neues Schreiben der Entführer.«

Ich hielt ihm mein Machwerk vor die Nase, und er las.

»Was soll das denn? Ist ›Big Raushole‹ für die plötzlich erledigt?« Kopfschüttelnd gab er mir das Blatt zurück.

»Ich frage mich auch, was das soll«, sagte ich. »Es handelt sich um eine Auftragsarbeit. Das Schreiben ist von mir verfasst worden. Ein Konfusionspapier, dessen Sinn und Zweck sich mir nicht erschließt. Wenn das BKA so etwas veröffentlichen lassen will, dann reagieren die Entführer doch sofort mit der Gegendarstellung. Es ist einfach eine lächerliche Geschichte. Und zu einem Zeitpunkt, wo doch wirklich etwas anderes getan werden müsste.«

»Von dir geschrieben? Du könntest wirklich deren Chefideologe werden. Die Sprache jedenfalls hast du vollkommen drauf. Aber der Herold ...«, er tippte sich an die Stirn, »irgendwie ist er mittlerweile komplett RAF-geschädigt. Oder hat ihm sein Zaubercomputer diese Idee ausgespuckt?«

»Der kann doch, wie du so schön sagst, nur das ausspucken, womit man ihn füttert. Aber vielleicht gibt es ein neues System für absurde Ideen. Ich werde diesen Entwurf hier jedenfalls jetzt dem Boeden in die Hand drücken. Mal sehen, was dann damit passiert.«

Weder passierte etwas, noch gab es einen Kommentar. Vielleicht hatte Herold eingesehen, dass seine Idee unsinnig gewesen war. Aber ich würde ihn noch einmal auf den Alternativvorschlag ansprechen. Schließlich hatte er mich zu sich bestellt, um mich zu fragen, was wir denn noch tun könnten. Ich hatte ihm hierzu, wie ich fand, etwas Diskutables vorgelegt. Warum unternahm er nicht den geringsten Gesprächsversuch? Warum die prompte Ablehnung, anscheinend ohne meinen Vorschlag mit dem Krisenstab zu besprechen? So durfte es nicht weitergehen.

Stammgast in Stammheim

Oktober 1977

Auf dem Weg zu Herold – er hatte mich zu sich gebeten, und ich hoffte, dass er sich mit mir über meinen Vorschlag unterhalten wollte – traf ich im Flur den Kollegen Georg Pohl.

»Fred«, sagte er, »was ich dir noch sagen wollte: Du hattest recht. Ich meine damit, dass diese RAF-Leute wirklich keine normalen Kriminellen sind. Knut Folkerts zum Beispiel.«

Der war vor zwei Wochen in den Niederlanden festgenommen worden.

»Hast du ihn vernommen?«, fragte ich.

Georg nickte. »Ja, und ich habe ihm weisungsgemäß eine Million Mark angeboten, wenn er mir das Versteck von Schleyer verrät. Eine Million! Und was glaubst du, wie er reagiert hat?«

»Er hat vermutlich abgelehnt.«

»Ja, hat er. Die Typen sind wirklich auf ihren Kurs eingeschworen. Völlig unbestechlich.«

»Eben keine normalen Kriminellen. Das macht es ja so schwierig.«

»Wie sind die in Stammheim denn jetzt so drauf?«, wollte er wissen.

»Die Isolation macht ihnen zu schaffen. Und die Ungewissheit.«

»Na ja, das Kontaktsperregesetz ist doch noch frisch.«

»Mensch, Georg, das Gesetz, ja. De facto wird es doch schon seit drei Wochen praktiziert. Aber ich muss los. Herold …«

Gerhard Boeden kam vorbei und blieb ruckartig stehen. »Was ist mit dem Präsidenten?«, fragte er und musterte mich misstrauisch.

Meine Güte! Ich hatte den Eindruck, der Mann war eifersüchtig auf jedes persönliche Gespräch zwischen Herold und mir. Ständig schien er sich irgendwie übergangen zu fühlen.

»Er will mich sehen«, sagte ich kurz angebunden und ging weiter.

»Warum, zum Teufel?«, brüllte er mir hinterher. »Wieso läuft da schon wieder was an mir vorbei?«

Ich drehte mich um und brüllte zurück. »Weiß ich doch nicht. Und hör auf, ständig zu stänkern. Ich hab's satt.«

»Ich auch«, zeterte er. »Das wird aufhören.«

Meine Laune besserte sich nicht, als ich Herolds Anliegen erfuhr. Er erwähnte meinen Vorschlag mit keinem Wort, sondern bat mich nur, umgehend nach Stuttgart aufzubrechen und das Büro Croissant zu durchsuchen. Er wirkte nervös und angespannt, so dass ich meinerseits nicht auf das mir am Herzen liegende Thema zu sprechen kam.

Warum war es plötzlich so wichtig, das Büro des im Sommer nach Frankreich abgetauchten Anwalts zu durchsuchen? Das hätte schon viel früher passieren müssen. Spätestens nach dem Anschlag auf die Kanzlei im August, zu der sich ein »Kommando ›Siegfried Buback‹« bekannt hatte. Wir hielten das Ganze für eine Aktion, hinter der die RAF selbst steckte und nicht etwa ominöse Gegner aus der rechten Szene. Wir vermuteten, dass der Anschlag nur dazu hatte dienen sollen, Croissants Leben als gefährdet darzustellen, damit er nicht, wie gefordert, von den Franzosen ausgeliefert würde.

Vielleicht, so überlegte ich, während ich meine Sachen zusammenpackte, war die Durchsuchung jetzt angeordnet worden, weil vor drei Tagen Volker Speitel, ein Mitarbeiter im Croissant-Büro, verhaftet worden war.

So fuhr ich am Mittwoch, dem 5. Oktober, wieder einmal nach Stuttgart, um die Durchsuchung des Büros zu leiten. Während der Vorbesprechung im Landeskriminalamt erzählte ich von Raspes Andeutungen über die Selbsttötung, von seiner Warnung vor einer polizeilichen Lösung, welche die politische Katastrophe, nämlich tote Gefangene, zur Folge hätte. Man schien den Äußerungen keine erhebliche Bedeutung beizumessen.

Die anschließende Durchsuchung des Croissant-Büros, in dessen Eingangsbereich die Wände vom Anschlag noch immer rußgeschwärzt waren, brachte die Erkenntnis, dass zwischen der »legalen RAF-Residentur« und den Entführern Schleyers Kontakt bestand: Ein Foto des gefangenen Arbeitgeberpräsidenten prangte als Poster an der Wand. Aus Unterlagen ging ferner hervor, dass es Verbindungen zur DDR gab. Sonst fanden wir kein belastendes Material. Die Anwälte Newerla und Müller waren nicht in der Kanzlei, und die jungen Leute, die dort arbeiteten, gehörten nicht zum verdächtigen Personenkreis.

Am Samstag, dem 8. Oktober, war ich erneut mit dem Hubschrauber nach Stammheim unterwegs. Andreas Baader hatte um meinen Besuch gebeten.

Ob ich ihm etwas zu sagen hätte, wollte er wissen, als er das Besucherzimmer betrat. Er wirkte unruhig und angespannt.

Ich hätte ihm nichts zu sagen, antwortete ich. Daraufhin holte er tief Luft und gab eine hastige und genuschelte Erklärung ab: »Wenn das jämmerliche Spiel und die Potenzierung der Isolation seit sechs Wochen nicht bald ein Ende findet, dann werden die Gefangenen entscheiden. Die Sicherheitsorgane werden dann mit einer Dialektik der politischen Entwicklung konfrontiert, die sie zu betrogenen Betrügern macht. Die Gefangenen beabsichtigen nicht, die gegenwärtige Situation länger hinzunehmen. Die Bundesregierung wird künftig nicht mehr über die Gefangenen verfügen können.«

Er presste die Lippen zusammen und funkelte mich böse an.

»In welcher Welt leben Sie eigentlich?«, entgegnete ich. »Das sind doch ziemlich irreale Vorstellungen.«

»Das ist eine Drohung«, stieß er mit bebender Stimme hervor.

»Es wird sich um eine irreversible Entscheidung der Gefangenen in Stunden oder Tagen handeln.«

Er stand auf und ging zur Tür. Dann drehte er sich noch einmal um. »Falls die Bundesregierung uns auszufliegen beabsichtigt, dann wollen wir nicht irgendwohin gebracht werden, sondern an den Verhandlungen über Zielort und Modalitäten beteiligt werden.«

Es gab keinen Zweifel: Baader war mit den Nerven am Ende. Sicher eine Folge der Isolation und Ungewissheit, die ihm schon zwei Wochen länger zu dauern schien, als es de facto der Fall war. Ob seine »Drohung« tatsächlich ernst gemeint war und inwieweit die Gefangenen eine Taktik hatten abstimmen können, wusste ich nicht. Doch ich entschloss mich, die Ankündigung des Selbstmords ernst zu nehmen. Solange sie allerdings noch auf Freiheit hofften – und das ging aus seinem letzten Satz eindeutig hervor –, würden sie sich nichts antun, dachte ich. Am Ende aber würden sie getreu ihrem Wahlspruch handeln: Sieg oder Tod.

Am nächsten Morgen wurde ich schon wieder angerufen: Gudrun Ensslin verlangte, mich zu sprechen.

Aus war's mit dem geplanten Sonntagsspaziergang. Stattdessen machte ich mich erneut auf den Weg nach Stammheim. Diesmal mit dem Auto.

Hätte man das gewusst, bedauerte mich Bubeck, als ich am frühen Nachmittag eintraf, dann hätte ich ja gleich in Stuttgart übernachten können. Heute lohne sich mein Besuch, denn außer Gudrun Ensslin wollten auch Jan-Carl Raspe und Irmgard Möller mit mir reden.

Als Gudrun Ensslin das Besucherzimmer betrat, wirkte sie im Gegensatz zu Baader ruhig und gefasst. Sie habe, verkündete sie, einen Text konzipiert und verlange von Amtsinspektor Bubeck – er hatte mich in den Raum begleitet –, den von ihr verlesenen Text mitzuschreiben. Und für mich gab es auch etwas zu tun. Ich möge, sagte sie, anschließend dafür sorgen, dass die Erklärung dem Krisenstab vorgelegt würde. Dann begann sie, das Geschriebene in der mir längst geläufigen Tonart vorzutragen:

»Wenn diese Bestialität hier, die ja auch nach Schleyers Tod nicht beendet sein wird, andauert – die Repressalien im sechsten Jahr in der U-Haft und Isolation – und da geht es um Stunden, Tage, das heißt nicht mal 'ne Woche – dann werden wir, die Gefangenen in Stammheim, Schmidt die Entscheidung aus der Hand nehmen, indem wir entscheiden, und zwar wie es jetzt noch möglich ist, als Entscheidung über uns ...«

Sie sprach vom Tod Schleyers, als stünde der bereits fest, und, wie zuvor Baader und Raspe, von Selbstmord. Das hatte sie bereits zwei Jahre zuvor in einem Kassiber getan, in dem sie vorschlug, die Gefangenen sollten sich einer nach dem anderen umbringen.

Im Text ging es dann auch wieder um Schikanen, Folter und Mord seitens der Regierung. Die an den Austausch geknüpften Bedingungen formulierte sie zum Teil wörtlich wie Baader. Auch sie betonte, dass sie nicht mehr in die Bundesrepublik zurückkehren wollten. Weder legal noch illegal. Ob sie das vom Kommando geforderte Geld von der Regierung annehmen würden, müssten sie miteinander absprechen.

Woher wusste sie so genau, was die Schleyer-Entführer gefordert hatten?

Nachdem sie endlich zum Schluss gekommen war, fragte ich, welcher Art die Entscheidung denn sei, die sie dem Kanzler abnehmen wollten.

»Das ist doch wohl unmissverständlich«, antwortete sie schroff und verließ den Raum.

Kurz darauf erschien Jan-Carl Raspe. Er wolle, sagte er, an seine Warnung vom 27. September erinnern. Die politische Katastrophe wären nicht befreite, sondern tote Gefangene. Sie würden der Bundesregierung die Entscheidung, falls sie dort nicht falle, abnehmen.

Die Äußerungen glichen einander aufs Haar. Sie waren eindeutig abgesprochen.

»Beabsichtigen Sie und die anderen, sich selbst zu töten?«, fragte ich ihn ohne Umschweife. »So wie Ulrike Meinhof?«

»Ich weiß nicht«, antwortete er und fügte nach einigem Zögern hinzu: »Es gibt ja auch das Mittel des Hunger- und Durststreiks. Nach sieben Tagen Durststreik ist der Tod unausweichlich, da nützen keine medizinischen Mätzchen mehr etwas.«

Spontan reagierte ich mit einem Zitat aus dem Buch *Prediger Salomon*: »Ein lebendiger Hund ist immer noch besser als ein toter Löwe!«

Er sah mich verständnislos an und verließ den Raum.

Zuletzt kam Irmgard Möller. Sie hatte eine schriftliche Erklärung vorbereitet, die sie mir zunächst vortrug:

»Ich stelle nur fest, dass wir entschlossen sind, die Barbarei dieser Maßnahmen gegen uns, von denen gesagt wird, sie gingen bis hin zu der erbärmlichen, schallschluckenden Konstruktion, mit der unsere Zellen abgedichtet sind, auf die Initiative des Krisenstabs zurück, nicht länger zu ertragen …

Vor zwei Jahren haben die Gutachter festgestellt, dass ich durch die Isolationshaft krank geworden bin. Seitdem sind die Haftbedingungen nicht etwa gelockert, sondern verschärft worden …

Gleichzeitig ist die Kalorienzufuhr auf die Hälfte herabgesetzt worden. Die Essensausgabe wird so arrangiert, dass wir nur die Wahl haben, entweder zu hungern oder das Anstaltsessen, dem mit absoluter Sicherheit nach Feststellungen der Gefangenen im siebten Stock Drogen zugesetzt werden, anzunehmen.

Es ist uns verboten worden, Gegenstände auch nur zu berühren, die ein anderer Gefangener oder überhaupt jemand, außer dem Personal, das die Tortur hier überwacht, in der Hand gehabt haben kann. Ich kann mir weder Bücher und Papier noch

Zeitungen und Zeitschriften beschaffen, und die Radios sind uns weggenommen worden.« Sie wollte die Maßnahmen nicht mehr ertragen – von Selbstmord hatte sie jedoch nicht gesprochen, und zum Austausch der Gefangenen wollte sie sich nicht äußern.

Sie litten unter Wahnideen, was die Drogen im Essen betreffe, sagte Bubeck anschließend kopfschüttelnd und erklärte, dass sie auch ohne eigene Radios Sendungen hören könnten: aus Zellen im sechsten Stock, wenn die Apparate laut genug gestellt seien.

Bevor ich die Anstalt verließ, unterhielt ich mich noch mit dem Leiter, Hans Nusser, und sprach über die Suiziddrohungen von Ensslin, Baader und Raspe.

Es sei problematisch, erwiderte er, die erforderliche totale Überwachung zu gewährleisten. Letztlich wäre Selbsttötung nicht zu verhindern.

Ich musste an Baaders Worte von einer »irreversiblen Entscheidung in Stunden oder Tagen« denken und informierte Herold telefonisch von den Selbstmorddrohungen. Ich verließ Stammheim mit dem Entschluss, noch einmal auf meinen Alternativvorschlag hinzuweisen.

Um Ärger zu vermeiden, hielt ich den Dienstweg ein und besprach das Thema zunächst mit Gerhard Boeden.

»Bist du verrückt?«, fuhr er mich an. »Wir wollen die doch nicht noch politisch aufwerten.«

»Und ich dachte, wir wollen Schleyers Leben retten«, erwiderte ich.

Er starrte mich an und sagte nur: »Komm ja nicht auf die Idee, mit den Gefangenen über deinen Vorschlag zu sprechen. Das ist hiermit ausdrücklich untersagt.«

Ich stand wortlos auf und verließ den Raum. Offenbar hatte Herold nicht vor, sich mit meinem Vorschlag auseinanderzusetzen, geschweige denn ihn an den Krisenstab weiterzuleiten. Und Boeden kam mir vor wie der Hofhund, der mich abblocken und mir Anweisungen erteilen sollte. Die ablehnende Haltung des Präsidenten konnte ich mir nur wieder mit der von ihm unbeirrt praktizierten Hinhaltetaktik erklären. Vermutlich fürchtete er, diese könnte durch eventuelle Gespräche mit den Gefangenen gestört werden. Dabei konnte doch vier Wochen nach der Entführung Schleyers vernünftigerweise niemand mehr damit rechnen, dass er gefunden würde.

Ich schrieb eine Aktennotiz, in der ich meine Einschätzung der Suizidgefahr noch einmal betonte.

Am 12. Oktober rief Horst Bubeck erneut an. Gudrun Ensslin wolle den Staatssekretär Schüler sprechen, weil sie annehme, dass dieser bei den Entscheidungsabläufen eine maßgebliche Rolle spiele. Falls dieser verhindert sei, solle an seiner Stelle Bundesminister Wischnewski kommen.

Herold ordnete kurz darauf an, dass ich erneut nach Stammheim reisen sollte, um Gudrun Ensslin die Nachricht zu überbringen, dass Schüler das Gespräch nicht grundsätzlich ablehne, aber nur bereit sei, sie zu besuchen, wenn sie den Gesprächsgegenstand vorher mitteile und dieser über den Inhalt ihrer Erklärung vom Sonntag, dem 9. Oktober, hinausgehe.

Obwohl sie ein Treffen mit mir ablehnte, weil sie »keinen Polizisten, sondern einen Politiker« sprechen wollte, fuhr ich auf Herolds Anweisung hin abends mit dem Dienstwagen nach Stammheim. Ich sollte dort, so hatte Bubeck vorgeschlagen, in einer Zelle übernachten, eine Aussicht, die mir ganz und gar nicht gefiel. Am nächsten Tag war mein Geburtstag. Auf diese Weise in ihn hineinzuschlafen hätte wohl niemandem gefallen. Aber mir blieb nichts anderes übrig.

Nach einer unruhig verbrachten Nacht saß ich morgens Gudrun Ensslin im Besucherzimmer gegenüber und las ihr den vorformulierten Text zum Thema Schüler-Besuch vor.

Sie schrieb Wort für Wort mit und sagte dann: »Das heißt doch nichts anderes, als dass Schüler mich gar nicht sprechen will. Ihr

Chef [sie meinte Herold] hat, wie ich sehe, in Bonn ja nun wohl die Entscheidungsgewalt in der Hand.« Ich fragte sie, wie sie zu dieser Überzeugung komme.

Es gebe keinen anderen als den von ihr genannten Gesprächsgegenstand, sagte sie, worauf ich erwiderte, dass ich mir durchaus Alternativen vorstellen könne, allerdings nicht ermächtigt sei, diese mit ihr zu erörtern.

»Die zwei Möglichkeiten, die es gibt, sind in der Erklärung vom 9. Oktober, soweit überhaupt etwas gesagt werden kann, vollständig erfasst«, sagte sie bestimmt.

Ich forderte sie freundlich auf, mir eine unmissverständliche Antwort auf die Mitteilung des Staatssekretärs zu geben.

Sie strich sich das Haar hinter die Ohren und dachte eine Weile nach. »Schreiben Sie bitte mit«, sagte sie dann und diktierte: »Die Mitteilung geht, so ich sie richtig verstehe, von einem absurden Kalkül aus, dem nämlich, es könnte Widersprüche zwischen den Gefangenen und dem Kommando geben. Das ist natürlich Quatsch.« Offenbar wollte sie damit sagen, dass es sich um einen Versuch handle, die Gefangenen und die Entführer gegeneinander auszuspielen.

»Wollen Sie den Staatssekretär Schüler nun noch sehen oder nicht?«, fragte ich.

»Nein – unter diesen Umständen nicht«, erwiderte sie brüsk. Dann hielt sie jedoch kurz inne und bat darum, ihre Mitgefangenen informieren zu dürfen. Die könnten sich dann auch gleich dazu äußern und brauchten nicht erst – wie am Wochenende – nach mir telefonieren zu lassen.

Auf dem Rückweg in ihre Zelle rief sie Andreas Baader etwas zu. Doch der reagierte nicht, weil er noch schlief.

Ich telefonierte mit Herold, der anordnete, dass die anderen Gefangenen nicht zu informieren seien und ich zurückkommen möge.

Nun kam es doch noch zu der kleinen Geburtstagsfeier für mich, die Gerd Berzau arrangiert hatte. Wir standen mit Sekt und Sandwiches in meinem Büro, und die Kollegen bedauerten mich gerade ob meiner in einer Zelle verbrachten Nacht, als mich schon wieder ein Anruf aus Stammheim ereilte.

Hans Nusser teilte mir mit, dass Gudrun Ensslin mich zu sprechen wünsche. Sie übermittelte mir dann telefonisch eine Nachricht an den Staatssekretär Schüler, die ich wörtlich zu wiederholen hatte:

»Na gut, wenn wir sagen, wir wollen mit Ihnen oder Wischnewski reden, dann ist das – vielleicht gegen alle Erfahrung –

1. die Frage nach einer Differenz zwischen Politik und Polizei, in der andere Möglichkeiten enthalten sind als die der Eskalation – der Rationalität aller Politiker, die dazu verurteilt sind, Polizisten zu werden, und einer Polizei, die so frei ist, Politik zu machen.

2. Es geht also darum, dem Staatssekretär – und natürlich nur, wenn daran gedacht wird – zu erklären, was es bedeutet, uns, diese elf Gefangenen, freizulassen.

3. Dass keiner von uns auf die Idee käme, mit einem Polizisten darüber zu reden – zu dem mir nichts einfällt als die tödlichen Arrangements der Transporte verletzter Gefangener ...«

Es folgten noch einige Beschimpfungen, bevor sie mit der Aufforderung an Schüler endete, dass er »mit Andreas reden« solle.

Ich leitete den aufgezeichneten Text an Herold weiter, doch an eine Fortsetzung der Geburtstagsumtrunks war nicht mehr zu denken: Die Nachricht von der entführten Lufthansa-Maschine »Landshut« platzte wie eine Bombe in den Nachmittag, und Präsident Herold saß schon mit Helmut Schmidt und dem Kleinen Krisenstab zusammen.

Die Schleyer-Entführer hatten arabische Verstärkung bekommen, und nun ging es nicht mehr nur um *ein* Leben, sondern auch um das von einundneunzig Geiseln in dem Flugzeug.

»Was für ein schwarzer Tag, dein Geburtstag«, sagte Gerd. »Aber jetzt müssen sie handeln und dem Austausch zustimmen.

Mit Schleyers Leben wird schon auf unverantwortliche Weise gespielt. Jetzt kommen noch einundneunzig Menschen dazu.« Ja, sie hätten handeln müssen. Aber sie taten es nicht. Schmidt blieb bei dem einmal eingeschlagenen harten Kurs, und der Krisenstab setzte seine Hinhaltetaktik im makabren Todesspiel mit immer neuen Regieeinfällen fort.

Letzte Gespräche

Zwei Tage später, am Samstag, dem 15. Oktober, sollte die Übergabe der von den Schleyer-Entführern geforderten fünfunddreißig Millionen Mark in verschiedenen Währungen stattfinden. Die Bundesregierung hatte die Summe bewilligt, und der als Geldbote von den Entführern angeforderte Sohn Schleyers, Hanns-Eberhard, sollte sich mittags mit dem Geld im Frankfurter Hotel Intercontinental einfinden und auf weitere Anweisungen warten. Doch am Morgen dieses Tages wurde – wohl infolge einer Indiskretion aus politischen Kreisen – von der dpa gemeldet, was um zwölf Uhr im Hotel geschehen sollte. Zuverlässig wimmelte es im Foyer von Journalisten, zwei Fernsehteams waren auch dabei. Die Aktion musste abgeblasen werden, und im Laufe des Tages einigte man sich telefonisch schließlich darauf, dass das Geld den Gefangenen bei ihrer Freilassung zu überreichen sei. Das würde – ganz im Sinne des Krisenstabs – ein Weile dauern, denn die mussten sich auf ein vermeintlich neues Wunschland für ihre Ausreise einigen: Südjemen und Vietnam hatten angeblich abgesagt.

So war ich am Nachmittag desselben Tages schon wieder in Stammheim und legte den Gefangenen Gudrun Ensslin, Andreas Baader, Jan-Carl Raspe, Irmgard Möller und Verena Becker nacheinander einen Fragebogen mit folgendem Inhalt vor:

»Die Entführer haben durch das Kommando ›Martyr Halimeh‹ vom 13. 10. Vietnam, Südjemen und Somalia als Zielländer genannt. Vietnam und Südjemen haben die Aufnahme strikt abgelehnt. Somalia wird im Augenblick befragt. Sind Sie bereit, sich nach Somalia ausfliegen zu lassen?«

Gudrun Ensslin wirkte völlig geistesabwesend, sagte kein Wort und unterschrieb mit »Ja«. Ich hatte den Eindruck, dass es sie überhaupt nicht mehr interessierte.

Andreas Baader schrieb: »Nur, wenn das Kommando tatsächlich Somalia genannt hat.« Er wirkte verwirrt, dann erklärte er, dass er das Ganze nicht verstehe, da ihm die Aufnahmebereitschaft Vietnams bekannt sei. Er ziehe es vor, dorthin ausgeflogen zu werden. »Jetzt kann ich es ja sagen: Einer unserer Anwälte hat auf dem diplomatischen Kanal die Zusicherung der Vietnamesen für die Aufnahme erhalten – allerdings nicht im Zusammenhang mit einer Geiselnahmeaktion. Und wenn wir aus Somalia zurückgekauft werden sollen, dann können wir ja gleich hier bleiben. Übrigens lege ich großen Wert auf das Gespräch mit Staatssekretär Schüler. Ich muss die politische Dimension des Gefangenenaustausches mit ihm erörtern.«

Er verließ den Besucherraum, kehrte aber noch einmal zurück und bat eindringlich darum, seinen Gesprächswunsch weiterzuleiten. Er machte einen sehr unsicheren Eindruck.

Jan-Carl Raspe wollte die Entscheidung von einer Besprechung mit den anderen abhängig machen, Verena Becker und Irmgard Möller unterschrieben mit »Ja«. Letztere fügte noch hinzu: »Unter der Voraussetzung, dass die BRD-Regierung unsere Auslieferung von dort nicht betreibt.«

Keiner von ihnen hatte die von mir erwartete Frage gestellt, welche Bewandtnis es mit dem Kommando »Martyr Halimeh« habe. Ich schloss daraus, dass sie über die Flugzeugentführung informiert waren und sehr wohl wussten – oder zumindest ahnten –, dass die Kommandos »Martyr Halimeh« und »Siegfried Hausner« kooperierten.

Die Regierung hatte die Geldforderung der Schleyer-Entführer erfüllen wollen – aber dass Schmidt sich nun wegen der einundneunzig Geiseln an Bord der »Landshut« zum Gefangenenaustausch bereit erklären würde, bezweifelte ich. Und der Krisenstab würde weiter auf Zeit spielen. Nur – man hatte keine mehr! Ich hoffte inständig, dass Staatssekretär Manfred Schüler schnell auf Baaders Wunsch, mit ihm zu sprechen, einginge. Doch Schüler wollte nicht – an seiner Stelle erklärte sich Ministerialdirigent Dr. Hegelau bereit, mich nach Stammheim zu begleiten. Am Montag, dem 17. Oktober, machten wir uns vormittags auf den Weg, und ich erläuterte ihm während der Fahrt meinen Alternativvorschlag und erwähnte auch, dass es mir verboten sei, ihn mit den Gefangenen anzusprechen. Ich bat ihn inständig darum, es statt meiner im Gespräch mit Baader zu tun. Ein Suizid der Gefangenen, sagte ich, würde den sicheren Tod Schleyers bedeuten – vom Schicksal der »Landshut«-Insassen mal ganz abgesehen.

Meine Mühe war vergeblich – der Emissär des Kanzlers fühlte sich nicht dazu autorisiert.

Als Andreas Baader den Besucherraum betrat, fiel mir auf, wie blass er war.

»Herr Ministerialdirigent Dr. Hegelau ist in Vertretung von Herrn Staatssekretär Schüler gekommen«, sagte ich zu ihm.

Baader zögerte, setzte sich dann aber doch. Die von mir angebotene Zigarette lehnte er ab. »Ich wollte mit dem Staatssekretär sprechen«, sagte er unwirsch und drehte sich seine eigene Zigarette Marke Rothändle – Schwarze Hand.

»Eigentlich ist es zu spät für dieses Gespräch«, begann er schließlich in seiner schwer verständlichen Art zu sprechen. »Die Möglichkeit der Einflussnahme auf die Entwicklung wurde versäumt. Hätte man uns früher freigelassen, hätten wir die jetzige brutale Entwicklung verhindern können. Die RAF jedenfalls hat diese Form des Terrorismus, den Kampf gegen Zivilisten, bis jetzt immer abgelehnt. Dies kann man in allen Verlautbarungen nachlesen. Jetzt bestimmen die Japaner oder die Palästinenser das Geschehen. Aber ich weiß zu wenig über die Entwicklung draußen.«

Auch wenn er Gewalt gegen Zivilisten ablehnte – über die Entführung des Flugzeuges war er ja wohl informiert gewesen.

Ich sprach ihn auf die acht Toten innerhalb der letzten Monate an, worauf er entgegnete, dass diese Brutalität vom Staat provoziert worden sei. »Die Maschine gegen die Bundesanwaltschaft ist zum Beispiel von Leuten aus der zweiten, dritten und vierten Generation installiert worden. Die und auch die Schleyer-Entführer sind uns hier persönlich gar nicht mehr bekannt. Und wenn das BKA behauptet, dass diese Aktionen aus dem Gefängnis gesteuert worden sind, dann trifft das allenfalls für den ideologischen Bereich zu. Den damaligen Anlass für unsere eigenen Aktionen, nämlich die deutsche Unterstützung der Amerikaner im Vietnamkrieg, sehe ich auch heute noch rückblickend als zwingenden Grund für diese Aktionen an. Allerdings haben wir auch Fehler gemacht.«

Er schwieg einen Augenblick und rauchte hastig.

»Ich kann nur wiederholen«, fuhr er dann fort, »dass wir im Falle einer Freilassung nicht in die Bundesrepublik zurückkehren werden. Es ist absurd anzunehmen, dass wir als internationale Terroristen weiterkämpfen würden. Das ist keine Perspektive für die RAF.«

»Welchen Einfluss, glauben Sie, hätten Sie noch als eine Symbolfigur?«, fragte Dr. Hegelau.

»Ich sehe zwei Möglichkeiten«, antwortete Baader. »Einmal die weitere Brutalisierung oder zum anderen einen geregelten Kampf – im Gegensatz zum totalen Krieg. Ich sagte schon, dass es jetzt eigentlich zu spät ist. Trotzdem könnten wir wohl noch ideologischen Einfluss nehmen. Zumindest auf die Gruppen in der BRD. Ich weiß ein paar Dinge, bei deren Kenntnis der Bundesregierung die Haare zu Berge stehen würden ...«

Er lehnte sich zurück und fixierte Dr. Hegelau. Seine Andeutungen konnten sich nur auf geplante Gewaltakte beziehen.

»Der Grund für meinen Gesprächswunsch liegt in der Kenntnis dieser unserer Einflussnahme begründet. Die Freilassung der Gefangenen würde jedenfalls keine Eskalation der bewaffneten Gewalt zur Folge haben. Insofern wird das Volk belogen. Freigelassene Gefangene sind für die Regierung das kleinere Übel als tote. Sterben müssen wir so oder so.«

Im Augenblick, so schien es mir, dachte er nicht ans Sterben, sondern nur an die ersehnte Freiheit. Im Gegensatz zu den vorangegangenen Gesprächen wirkte er nicht fahrig und nervös, sondern ruhig und gefasst. Das »Hilfsangebot« an die Regierung, Einfluss auf gewalttätige Terroristen nehmen zu wollen, musste von dem unbändigen Freiheitswunsch beflügelt gewesen sein. Es war das erste – und einzige – Mal, dass er sich so äußerte. Seine abschließende, auf den anwesenden Amtsinspektor Bubeck gemünzte Bemerkung, »Und der hier drin ist das größte Schwein«, passte allerdings nicht so recht zum Wolf mit der Kreide im Hals.

Bevor Dr. Hegelau und ich die Anstalt verließen, berichteten uns Beamte beiläufig, dass Anstaltsgeistliche sich um Gespräche mit den Gefangenen bemüht hätten, aber abgewiesen worden seien. Nur Gudrun Ensslin habe nun doch noch um einen Besuch gebeten.

War das ein Zeichen?

Eine halbe Stunde nach Mitternacht meldete der Rundfunk die geglückte Erstürmung der »Landshut«. Bis auf den Kapitän Schumann hatten alle Geiseln überlebt. Und bis auf eine Frau waren die Entführer von einem GSG-9-Kommando erschossen worden.

Das Vabanquespiel in Mogadischu hatte also ein glückliches Ende gefunden – über das wahre Ausmaß des fünftägigen Dramas wusste ich noch nichts. Ich machte mir vielmehr Gedanken über die Stammheim-Gefangenen, die die Nachricht mit Sicherheit im Laufe des Tages erfahren würden. Ihre Hoffnung musste auf den Nullpunkt sinken. Denn dass die Entführung Schleyers sie sechs Wochen lang der Freiheit nicht näher gebracht hatte, war ihnen schließlich bewusst. Baader mochte die Brutalität gegen »Zivilisten« zumindest uns gegenüber abgelehnt haben –

dennoch war die Flugzeugentführung ihre große Chance gewesen.

Wie würden sie reagieren? Ich dachte an die Suiziddrohungen und fragte mich, wie ernst sie *wirklich* gemeint waren. Wenn man Baaders »Friedensangebot« jetzt zum Anlass nähme und auf meinen Vorschlag eingehen würde ... Nein – Schmidt und seine Krisenstäbe hatten einen spektakulären Sieg errungen. Warum sollten sie? Das elende Auf-Zeit-Spielen würde weitergehen. Ohne Rücksicht auf Hanns Martin Schleyer, der am Ende seiner Kräfte sein musste. Ich hatte von seinem letzten, verzweifelten und auch zornigen Lebenszeichen kurz vor der missglückten Geldaktion im Hotel Intercontinental gehört. Auch vom gescheiterten Versuch seines Sohnes, eine einstweilige Anordnung zur Rettung seines Vaters beim Bundesverfassungsgericht zu beantragen. Der Antrag, auf die Forderungen der Entführer seines Vaters einzugehen, war noch in der Nacht vom Samstag auf Sonntag abgelehnt worden. Wie verzweifelt musste die Familie in Einsicht der Tatsache sein, dass die Regierung außer einer bislang fehlgeschlagenen Fahndung und der Bereitstellung einer hohen Geldsumme nichts weiter für das Leben des hochgeschätzten Arbeitgeberpräsidenten zu tun bereit war. Was hieß zu tun bereit – der entscheidende Punkt war die Freilassung der Gefangenen. Und darauf wollte man sich eben nicht einlassen. Vermutlich hatte Baader recht gehabt, und Vietnam war sehr wohl willens gewesen, die Gefangenen aufzunehmen. Das ganze Theater um angebliche Ablehnung und Nennung neuer Länder war nichts als ein Zug im fintenreichen Zeitgewinnspiel, in dem ich den Statisten abgab. Aber ich war ja beileibe nicht der einzige.

Die Gedanken beschäftigten mich die Nacht hindurch, und das Gefühl der Ohnmacht war quälend. Es sei eigentlich zu spät, hatte Baader gestern gesagt. Was konnte ich noch tun, um die harte Linie der Regierung aufzuweichen? Nichts – denn ich war ja bereits an meinem Präsidenten gescheitert.

Als Gerd mich am nächsten Morgen mit der Nachricht vom Tod Andreas Baaders, Gudrun Ensslins und Jan-Carl Raspes überfiel, wunderte ich mich nicht mehr. Mich verblüffte nur, dass sie so schnell gehandelt hatten. Sie mussten die Rundfunkmeldung in der Nacht gehört haben und hatten dann umgehend ihre Androhungen wahr gemacht. Gudrun Ensslin war siebenunddreißig Jahre alt geworden, Andreas Baader vierunddreißig und Jan-Carl Raspe dreiunddreißig. Wie Baader und Raspe es, trotz Kontrollen und mehrfachen Zellenwechsels, geschafft hatten, Schusswaffen zu verstecken, war mir zunächst ein Rätsel. Wie sie in die Anstalt gelangt waren, konnte ich mir ungefähr denken: Die Anwälte mussten sie bereits vor geraumer Zeit hineingeschmuggelt haben. Eine Selbsttötung könne seitens der Anstalt letztlich nicht verhindert werden, hatte Hans Nusser gesagt. Die flugs verbreiteten Mordtheorien hielt ich für schwachsinnig.

»Sieg oder Tod« war ihre Devise gewesen – sie hatten den Tod gewählt, und am Ende bewahrheitete sich die Androhung Baaders, dass die Sicherheitsorgane zu »betrogenen Betrügern« würden. Und nicht nur das: Das stete Ignorieren anderer Möglichkeiten und meiner Hinweise auf einen zu befürchtenden Suizid der Gefangenen würde auch das Todesurteil für Hanns Martin Schleyer bedeuten. Es sei denn, es geschähe noch ein Wunder.

Ende des Todesspiels

Hanns Martin Schleyer wurde am 19. Oktober, einen Tag nach dem kollektiven Selbstmord in Stammheim, ermordet. Bei der dpa Stuttgart meldete sich nachmittags eine Frau und teilte mit:

»Wir haben nach 43 Tagen Hanns Martin Schleyers klägliche und korrupte Existenz beendet. Herr Schmidt, der in seinem Machtkalkül von Anfang an mit Schleyers Tod spekulierte, kann ihn in der Rue Charles Peguy in Mülhausen in einem grünen Audi 100 mit Bad Homburger Kennzeichen abholen. Für unseren Schmerz und unsere Wut über die Massaker von Mogadischu und Stammheim ist sein Tod bedeutungslos. Andreas, Gudrun, Jan, Irmgard und uns überrascht die faschistische Dramaturgie der Imperialisten zur Vernichtung der Befreiungsbewegung nicht.

Wir werden Schmidt und den ihn unterstützenden Imperialisten nie das vergossene Blut vergessen. Der Kampf hat erst begonnen. Freiheit durch antiimperialistischen Kampf.«

Als die französische Polizei die Leiche Schleyers im Kofferraum des Audi fand, war das Gesicht des Toten entstellt und das Haar kurzgeschoren. In seinem Mund fanden die Ärzte Grasreste, an der Kleidung Tannennadeln. Die Mörder hatten Schleyer aus nächster Nähe mit drei Schüssen in den Hinterkopf getötet. Eine Hinrichtung im Freien.

Obwohl ich mit seinem Tod gerechnet hatte, war ich vollkommen deprimiert. Sein Leiden und sein erbärmliches Ende würden mich ein Leben lang verfolgen. Ich hoffte, dass es Helmut

Schmidt, Horst Herold und den anderen Verantwortlichen ähnlich ergehen möge.

Ich hatte seit Schleyers Entführung ein paarmal mit Heilwig telefoniert und ihr auch von meinem Alternativvorschlag berichtet. Sie war sehr angetan gewesen und hatte versucht, mich zu überreden, über den Kopf von Herold hinweg mit Helmut Schmidt Kontakt aufzunehmen. Es war mir sinnlos erschienen. Nun fragte ich mich, ob ich es nicht doch hätte versuchen sollen.

Dass Bundespräsident Walter Scheel während der Trauerfeier in der Stuttgarter Stiftskirche wenige Tage später Schleyers Familie im Namen aller deutschen Bürger um Vergebung bat, erschien mir geradezu makaber. Die Bürger hatten seinen Tod nicht verschuldet. Aber es machte sich gut, sie ins Spiel zu bringen. Schließlich hatte man doch zu ihrem Schutz der Forderung widerstanden, die Gefangenen freizulassen.

Die RAF-Gefangenen wären nicht zurückgekehrt. Davon war ich inzwischen überzeugt. Was aber würden ihre Nachfolger tun? Der Kampf beginne erst, hatten sie angedroht. Meinten sie das ernst?

Einen Tag vor Schleyers Ermordung hatte mich Präsident Herold zu sich gerufen. Die Geiseln waren befreit, die Stammheimer Gefangenen tot. Schleyers Schicksal lag in der Hand seiner Entführer.

»Was glauben Sie?«, fragte er. »Werden wir jetzt mehr Terrorismus bekommen oder nicht?«

»Ja«, hätte ich am liebsten gesagt. Aber er sah so mitgenommen aus, dass ich es unterließ. »Ich rechne noch mit einigen Nachbrennern«, sagte ich stattdessen. »Den Höhepunkt dürften wir hinter uns haben. Was«, fragte ich dann, »ist übrigens aus meinem Konfusionspapier geworden?«

»Ach ja.« Er wies auf einen Umschlag. »Zum Versand vorbereitet.«

Wozu, um Himmels willen, wollte er das Konfusionspapier

denn noch verschicken? Ich fragte ihn nicht, sondern kam zu der Überzeugung, dass er langsam selbst zur tragischen Figur in dem jämmerlichen Zeitgewinnspiel geworden war. Ein betrogener Betrüger.

Nur half diese Erkenntnis nicht, Schleyers Leben zu retten, und auch mögliche weitere Opfer wurden durch sie nicht geschützt.

Ich konnte nichts mehr tun – außer dafür beten, dass der Terror ein Ende finden möge.

Epilog
Einsichten eines Beteiligten

Herbst 2007

Auch heute noch, dreißig Jahre später, quält mich die Erinnerung an den Tod von Hanns Martin Schleyer, den ich nicht verhindern konnte. Und ich werfe mir vor, dass ich der Order, über meinen Alternativvorschlag zu schweigen, gefolgt bin. Als einsamer Wolf war ich doch zuvor häufig genug eigene Wege gegangen. Aber in diesem Fall hatte der »Prinz von Homburg« Gehorsam geleistet. Er war den Anweisungen seines Vorgesetzten Dr. Horst Herold im größten Drama der deutschen Nachkriegsgeschichte gefolgt. Wie andere auch.

Todesspiel nannte der Regisseur Heinrich Breloer 1997 seinen Film zum »Deutschen Herbst«, ein Titel für dieses einer antiken Tragödie gleichende Schauspiel, der nicht hätte treffender sein können.

Ein österreichischer Freund, der den Film gesehen hatte, stellte mir tief erschüttert ein paar zentrale Fragen: »Darf ein demokratisches Rechtssystem durch terroristische Verbrechen erpressbar werden, um das Leben seiner Bürger zu retten? Wenn ja, in welcher Anzahl? Ist die Frage Einzahl oder Mehrzahl überhaupt zulässig? Schleyer starb nicht leichter, bloß weil er allein war. Es war seine Haut, die von anderen zu Markte getragen worden ist. Durfte er sich nicht zu Recht als geopfert fühlen? Hätte ein anderer als Schmidt nicht die fürchterliche Verantwortung auf sich geladen und einen Deal mit den RAF-Leuten gemacht, wäre das verwerflich gewesen oder human?«

Er brachte auf den Punkt, womit ich mich vor dreißig Jahren so intensiv auseinandergesetzt habe. Ein Deal wäre human gewesen. Zu der Erkenntnis bin ich damals gekommen und sehe es auch heute nicht anders.

Ich erinnere mich an die kurzfristige Freude über die Befreiung der einundneunzig Geiseln in der Lufthansa-Maschine »Landshut« in Mogadischu. Es war ohne Zweifel eine polizeilich-militärische Glanzleistung der GSG 9 unter Führung von Oberst Ulrich Wegener gewesen.

Und noch heute ist mir das anschließende Gefühl lähmenden Entsetzens so präsent, als sei es gestern gewesen: der Schock angesichts der Selbstmorde der Gefangenen, die den Tod Schleyers zwangsläufig zur Folge hatten.

Alle verantwortlichen Stellen, in erster Linie die baden-württembergischen Justizbehörden, waren von mir über die Suiziddrohungen informiert worden. Weder die Behörden noch der Krisenstab hatten die Drohungen ernst genommen.

Hat sich Dr. Herold wirklich keine Gedanken über die Konsequenzen gemacht? Ihm muss klar gewesen sein, dass der Tod der Gefangenen das Ende Schleyers bedeutete. Insoweit dürfte er die Tragweite meines Vorschlags zur unblutigen Beendigung der Schleyer-Entführung nicht erkannt oder verdrängt haben. Sonst hätte er diesen dem Krisenstab zur Diskussion gestellt oder zumindest den Kanzler ins Bild gesetzt. Dieser hatte keine Ahnung davon, wie er in einem *Zeit*-Interview mit Dr. Gerhard Spörl 1987 bekannte.

Und Horst Herold konnte – oder wollte – sich im Gespräch mit Filmemacher Heinrich Breloer weder an meinen Vorschlag noch an das Konfusionspapier erinnern, das er mir abgefordert hatte!

Ich war mit meinen Vorstellungen übrigens nicht allein gewesen. Die Verteidiger Heldmann und Schily hatten ähnliche Vorschläge machen wollen, waren jedoch im Kanzleramt gar nicht erst vorgelassen worden.

Was für eine kurzsichtige Denkweise!

Ganz sicher bestanden auf beiden Seiten Denkblockaden. Ob die Gefangenen auf meinen Vorschlag eingegangen wären, ist unklar. Sicher aber ist, dass Helmut Schmidt deren mehrfach vorgetragenen Wunsch, mit einem Politiker zu reden, nicht entsprechen mochte. Auch nach der Entführung der »Landshut« und seiner Erklärung, dass dies eine Katastrophe sei, schien er es für unvereinbar mit der Würde des Amtes zu halten, einen Staatssekretär oder einen Minister mit den »Verbrechern in Stammheim« sprechen zu lassen. Dabei wäre spätestens nach der Flugzeugentführung der Zeitpunkt gekommen, den Gefangenen eine goldene Brücke zu bauen und sie daran zu erinnern, dass diese Form der Gewalt gegen Zivilisten nie zur Politik der RAF gehört hatte. Baader selbst hatte das Thema schließlich angesprochen.

Für den Kanzler machte es im Prinzip keinen Unterschied, ob es sich um eine oder um einundneunzig Geiseln handelte. Am 6. September 1982 sagte er in der ZDF-Sendung *Rekonstruktionen*, dass er, hätte es in Mogadischu neunzig Tote statt neunzig Überlebende gegeben, zurückgetreten wäre. Seine Grundhaltung habe festgestanden und sei nicht zu revidieren gewesen.

Dies halte ich für eine menschenverachtende Einstellung: Das Amt des Bundeskanzlers als Äquivalent für neunzig im Flugzeug verbrannte deutsche Staatsbürger! Dazu passt seine 1992 in *Spiegel*-TV geäußerte Erklärung, ein Mensch in Todesangst sei in dem, was er sage, nicht unbedingt von den Gesetzen logischen Denkens bestimmt. Das ist purer Zynismus angesichts der Situation Schleyers und der Geiseln im Flugzeug und ihrer von Todesangst geprägten verzweifelten Appelle.

War schon »die Würde des Menschen« gemäß Artikel I des Grundgesetzes im Fall der einen Geisel Hanns Martin Schleyer – immerhin als Wirtschaftsführer ein Repräsentant des Staates – verletzt, um wie viel mehr galt dies für die einundneunzig als Geiseln genommenen Zivilisten! Mir ist deren grauenhafte Situation erst durch den Film *Todesspiel* wirklich deutlich geworden.

Was den Insassen fünf Tage und Nächte zugemutet wurde, war zutiefst menschenunwürdig. Und wer kann schon ihre Todesangst nachempfinden, als sie, gefesselt und mit Alkohol übergossen, auf die wegen des abgelaufenen Ultimatums angedrohte Sprengung der Maschine und ihren Feuertod warteten?

In das »Recht auf Leben und körperliche Unversehrtheit« gemäß Artikel II des Grundgesetzes ist auf brutalste Weise eingegriffen worden. Die »nicht zu revidierende Grundhaltung« des Bundeskanzlers Helmut Schmidt, die Geiseln in keinem Fall auszutauschen, widerspricht der Schutzpflicht des Staates. Wen alles wäre er im Sinne seiner Grundhaltung zu opfern bereit gewesen? Willy Brandt? Den sowjetischen Botschafter oder 391 Geiseln in einem Jumbo-Jet?

Die Mitglieder des Krisenstabs waren offensichtlich alle von der Professionalität des BKA-Präsidenten Herold fasziniert und haben ihm blindlings vertraut. CSU-Fraktionsführer Friedrich Zimmermann, später Innenminister und mein »oberster Kriegsherr«, brachte es einmal auf den Punkt: »Herold war der Polizeiführer, ihm hatten wir zu folgen.«

Und wenn Zimmermann, der ehemalige Wehrmachtsoffizier, sich dahingehend äußerte, dass sie – die Politiker – die Kriegserklärung der RAF angenommen und sich in der Nacht vor dem Triumph der GSG 9 wie vor einem Sturmangriff gefühlt hätten, so spricht das Bände. Hier entlarvte sich die Mentalität der Leutnants und Oberleutnants des Zweiten Weltkrieges. Für sie hätte Nachgeben Feigheit vor dem Feind bedeutet, und deshalb gaben sie nicht nach – ohne Rücksicht auf Verluste.

Dazu passt im Übrigen die mir zugetragene Schilderung des »Griffe-Kloppens« von Schmidt und Zimmermann, eine Geschichte, die mir jedenfalls glaubhaft erscheint. Die beiden sollen sich, so hörte ich, in der »Nacht des Triumphes« gegenseitig mit einem Regenschirm demonstriert haben, wie die von Rekruten zu exerzierende Ausführung der Kommandos »Gewehr über« ...

»Gewehr ab« ... »präsentiert das Gewehr« aussehen müsse. Hat einer von ihnen bei diesem makabren Spiel an die Todesängste der Geiseln gedacht?

Der polizeiliche Grundsatz, wonach das Leben von Geiseln gegenüber allen anderen Erwägungen Vorrang hat, wurde im Falle Schleyers schon durch seinen gänzlich unzureichenden Begleitschutz verletzt. Der Staat trug eine Mitschuld an der Entführung des hochgradig gefährdeten Arbeitgeberpräsidenten.

Die anschließenden rationalisierenden Argumente der Politiker sollten allem Anschein nach nur das schlechte Gewissen beruhigen. Im Grunde gipfelten sie in den Behauptungen,

1. der Staat dürfe sich nicht erpressen lassen
2. und im Falle einer Freilassung der Gefangenen sei damit zu rechnen, dass diese in die Bundesrepublik zurückkehren und weitere Morde verüben würden.

Die erste Behauptung ist mehr oder weniger Fiktion. Was ist unter dem von Helmut Schmidt in einem *Zeit*-Interview zitierten gesunden Menschenverstand und der Moral zu verstehen, auf deren Grundlage die Regierung mangels hierfür vorgesehener Gesetzesvorschriften habe handeln müssen? Gesunden Menschenverstand und Moral nehme ich bei meiner Kritik auch für mich in Anspruch, weil ich – einer Empfehlung meines Landsmannes Immanuel Kant folgend – den Mut habe, meinen eigenen Verstand zu gebrauchen. Dabei komme ich zu ganz anderen Ergebnissen als Helmut Schmidt.

Auf einem Kant-Kongress anlässlich der Feier »200 Jahre Kritik der reinen Vernunft« in Mainz sagte Schmidt in einer Rede am 10. Mai 1981, dass dem politischen Handeln eine kritische Analyse der Situation und der Zusammenhänge vorauszugehen habe. Daran scheint es im Herbst 1977 gemangelt zu haben.

Einem so starken Staat wie der Bundesrepublik hätte der humanitäre Akt eines Gefangenenaustausches keinen Abbruch getan, schon gar nicht nach der Entführung der »Landshut«. Das hat sich etwa am Beispiel der japanischen Regierung gezeigt, die zur gleichen Zeit nach der Kaperung eines Passagierflugzeugs durch japanische Terroristen auf deren Forderungen einging, um die Geiseln zu retten. Dass die deutsche GSG 9 die Erlaubnis erhielt, auf fremdem Territorium das Flugzeug zu stürmen, war ein – im Nachhinein betrachtet – glücklicher Umstand. Zugleich aber ein unkalkulierbares Risiko für das Leben der Geiseln.

Die zweite Behauptung der Regierung, wonach bei einer eventuellen Rückkehr der freigelassenen Häftlinge das Leben einer unbestimmten Zahl von Bürgern gefährdet gewesen wäre, beruht auf einer falschen Prämisse. Abgesehen davon, dass einer konkreten Gefahr für das Leben Schleyers eine abstrakte Gefährdung der Gemeinschaft gegenüberstand, war nach meinem Eindruck überhaupt nicht mit einer Rückkehr der Ausgetauschten zu rechnen. Das von ihnen gegebene Versprechen, ihre Freilassung würde eine Entspannung und Einstellung des bewaffneten Kampfes bedeuten, ist wohl nie ernst genommen worden – so wenig, wie die Ankündigung der Selbstmorde und die Drohung, dass sich dadurch der Terrorismus verschärfen würde.

Die harte Haltung der verantwortlichen Politiker während der Schleyer-Entführung dürfte nicht zuletzt auch von der Überlegung geleitet worden sein, dass ein Nachgeben gegenüber den Forderungen der Geiselnehmer der deutschen Bevölkerung als Schwäche ausgelegt werden könnte, und eine nicht »erpressbare« Regierung würde sich immer auch im Bewusstsein des Wahlvolkes positiv auswirken.

Der ehemalige Richter am Bundesverfassungsgericht Dieter Grimm schreibt in einer Interpretation des Urteils zum Luftsicherheitsgesetz am 29. November 2007 in der *Zeit*: »Seinen Bürgern Sicherheit zu gewährleisten ist die erste Aufgabe des Staates. Wenn er sie nicht mehr erfüllt, verliert er seine Legitimation.« Und weiter heißt es in seiner Stellungnahme:»Mit diesem Gesetz nahm sich der Staat das Recht heraus, unschuldige

Passagiere eines gekaperten Flugzeuges vorsätzlich zu töten, um dadurch andere vor dem drohenden Tod zu bewahren.«

Es gebe Juristen, die das Gesetz mit dem Argument zu rechtfertigen suchten, dieses Opfer sei dem Einzelnen im Interesse der Sicherheit anderer zuzumuten. Grimm fährt fort: »In einem Land ... das sich in seinem obersten Verfassungsgrundsatz auf Achtung und Schutz der Menschenwürde festgelegt hat ... darf dem Staat nicht jedes Mittel zur Bewahrung der Sicherheit recht sein.«

Er betont aber auch den Grundsatz der Verhältnismäßigkeit zwischen Sicherheit und Freiheit bei der Lösung von Konflikten. Dieser setze der Staatstätigkeit keine starren Grenzen, sondern passe sich veränderten Gefahrenlagen an. Der Rechtsgelehrte kommt zu dem Schluss: »Auf der Menschenwürde ruht die gesamte Verfassungsordnung. Sie gilt absolut. (Diese Würde hat auch der Terrorist.) Während alle folgenden Grundrechte, selbst das Recht auf Leben, bei der Kollision mit anderen Grundrechten oder hochrangigen Verfassungsgütern einer Abwägung unterzogen werden können ... ist die Menschenwürde nicht abwägungsfähig, sie muss niemals zurückstehen, auch nicht im Kampf gegen den Terrorismus.«

Wenn dieser Verfassungsgrundsatz unmittelbar geltendes Recht ist, dann muss ich aus polizeilicher Sicht fragen: Haben wir am Ende nicht doch auch insofern versagt, als wir dem sich aus Artikel I des Grundgesetzes herleitenden Anspruch des Geiselopfers Hanns Martin Schleyer auf Wahrung seiner menschlichen Würde nicht gerecht geworden sind? Durften wir ihn vierundvierzig Tage in der Gewalt schmoren und zuletzt wie einen räudigen Hund von den RAF-Terroristen erschießen lassen? Der Staat hatte insoweit auch kein Recht, ihn unter Missachtung von Artikel I des Grundgesetzes im abstrakten Interesse der Sicherheit anderer Staatsbürger zu opfern. Alle dem Bundesverfassungsgericht vorgetragenen Erwägungen des Bundesjustizministers Hans-Jochen Vogel hätten danach abgewiesen werden müssen –

nicht zuletzt auch im Hinblick auf die sich in akuter Lebensgefahr befindenden einundneunzig Geiseln in der am 13. Oktober 1977 gekaperten Lufthansa-Maschine »Landshut«.

Die verantwortlichen Politiker waren offenbar aus Gründen der Staatsräson nicht bereit, die vermeintliche Demütigung eines Gefangenenaustausches auf sich zu nehmen. Sie nahmen lieber den Verfassungsbruch in Kauf. Und die Bundesverfassungsrichter – vielleicht auch befangen im obrigkeitsstaatlichen Denken – sahen sich nicht in der Lage, ihnen in den Arm zu fallen, das heißt, dem Regierungshandeln Schranken zu setzen.

Für die »betrogenen Betrüger« hatte das »letzte Gefecht« des RAF-Kaders am 18. Oktober 1977 erhebliche Konsequenzen: zwölf schwere Anschläge und zwölf bewaffnete Auseinandersetzungen mit insgesamt fünfzehn Toten und zahlreichen Verletzten in der Zeit von Januar 1978 bis Juni 1993 (Banküberfälle und Waffendiebstähle nicht mitgerechnet).

Das Gegenteil von dem, was die Politiker immer versichert haben, ist eingetreten: Die harte Haltung der Bundesregierung förderte einen neuen Terrorismusschub, und das in einem weit größeren Ausmaß, als ich es mir beim letzten Gespräch mit Herold vorgestellt hatte. Kann er sich wirklich nicht mehr an meinen Alternativvorschlag erinnern?

Mit dem »Deutschen Herbst« endete meine aktive Arbeit in der Terrorismusabteilung. Ich wurde im Bundesministerium des Inneren mit der Beratung der wissenschaftlichen Gruppe »Ursachenforschung« und mit der Öffentlichkeitsarbeit zum Thema Terrorismus betraut und 1980 mit der Verleihung des »Verdienstkreuzes am Bande des Verdienstordens« in die Pension entlassen. Im Auftrag des Bundesministeriums für Inneres fasste ich meine Erkenntnisse in der Studie »Aktivitäten und Verhalten inhaftierter Terroristen« zusammen, die 1983 erschien, und blieb der Thematik, wie ich eingangs schrieb, auch weiterhin verbunden.

Das ruhige Pensionärsleben, das ich mir vorgenommen hatte,

Ein großer Moment: Bundesinnenminister Gerhart Baum überreicht
das Bundesverdienstkreuz (7. Juni 1980)

stellte sich nicht ein. Als ich siebzig Jahre alt war, wahrlich »unjung und nicht mehr ganz gesund«, führte das Schicksal Heilwig und mich wieder zusammen. 1989, im Jahr des Mauerfalls, hatten wir unsere persönliche Wiedervereinigung. Ich brach alle Brücken hinter mir ab, verließ Bad Godesberg und zog zu ihr nach Hamburg. Sie hatte sich längst von meinem Rivalen aus den siebziger Jahren getrennt. Heilwig ist die einzige Frau, die ich mein Leben lang geliebt habe. Und weil ich das auf ganz altmodische Weise besiegeln wollte, haben wir 2006 geheiratet. Ein Happy-End, das ich als »Familienbulle« im Kampf gegen den Terrorismus nicht erreichen konnte, war mir in meinem privaten Leben vergönnt.

Und so endet mein Rückblick mit Detlev von Liliencrons Worten:

»Lasst uns tapfer bleiben
und immer milder werden
und fröhlich sein die paar Tage auf Erden.«